Raphaela Düchs & Georg Düchs

Verabredung mit Gott

Das neue Glaubensbuch

Raphaela Düchs & Georg Düchs

Verabredung mit Gott

Das neue Glaubensbuch

benno

Bibliografische Information der Deutschen Nationalbibliothek
Die Deutsche Nationalbibliothek verzeichnet diese Publikation in der Deutschen Nationalbibliografie; detaillierte bibliografische Daten sind im Internet über http://dnb.d-nb.de abrufbar.

ISBN 978-3-7462-6430-1

Umschlag: Rungwerth Design, Düsseldorf
Umschlagmotiv: © stock.adobe.com/kongkiatchairat
Gesamtherstellung: Kontext, Dresden (A)

Inhalt

Vorwort

Eine Einladung

Stellen Sie sich vor, Gott hat Sie eingeladen. Zum Kennenlernen. Vielleich sogar zu einem ersten Treffen. Einfach, um miteinander bekannt zu werden. Für Morgen schon! Zum Kaffee. Oder zu einem Feierabendbier – wie es besser passt. Was machen Sie? Was ziehen sie an? Wie begrüßen Sie Gott? Freuen Sie sich? Ist ihnen mulmig zumute? Was wollen Sie Gott fragen?

Zugegeben: Das ist ein Gedankenspiel. Aber es ist nicht so weit hergeholt. Denn Gott ist nicht nur eine Idee. Gott ist Jemand. Jemand, mit dem man reden und mit dem man in Beziehung treten kann. Um dies zu tun, muss man sich einlassen, vertrauen, kurz – glauben.

Aber was ist Glaube? Glaube ist mehr als ein Gefühl oder eine Einbildung. Glaube kommt aus einer Erfahrung und Glaube muss mit Vernunft in Einklang gebracht werden.

Bei der Erstkommunion- und der Firmvorbereitung, und mehr noch im Gespräch mit unseren eigenen Kindern, merkten wir: Wir können uns nicht hinter frommen Worten oder alten Formeln verstecken, wenn wir vom Glauben reden. Wenn wir glaubhaft sein wollen, dann müssen wir selbst hinter dem stehen können, was wir sagen. Wer – egal wie – über den Glauben sprechen will, der muss über den Glauben nachdenken. Als kritischer Mensch sowieso.

Diesen Fragen möchte dieses Buch nachgehen. Es kann für kritische Christen genauso hilfreich sein wie für fragende Nichtchristen. Wer kein Christ ist, weiß nach der Lektüre immerhin, was er nicht glaubt und worin der Kern des christlichen Glaubens besteht, der der Weltgeschichte seinen Stempel aufgedrückt hat. Wer bereits Christ ist, wird vielleicht angeregt werden, sich seines Glaubens nochmals zu vergewissern. Und wer noch nicht sicher ist, ob er dem christlichen Glauben etwas abgewinnen kann, dem bietet dieses Buch eine Grundlage zum Weiterdenken: Ein verlässliches Wissen darum, was den christlichen Glauben ausmacht und worauf sich jemand einlässt, der sich für den christlichen Glauben entscheidet.

Für wen ist dieses Buch?

Dieses Buch richtet sich an alle, die knapp und in klaren Worten erfahren möchten, was es bedeutet, christlich zu glauben. Vorkenntnisse braucht es nicht. Auch mit kirchlicher oder philosophischer Sprache muss man nicht vertraut sein. Allerdings ist dies kein Buch für Dummies. Es richtet sich an Menschen, die bereit sind, sorgfältig zu lesen und dabei mitzudenken.
Dieses Buch könnte also geeignet sein

- für Menschen, die mit Glauben wenig am Hut haben, aber wissen wollen, wie Christinnen und Christen ticken,
- für Personen, die Religion kritisch gegenüberstehen, aber sich darüber informieren möchten,
- für Leute, die dem Glauben oder der Kirche den Rücken gekehrt haben, aber mit dem Fragen nach Gott noch nicht fertig sind,
- für Christinnen und Christen, die einmal grundsätzlich über ihren Glauben nachdenken wollen,
- für Firmlinge oder Konfirmanden, die tiefer bohren wollen,
- für dich oder Sie – warum eigentlich nicht?!

Was steht in diesem Buch?

Dieses Buch erklärt, was Christinnen und Christen meinen, wenn Sie sagen: Ich glaube an Gott, und was das für Folgen für ihr Leben hat. Es gibt einen strukturierten und in gewissem Sinn vollständigen Überblick über den christlichen Glauben. Es geht außerdem kurz darauf ein, was aus christlicher Sicht davon zu halten ist, dass viele Menschen anderen Religionen oder auch gar keiner Religion anhängen. Zum Schluss gibt es als Zugabe eine kurze Anleitung, wie man es anstellen kann, den christlichen Glauben auch von innen kennenzulernen.
Das Buch stellt den christlichen Glauben aus katholischer Perspektive dar. Gleichzeitig vermuten wir, dass das meiste, was in diesem Buch steht, auch allgemein aus christlicher Sicht richtig ist. Evangelische Autoren hätten aber wohl einige Akzente anders gesetzt, vor allem in Teil III, wenn es dort um die Kirche geht.

Von wem ist dieses Buch?

Hinter diesem Buch stehen wir beide: Raphaela und Georg Düchs. Raphaela hat vor allem angeregt und verbessert, Georg hat geschrieben. Beide sind wir seit unserer Kindheit in der römisch-katholischen Kirche zu Hause, wobei es zwischendurch auch längere Durststrecken gab. Raphaela bezeichnete sich zwischen ihrem 16. und ihrem 26. Lebensjahr sogar als überzeugte Atheistin. Von Beruf und Ausbildung sind wir keine Religions-Profis: Weder haben wir ein Theologie-Diplom noch arbeiten wir für die Kirche. Wir beschäftigen uns aber beide seit Langem mit Fragen des christlichen Glaubens. In unserem Leben haben wir unterschiedliche christliche Gemeinden und Gemeinschaften kennengelernt. Seit mehreren Jahren sind wir in unserer derzeitigen Pfarrgemeinde in der Nähe von Bonn in verschiedenen Funktionen und Gruppen engagiert. „Perfekte Christen" (falls es so etwas gibt) sind wir nicht. Wir versuchen das, was wir vom christlichen Glauben verstanden haben, in unserem Leben umzusetzen – mal mit mehr, oft mit weniger Erfolg.
Im Übrigen sind wir um die 50, seit 20 Jahren miteinander verheiratet, haben vier Töchter und einige Patenkinder.

Was will dieses Buch?

Die Idee zu diesem Buch kam uns, als wir Jugendlichen vom christlichen Glauben erzählen sollten. Für solche Einführungskurse gibt es gute Materialien, die aber meist nicht zeigen, wie einzelne Glaubensthemen zusammenhängen. Bücher, die den Glauben in seinen Zusammenhängen darstellen, sind dagegen ohne Vorwissen oft schwer zu lesen.
Wir wollten den Jugendlichen eine verständliche Einführung in den christlichen Glauben geben. Gleichzeitig wollten wir deutlich machen, was der Kern dieses Glaubens ist und wie alles andere davon abhängt. So ist dieses Buch entstanden. Wir hoffen, dass es eine systematische, aber ohne Vorwissen verständliche Einführung in den christlichen Glauben bietet.
Die ersten Kapitel informieren über den christlichen Glauben. Dabei schreiben wir aus unserem christlichen (genauer gesagt: römisch-katholischen) Blickwinkel. Jedes Buch ist aus einem bestimmten Blickwinkel geschrieben; ohne Blickwinkel ist man nur, wenn man die Augen zu macht. Wichtig ist, dass man offenlegt, welches

der eigene Blickwinkel ist. Das haben wir hiermit getan. Wir wollen mit offenen Karten spielen.
Das letzte Kapitel ist anders. Es will nicht informieren, sondern dazu einladen, sich auf den christlichen Glauben einzulassen. Ob Sie, liebe Leserin und lieber Leser, auf diese Einladung eingehen wollen, bleibt natürlich vollkommen Ihnen überlassen. Wir wollen Sie keinesfalls überreden oder gar überrumpeln. Das ginge auch nicht. Zum Glauben kann man sich nur selbst frei entscheiden.
Zu einer freien Entscheidung gehört aber auch, dass man weiß, worum es geht. Hier kann dieses Buch nützlich sein. Es nimmt Ihnen nicht die Entscheidung ab, ob Sie dem christlichen Glauben etwas abgewinnen möchten. Aber es hilft hoffentlich zu verstehen, was den christlichen Glauben eigentlich ausmacht.

Ein wichtiges Wort vorab:

Es ist nicht alles gleich wichtig!

Der christliche Glaube ist einfach. Deshalb wollen wir versuchen, ihn mit einfachen Worten zu erklären.
Der Glaube ist etwas Einfaches? Wirklich? Erscheint er nicht als kompliziertes, ja undurchdringliches Gestrüpp von seltsamen Bräuchen, lebensfernen Vorschriften und schwer verständlichen Sätzen, die man für wahr halten soll?
Nein, wir bleiben dabei: Christlich zu glauben, ist einfach. Wir sagen sogar: Es ist kinderleicht! Um das zu verstehen, ist es allerdings wichtig, eine Grundregel zu beachten, die wir gleich an den Anfang dieses Buches stellen wollen. Diese Grundregel lautet:

Beim christlichen Glauben ist nicht alles in gleicher Weise wichtig!

Wenn man diese Grundregel nicht beachtet, erscheint der Glaube leicht als Sammelsurium von merkwürdigen Dingen. Auch viele Christinnen und Christen meinen, dass alles, was in der Kirche erzählt wird oder was in Heiligen Schriften steht, in gleicher Weise zum Glauben gehörte oder gar unantastbar und heilig wäre. Eine solche Sichtweise führt unweigerlich zu Widersprüchen – zu Widersprüchen innerhalb eines solchen Glaubens-Sammelsuriums, vor allem aber auch zu Widersprüchen mit dem gesunden Menschenverstand und dem, was man im normalen Leben erlebt.

Aber beim Glauben geht es nicht um viele verschiedene Dinge. Es gibt nur ganz weniges, was grundlegend wichtig ist.
Natürlich lässt sich auch über einfache Dinge lange nachdenken! Und natürlich leiten sich aus den wenigen grundlegenden Dingen des christlichen Glaubens auch andere Dinge ab: Glaubenssätze, Verhaltensweisen, Regeln oder Traditionen. Viele davon sind ebenfalls wichtig oder sinnvoll oder zumindest altehrwürdig. Aber sie sind nicht genauso wichtig wie der grundlegende Kern des Glaubens. Alle abgeleiteten Dinge sind sogar nur dann wichtig und sinnvoll, wenn sie dabei helfen, den Kern des Glaubens besser verständlich zu machen.
Das, was grundlegend wichtig ist für den christlichen Glauben, lässt sich in einem Satz sagen. Dieser Satz macht den Kern, die frohe Botschaft des christlichen Glaubens aus. Wir kommen darauf zurück!

TEIL I

Auf dem Weg zum christlichen Glauben

Der christliche Glaube fällt nicht vom Himmel. Er ist auch nicht einfach das Ergebnis schlauen Nachdenkens. Der christliche Glaube kommt aus einer lebendigen Erfahrung.
Deshalb beginnt dieses Buch nicht mit Lehren über Gott und die Welt, sondern mit der Frage nach einer Erfahrung – mit der Frage danach, wie wir Menschen uns selbst in der Welt vorfinden.
Das führt uns weiter zu der Frage, was für einen Sinn die Welt und unser Leben überhaupt haben sollen. Hat die Welt und hat unser Leben überhaupt einen Sinn?

1. Wir Menschen

Womit soll ein Buch über den christlichen Glauben anfangen? Ganz oben, bei Gott? Ganz am Anfang, bei der Erschaffung der Welt oder dem Urknall? Ganz an der Quelle, bei der Bibel, also der heiligen Schrift des Christentums? All das wären mögliche Anfänge. Wir wollen die Sache aber anders angehen. Wir beginnen beim Menschen, bei uns. Das hat den Vorteil, dass hier allen klar ist, wovon wir reden. Bei dem, was uns als Menschen ausmacht und was uns beschäftigt, wissen wir alle Bescheid. Also ist das wahrscheinlich ein guter Ausgangspunkt.

Es gibt noch einen tieferen Grund dafür, ein Buch über den christlichen Glauben mit der Frage nach dem Menschen anzufangen: Christinnen und Christen glauben nämlich, dass Gott Mensch geworden ist. Ein Mensch wurde also der Ausgangspunkt für den christlichen Glauben. Dann sollte die Frage nach dem Menschen auch ein Ausgangspunkt dafür sein können, den christlichen Glauben zu erklären. Allerdings haben wir bisher noch gar nicht geklärt, was die Ausdrücke „Gott" und „Mensch geworden" überhaupt bedeuten sollen. Also Geduld und der Reihe nach: Beginnen wir bei uns, beginnen wir bei dem, was uns als Menschen kennzeichnet und was uns ausmacht.

Vor fast zweieinhalbtausend Jahren schrieb der griechische Dichter Sophokles sein Theaterstück Antigone. Das Stück wird bis heute aufgeführt, weil es eine Situation beschreibt, die nach wie vor aktuell ist: Ein Mensch kommt, ohne dass er daran schuld wäre, in eine Lage, in der er es nur falsch machen kann. Bei Sophokles ist es die junge Antigone, die in eine solche tragische Zwickmühle gerät: Ihr Bruder ist im Kampf gegen den König ums Leben gekommen. Er liegt nun tot vor der Stadt. Als Schwester hat Antigone die Pflicht, ihn zu beerdigen, aber das hat der König verboten – und natürlich ist Antigone auch verpflichtet, dem König zu gehorchen. Egal was sie tut, ob sie ihren Bruder beerdigt oder nicht, sie wird also gegen eine Pflicht verstoßen.

In eine Situation zu geraten, in der man es nur falsch machen kann, ist nicht angenehm. Aber es ist typisch menschlich. Für Tiere gibt es keine tragischen Zwickmühlen. In seinem Theaterstück bringt Sophokles die Zwiespältigkeit des Menschen auch direkt auf den Punkt: „Viele gewaltige Dinge gibt es, aber nichts ist so gewaltig wie der Mensch." Im Original steht für gewaltig das griechische Wort „dinos". Das ist ein schillernder Begriff. Er bedeutet sowohl „Ehrfurcht gebietend" als auch „Schrecken verbreitend". Er steckt auch in Dino-sauriern, die Ehrfurcht einflößen, aber gleichzeitig Schrecken verbreiten. Man kann den Satz des Sophokles also so übersetzen: Nichts kann so großartig und gleichzeitig so furchtbar sein wie der Mensch. Denn der Mensch kann Dinge richtig oder falsch machen. Und er kann in tragische Zwickmühlen geraten.

Wir Menschen sind großartig

Naturwissenschaft

Betrachten wir zunächst unsere großartige Seite: Wir Menschen sind wirklich bewundernswert! Es ist erstaunlich, was wir alles wissen und können.

Wenn wir nachts den Blick zum Himmel heben, sehen wir Sterne, die Millionen Lichtjahre von uns entfernt sind. Das heißt, dass wir jetzt das Licht sehen, das sie vor Millionen von Jahren ausgesendet haben. Wir blicken also gleichzeitig in die weiteste Ferne und in die tiefste Vergangenheit. Wissenschaftler lesen aus dem Licht dieser Sterne, wie es in der hintersten Ecke des Weltalls aussieht. Forscherinnen ermitteln mit einem Blick in den Himmel, was ganz zu Beginn des Universums passiert ist. Wir wissen, nach welchen Gesetzen sich die Himmelskörper bewegen, wie sie entstanden sind und wann sie explodieren oder auf andere Weise zugrunde gehen. Wir beobachten, wie die Galaxien verteilt sind, welche Formen sie haben und welche Art von Strahlung sie aussenden. Wir können bestimmen, aus welchen Elementen die entferntesten Sterne zusammengesetzt sind, welches ihre Temperatur ist und wie schwer sie sind. Auf eine gewisse Weise findet also das ganze riesengroße und uralte Universum in unserem Kopf Platz!

Aber nicht nur über das ganz Große wissen wir Bescheid. Auch im ganz Kleinen kennen wir uns bestens aus: Unter unseren Mikroskopen sehen wir Atome, die millionenfach kleiner sind als ein menschliches Haar dick ist. In riesigen Teilchenbeschleunigern erzeugen und untersuchen wir Teilchen, die nochmals milliardenfach kleiner sind. Dazu lassen wir Atomkerne aufeinanderkrachen, wir fangen die dabei entstehenden Bruchteile auf, wir messen, welche Energie sie haben, und bestimmen, in welche Richtung sie geflogen sind. Wir wissen, wie Materie aufgebaut ist, wie sie sich in Energie umwandelt, und welche Kräfte unsere Welt im Innersten zusammenhalten.

Auch das Leben und sogar das Funktionieren unseres Verstandes verstehen wir immer besser. Wie Zellen zu neuem Leben verschmelzen und wie lebendige Organismen funktionieren, ist längst kein Geheimnis mehr. Wir wissen, was Krankheiten verursacht, wie man sie vermeidet und wie man sie behandelt. Wir erforschen das Gehirn und machen dabei große Fortschritte. Es scheint uns sogar zu gelingen, künstliche Intelligenz zu schaffen.
Noch viele weitere Bereiche wären zu nennen, die wir Menschen mit unserem Wissen durchdrungen haben: Wir beherrschen chemische Reaktionen, wissen, wie Vulkane entstehen, wie Menschen früher gelebt haben, wir können komplizierte mathematische Beweise durchführen und vieles mehr! Pausenlos sind wir außerdem dabei, unser Wissen noch zu erweitern. Vieles, was uns vor wenigen Jahren noch unklar war, haben wir heute durchschaut. Vermutlich werden wir auch vieles, was uns heute noch rätselhaft erscheint, bald besser verstehen.

Technik

Dass wir vieles über die Welt wissen und viele Zusammenhänge durchschauen, ist schon für sich genommen großartig. Aber mithilfe dieses Wissens verstehen wir es auch, die Welt immer mehr nach unseren Vorstellungen und zu unserem Vorteil zu gestalten.
Am wichtigsten ist vielleicht der medizinische Fortschritt: Weil wir Krankheiten verstehen und behandeln können, leben wir heute länger und sind gesünder als jemals zuvor. Hundertjährige waren bis vor Kurzem äußerst selten. Heute findet man in jedem Seniorenheim Menschen, die so alt geworden sind.
Stellen wir uns vor, welchen technischen Fortschritt eine heute Hundertjährige erlebt hat: Als sie ein Baby war, gab es gerade die ersten Autos. Sie waren aber eher Spielzeuge für Reiche, verbreitet waren sie noch nicht. Auch Flugzeuge gab es schon, aber nur für das Militär. Als Privatmensch eine Flugreise zu unternehmen, kam niemandem in den Sinn. Telefone begannen gerade, sich in größeren Städten zu verbreiten, und erste Telefonkabel wurden zwischen verschiedenen Städten verlegt. Das erste deutsche Hochhaus – elf Stockwerke hoch! – war gerade erbaut worden. Niemand hatte einen Kühlschrank, eine elektrische Waschmaschine oder einen Staubsauger; diese hätten auch nichts genutzt, denn die wenigsten Häuser waren an ein Stromnetz angeschlossen. Radio gab es nicht, Fernsehen noch lange nicht. Die Bauern bestellten ihre Felder mit Pferden oder Ochsen. Traktoren kamen erst später auf. Kinder starben reihenweise an Krankheiten, gegen die wir heute alle geimpft sind. Antibiotika waren noch nicht entwickelt. Kurz gesagt: Die

Welt, die eine heute Hundertjährige als Baby erlebt hat, sah völlig anders aus als die Welt, in der wir heute leben.
Aber auch wenn wir nur 50 Jahre zurückblenden, landen wir in einer anderen Wirklichkeit: Kaum Mikrowellenherde, kein Handy, von Smartphones ganz zu schweigen. Kein Internet, deshalb natürlich keine Apps, kein Streaming, keine Online-Dienste. Noch nicht mal Computer, zumindest nicht in Privathaushalten. Vieles, was unser Leben heute selbstverständlich prägt und erleichtert, gab es damals nicht. Wohlgemerkt: vor nur 50 Jahren – viele Menschen kennen diese Zeit noch gut.
Wir können auch weiter zurückblicken: Die Zähmung des Feuers, die Erfindung des Rads, der Buchdruck, die Dampfmaschine – all das waren Meilensteine des technischen Fortschritts. Tausend andere Erfindungen wären zu nennen. Diese wenigen Beispiele genügen, um zu zeigen: Wir Menschen leben in einer Welt, die wir zu großen Teilen selbst gestaltet haben, sodass wir möglichst gut und bequem darin leben können. Das ist eine gewaltige, eine wahrhaft geniale Leistung. Wir können stolz auf uns sein!

Kunst und Kultur

In der Naturwissenschaft schauen wir sozusagen neutral oder von außen auf die Welt und uns selbst. Auch mit der Technik gehen wir von außen an die Dinge heran und beeinflussen sie. Wir können aber auch einen anderen Blickwinkel einnehmen und die Wirklichkeit sozusagen von innen, aus unserer ganz persönlichen Perspektive, betrachten und mit ihr umgehen.
Vor allem Künstlerinnen und Künstler erkunden diese innere Wirklichkeit des Menschen und bringen sie zum Ausdruck. Und welch kühne Erkundungen sie dabei unternommen und welch großartige Werke sie dabei geschaffen haben! Schon die Steinzeitmenschen fingen an, ihre Höhlen mit Bildern zu bemalen, und machten Musik auf Flöten, die sie aus Knochen geschnitzt hatten. Spätere Kulturen bauten Tempel und Paläste, hinterließen kunstvoll gestaltete Gebrauchsgegenstände und Schmuckstücke. Sie entdeckten die Schrift, um Gesetze, Geschichten, Gedichte und auch Melodien festzuhalten. Die Musik von Johann Sebastian Bach ist für viele heute noch eine Offenbarung, Mozarts Requiem ebenso, von Beethovens 9. Symphonie oder Händels Messias ganz zu schweigen. Aber auch die Beatles, ABBA, Beyoncé, Billi Eilish und viele andere kann man hier nennen. Bilder und Skulpturen großer Künstler berühren uns: Leonardo da Vincis Mona Lisa, Michelangelos Sixtinische Kapelle, Albert Rodins Denker oder das Gemälde Guernica

von Pablo Picasso sind Beispiele grandioser Kunst. Nicht vergessen dürfen wir die Literatur, von zarter Poesie über kraftvolle Romane bis hin zu überwältigenden Epen, und natürlich auch die Schauspielkunst, vom Theater über die Oper bis hin zu Musicals, Videos und Filmen. Jeder kann hier selbst die Namen seiner Lieblingsschriftstellerinnen oder Lieblingsschauspieler einfügen. Und natürlich sind auch weitere Formen von Kunst zu nennen wie Kabarett, Design, Comics oder Unterhaltungsmusik.

Das Wichtige an Kunstwerken ist nicht so sehr, dass sie technisch perfekt ausgeführt oder schön sind. Entscheidend ist, dass sie aus einer besonderen, eigenen und echten Erfahrung heraus gestaltet sind. Im besten Fall können sie deshalb auch den Betrachtern – oder den Hörern, den Zuschauern und Lesern – einen neuen Blick auf die Wirklichkeit eröffnen. Mit Kunst und Kultur haben wir Menschen uns selbst ein zusätzliches Universum erschlossen. Wir leben nicht nur in der äußeren Welt, die uns durch die Natur vorgegeben ist, und die wir durch unser Wissen und unsere technischen Fähigkeiten beherrschen. Wir leben auch in einer inneren Wirklichkeit, die wir uns durch Kunst und Kultur sogar selbst geschaffen haben.

Die äußere Welt und die innere Wirklichkeit hängen eng zusammen, aber jeder dieser Bereiche hat seinen eigenen Wert. Beide Bereiche sind für uns Menschen von Bedeutung.

Natürlich sind wir von der äußeren Welt bestimmt: Wir sind biologische Wesen, die den Naturgesetzen unterworfen sind: Wenn es heiß ist, schwitzen wir, wenn wir nichts essen, bekommen wir Hunger, und wenn wir etwas essen, müssen wir auf die Toilette. Dem entkommt niemand.

Wir sind aber auch Kulturwesen, die ihr Leben selbst gestalten können – und müssen: Wir müssen in der Früh wählen, ob wir den blauen oder den grünen Pullover (oder einfach den erstbesten oder gar keinen) anziehen. Wir müssen uns entscheiden, ob wir den Leuten, denen wir über den Weg laufen, mit einem Lächeln oder mit grimmigem Blick (oder neutral) begegnen. Auch dem entkommt niemand. Alle müssen wir dauernd Entscheidungen treffen, auch wenn die meisten davon nur Kleinigkeiten betreffen. Sich entscheiden zu müssen, kann mühsam sein. Aber in der Möglichkeit, sich zu entscheiden, liegt auch die Größe des Menschen.

Moral

Das bringt uns zu einem weiteren Bereich, der für uns Menschen bedeutsam ist: Wir können uns entscheiden, andere anzulächeln. Oder, etwas allgemeiner gesagt: Wir können einander guttun. Wir können Gutes tun. Wir können gut sein. Auch dies ist wahrhaftig großartig und etwas, auf das wir stolz sein können!

Wir alle haben schon andere angelächelt. Mag sein, dass wir das manchmal aus Eigennutz tun, weil wir etwas von den anderen wollen. Aber sicher fallen uns auch Gelegenheiten ein, wo wir das ohne Berechnung getan haben – einfach so. Oder wo wir anderen etwas geschenkt haben, einfach nur, um ihnen eine Freude zu machen. Viele Menschen wenden Zeit und Mühe auf, um sich um alte Angehörige zu kümmern – oft ohne viel zurückzubekommen. Nicht wenige stellen ihr berufliches Fortkommen hintan und nehmen finanzielle Nachteile in Kauf, weil sie sich um ihre Kinder kümmern. Andere engagieren sich ehrenamtlich oder in der Politik – sicher auch, weil ihnen das Spaß macht, aber darüber hinaus auch, weil sie etwas weitergeben und anderen helfen wollen.

Manche Menschen nehmen selbst größte Opfer auf sich, um anderen zu helfen. Das kann bis zu dem Punkt gehen, wo Menschen ihr eigenes Leben für andere riskieren. Es gibt sogar Menschen, die bewusst und sehenden Auges ihren Tod auf sich nehmen, um andere zu retten. Maximilian Kolbe ist hierfür ein Beispiel: Weil er während der Nazi-Zeit Widerstand leistete, kam er ins Konzentrationslager Auschwitz. Aus Rache, weil jemand entflohen war, wählten die Nazis andere Häftlinge aus, um sie umzubringen. Kolbe hatte Glück, er war nicht dabei. Als er aber sah, dass ein junger Familienvater ermordet werden sollte, meldete er sich freiwillig als Ersatz für diesen. Zwei Wochen bekam er nichts zu essen, dann töteten ihn die Nazis mit einer Giftspritze. Er hat für den jungen Familienvater tatsächlich sein eigenes Leben hingegeben. Verrückt und großartig, zu was wir Menschen fähig sind!

Glücklicherweise werden die wenigsten von uns jemals in so eine furchtbare Situation kommen wie Maximilian Kolbe. Und auch die wenigsten von uns sind große Künstler, geniale Techniker oder kluge Wissenschaftler. Aber das ist nicht entscheidend. Wichtig an dieser Stelle ist: Wir alle haben ein Gewissen und sind Kulturwesen. Wir alle profitieren von dem Wissen und der Technik, die der Menschheit zur Verfügung steht. Wir Menschen können uns deshalb wirklich selbst beglückwünschen: Wir Menschen sind großartig!

Wir Menschen sind furchtbar

Wir Menschen sind großartig. Aber seltsamerweise und leider gilt gleichzeitig auch das Gegenteil: Wir Menschen sind furchtbar und armselig – furchtbar armselig geradezu. Wenn wir ehrlich sein wollen, müssen wir auch diese Seite von uns in den Blick nehmen.

Grenzen des Wissens

Zweifellos wissen wir eine ganze Menge. Und die Menge dessen, was wir wissen, wächst ständig. Aber es gibt vermutlich noch viel mehr, was wir nicht wissen. Zum Beispiel besteht der allergrößte Teil des Universums aus dunkler Energie und dunkler Materie. Sie werden auch deshalb dunkel genannt, weil wir diese Materie und Energie nur indirekt nachweisen können und noch überhaupt nicht verstehen. Ein anderes Beispiel: Die Relativitätstheorie und die Quantenmechanik sind zwei äußerst erfolgreiche wissenschaftliche Theorien, mit denen sich viele Zusammenhänge in der Welt erklären lassen. Das Problem ist nur: Die beiden Theorien passen nicht zusammen! Seit Jahren suchen Physikerinnen und Physiker deshalb nach einer Großen Vereinheitlichten Theorie. Von dieser gibt es aber bisher nur den Namen, niemand weiß, wie sie aussehen könnte.

Natürlich ist es gut möglich, dass wir irgendwann die dunkle Seite des Universums erklären können und auch eine Große Vereinheitlichte Theorie haben. Vielleicht können wir auch bald neue Lebensformen am Reißbrett entwerfen und im Labor designen. Womöglich verstehen wir eines Tages sogar unser eigenes Gehirn und können es nachbauen oder verbessern. Aber bisher war es in der Geschichte der Wissenschaft immer so, dass jede gefundene Antwort sofort neue, tiefere Fragen aufgeworfen hat. Es ist sehr wahrscheinlich, dass dies auch so bleiben wird. Auch wenn wir immer mehr über die Welt wissen: dass wir jemals Alles wissen, ist nahezu ausgeschlossen.

Dazu kommt ein weiteres, und das ist eigentlich das Entscheidende: Selbst wenn wir alles wüssten, was man über die äußere Welt überhaupt wissen kann, wären damit doch die Fragen, die für uns wirklich wichtig sind, noch gar nicht angeschnitten. Solche Fragen sind beispielsweise: Was kann ich überhaupt alles wissen? Was soll ich tun? Was darf ich hoffen? Was ist der Mensch? Wer bin ich? Was ist gut? Was ist Schönheit? Was bedeutet es, jemanden zu lieben? Soll ich heiraten? Wie werde ich glücklich? Was ist Glück überhaupt? Was ist der Sinn des Lebens? Warum gibt es überhaupt etwas und nicht einfach nichts? Auf solche Fragen kann die Wissenschaft keine Antwort geben – jetzt nicht und auch in Zukunft nicht, aus grundsätzlichen Gründen nicht. Sie hat dafür nicht die richtigen Instrumente. Mit einem Zollstock kann ich nicht meine Körpertemperatur messen, mit einem Fieberthermometer nicht mein Gewicht und mit einer Waage nicht meine Größe. Ohne das richtige Werkzeug komme ich nicht an das Ergebnis, das mich interessiert. Die Wissenschaft hat aber kein Werkzeug, mit dem sie nach Antworten auf die gerade genannten Fragen suchen könnte. Sie kann nur die Dinge der äußeren Welt – also Objekte – erfassen, vergleichen und ordnen. Wir Menschen sind aber auch Subjekte, denn wir haben Zugang zu einer inneren Wirklichkeit. Hier lassen sich die Zollstöcke, Waagen und Thermometer der Wissenschaft nicht anlegen. Auf die Frage, was der Sinn des Lebens sei und wozu überhaupt eine Welt da ist, wird uns die Wissenschaft deshalb nie eine Antwort geben können.

Folgen der Technik

Dass wir mit unserer Technik die Welt nach unseren Vorstellungen gestalten können, ist eine große Errungenschaft. Aber wir sehen auch immer mehr die Kehrseite des technischen Fortschritts. Zerstörte Natur, verbaute Landschaften, Artensterben, Rodung des Regenwaldes, industrialisierte Landwirtschaft, erschöpfte Ackerböden, versauerte Meere, verpestete Luft, Rohstoffkrise, Atommüll, Klimakatastrophe – diese Liste ließe sich lange fortsetzen. Unsere Eingriffe in die Natur haben oft unerwünschte, manchmal sogar äußerst bedrohliche Folgen. Bei allem Stolz auf unseren Erfindungsgeist müssen wir eingestehen, dass unsere Technik nicht nur Segen hervorbringt, sondern auch ernste Probleme schafft.

Aber auch wenn die Technik immer segensreich funktionieren würde, müssen wir feststellen, dass wir die Welt letztlich nicht beherrschen. Ein Starkregen reicht, und unser Keller steht unter Wasser. Ein Sturmtief, und alle Züge haben Verspätung. Ganz zu schweigen von größeren Katastrophen wie Überschwemmungen, Waldbränden, Hurrikans, Dürreperioden, Erdbeben, Vulkanausbrüchen, Pandemien. Solche Ereignisse führen uns regelmäßig vor Augen, dass die Natur doch stärker ist.

Vor allem gibt es eine Grenze, vor der wir alle irgendwann hilflos stehen werden. Denn trotz aller medizinischen Fortschritte wird irgendwann der Moment kommen, wo jeder von uns sterben wird. Spätestens dann müssen wir uns, jeder sich ganz persönlich, eingestehen, dass wir die Welt nicht beherrschen, sondern letztlich von ihr beherrscht werden. Und selbst falls es irgendwann einmal gelingen sollte, unsere biologische Uhr zurückzudrehen und so etwas wie einen Jungbrunnen zu erfinden, wird uns das höchstens einen Aufschub bringen. Denn irgendwann wird unser Universum an sein Ende kommen. In wie vielen Millionen oder Milliarden Jahren das sein wird, und ob das Universum dann einen Kälte- oder einen Wärmetod sterben wird, oder ob es einen neuen Urknall gibt, darüber ist sich die Wissenschaft noch nicht einig. Klar ist aber: Irgendwann ist es aus. Mit uns, aber auch mit unserem Universum. Da können wir machen, was wir wollen. Das, was wir von der Welt im Griff haben, ist nur ein winziges Zipfelchen, und auch davon kontrollieren wir nur ein kleines bisschen und nur für einen kurzen Moment.

Verantwortungslosigkeit

Weil wir Menschen nicht nur in der äußeren Welt leben, sondern auch eine innere Wirklichkeit haben, stehen wir vor Entscheidungen, mit denen sich Tiere nicht herumschlagen müssen. Ein Regenwurm fragt nicht, wo er sein nächstes Loch bohren oder was er nächste Woche zu Mittag essen soll. Er bohrt da, wo er ist und wo es am einfachsten ist. Und wenn er Hunger hat, frisst er, was ihm gerade essbar erscheint. (Zumindest nehmen wir das an. Gefragt haben wir noch keinen Wurm.) Bei höheren Tieren ist das vielleicht schon etwas anders. Zumindest bei Menschenaffen kann man annehmen, dass sie nicht einfach nur ihren Instinkten folgen, sondern dass sie Pläne machen, spielen, sich freuen oder trauern können – zumindest ein bisschen. Von uns Menschen wissen wir aus eigener Erfahrung, dass wir eine solche innere Wirklichkeit haben. Natürlich sind auch wir Instinkten und natürlichen Trieben unterworfen. Aber wir können unsere Triebe steuern und mit unseren Instinkten umgehen. Wir machen die Erfahrung, dass wir Entscheidungen treffen können und uns – in gewissen Grenzen – frei zu der uns umgebenden Welt verhalten können. Vor allem können wir die Wirklichkeit, mit der wir uns umgeben, kreativ mitgestalten. Diese Freiheit und Kreativität sind etwas Großartiges, aber aus unserer Freiheit und unserer Kreativität ergeben sich auch viele Fragen, die den Regenwürmern (soweit wir wissen ...) erspart bleiben. Vermutlich fragt sich kein Regenwurm, wozu er auf der Welt ist. Und weil er nicht in der Lage ist, wirkliche Entscheidungen zu treffen, kann man auch nicht davon sprechen, dass der Regenwurm für die Folgen seines Tuns Verantwortung trüge. Das ist bei uns anders. Wir können uns entscheiden und deshalb tragen wir Verantwortung. Vor dieser können wir uns nicht drücken. Natürlich ist nicht jede Entscheidung gleich wichtig. Welchen von zwei Pullovern ich in der Früh anziehe, ist in der Regel egal.

Anders ist es mit der Frage, wen ich heiraten soll. Die Entscheidung in dieser Frage hat in den meisten Fällen Auswirkungen auf mein ganzes Leben. Der entscheidende Punkt ist: Ich kann es gar nicht vermeiden, mich zu entscheiden! Irgendeinen Pullover habe ich nachher an, oder auch alle beide oder gar keinen – aber auch das habe ich ja dann so entschieden. Und wenn ich nicht weiß, ob ich einen Verehrer heiraten soll, kann ich ihn natürlich erst einmal auf später vertrösten. Aber auch die Entscheidung, mich vorläufig nicht zu binden, ist eine Entscheidung! Auch diese Entscheidung gehört dann zu meiner Lebensgeschichte und wird unweigerlich deren weiteren Verlauf bestimmen.
So weit, so gut. Dass wir Verantwortung tragen, ist noch nicht furchtbar. Leider aber werden wir unserer Verantwortung oft nicht gerecht. Zum Beispiel wissen wir alle, dass wir mehr Energie verbrauchen und mehr CO_2 ausstoßen, als wir dürften, damit unsere Erde bewohnbar bleibt. Wir handeln hier also nicht nur unvernünftig, sondern auch verantwortungslos. Oder: Wir waren unvorsichtig und sind mit dem Fahrrad an einem Auto entlanggeschrammt. Dass ein Kratzer entstanden ist, wollen wir niemandem erzählen, sondern drücken uns vor der Verantwortung. Oder: Meine Schulfreundin versteht die Mathematikaufgaben nicht. Ich könnte sie ihr erklären, aber wir schauen lieber gemeinsam einen Film an. Bin ich jetzt verantwortlich für ihre schlechte Note? Ist sie verantwortlich? Diese Beispiele zeigen: Überall, im ganz Kleinen und im ganz Großen, treffen wir dauernd Entscheidungen, mit denen auch eine Verantwortung verbunden ist. Meist ist es gar nicht einfach zu sagen, welche Entscheidung richtig ist und welche Form von Verantwortung wir damit übernehmen. Klar ist aber, dass wir oft versuchen, uns aus unserer Verantwortung zu stehlen oder vor unserer Verantwortung davonlaufen. Im Kleinen geschieht uns das fast täglich. Aber auch bei großen und wichtigen Dingen passiert es, dass wir im entscheidenden Moment versagen, den Schwanz einziehen und unserer Verantwortung nicht gerecht werden.

Bosheit

Einem letzten Thema müssen wir uns stellen. Dass Menschen überfordert sind oder ihrer Verantwortung nicht gerecht werden, ist das eine. Noch einmal etwas anderes aber ist es, wenn Menschen bewusst etwas machen, von dem sie wissen, dass es falsch ist. Auch hier gibt es viele Abstufungen. Nachts auf der menschenleeren Dorfstraße über eine rote Ampel zu fahren, ist fahrlässig, ein anderes Auto bei hundert Kilometern pro Stunde von der Straße zu drängen, ist verbrecherisch. Und es gibt darüber hinaus auch das abgrundtief Böse. Ein Auto in eine Menschenmenge zu steuern, um absichtlich Menschen zu töten, ist abgrundtief böse. Die Nazis, die Gefangene töteten, handelten abgrundtief böse. Eine Liste abgründig böser Taten, die Menschen verübt haben und verüben, ließe sich leider lange fortsetzen. So schwer es fällt, wir müssen es eingestehen: Wir Menschen sind nicht nur in der Lage, unser Leben für andere hinzugeben. Wir sind auch fähig, absolut Böses zu denken, zu reden und zu tun. Das ist mehr als armselig, das ist furchtbar.

Wir Menschen sind zwiespältig

Lauter Gegensätze ...

Wenn wir die beiden vorhergehenden Abschnitte zusammenfassen, landen wir wieder bei der Beschreibung, die Sophokles schon vor zweieinhalbtausend Jahren von uns Menschen gegeben hat: Wir Menschen sind zwiespältig: großartig und armselig, manchmal auch furchtbar. Diese Spannung lässt sich nicht auflösen. Es ist nicht so, dass sich das Großartige und das Armselige, das Gute und das Böse im Endeffekt ausgleichen und so etwas wie ein Durchschnitt übrigbliebe. Nein, wir Menschen sind gleichzeitig gut und böse, gleichzeitig armselig und großartig. Und dies gilt nicht nur für uns Menschen alle zusammen, sondern für jeden einzelnen von uns. Die meisten von uns sind weder ganz gescheit noch ganz dumm; weder besonders kreativ noch besonders stumpf; weder besonders böse noch besonders gut. Aber für uns alle gilt: Manches können wir besser, anderes schlechter; für manches können wir uns begeistern, mit anderem gar nichts anfangen; manchmal tun wir Gutes, ein anderes Mal auch Schlechtes. Ich kann ein Sprachengenie sein und gleichzeitig ein Matheversager. Nur in der Schule kann man daraus eine Durchschnittsnote bilden. Meiner Persönlichkeit wird eine Durchschnittsnote nicht gerecht. Was ich kann und nicht kann, lässt sich nicht einfach zusammen verrechnen. Ich bin nicht auf einen einfachen Nenner zu bringen. Was mich ausmacht, ist gerade, dass ich in mir verschiedene Gegensätze vereine – die in mir zusammenkommen, die aber doch Gegensätze bleiben.

Die Spannung zwischen solchen Gegensätzen auszuhalten, ist nicht immer leicht. Wir hätten unsere Helden gerne ganz strahlend und unsere Feinde gerne ganz finster. Vor allem uns selbst hätten wir gerne eindeutig. Dabei sind wir oft innerlich zerrissen oder gespalten. Denn unser Leben ist von vielen Spannungen geprägt: Zum Beispiel sind wir, wie schon gesagt, gleichzeitig Naturwesen und Kulturwesen. Als Naturwesen sind wir von verschiedenen Trieben bestimmt – ohne Essen kommen wir nicht aus und irgendwann schaltet unser Körper alles ab, bis er wieder Nahrung zugeführt bekommt. Als Kulturwesen sind uns diese Triebe manchmal hinderlich – Hunger haben stört, wenn man sich auf ein Buch konzentrieren will. Oder: Wir sind individuelle Persönlichkeiten, aber gleichzeitig auf die Gemeinschaft mit anderen angewiesen. Manchmal fühlen wir uns von anderen eingeengt und bedrängt, manchmal suchen wir ihre Nähe – und manchmal treten diese beiden Bedürfnisse verwirrenderweise auch gleichzeitig auf. Oder: Wir sind hin- und hergerissen zwischen Kopf und Bauch, zwischen Verstand und Gefühl. Oder, oder, oder.

... und schwierige Fragen

All diese Spannungen sind nicht leicht aufzulösen. Sich ganz der einen Seite hinzugeben und die andere zu unterdrücken, ist selten eine gute Idee. Auch ein Mittelweg bliebe eine mühsame Gratwanderung, bei der immer der Absturz nach der einen oder anderen Seite droht. Die Lösung kann wohl nur darin bestehen, all die verschiedenen Seiten, die ich habe, wahrzunehmen und ernst zu nehmen. All diese Seiten machen mich ja aus und gehören zu mir, auch wenn sie in Spannung oder gar im Widerspruch zueinander stehen. Ein Trampolin zieht es auch nach allen Seiten. Wenn man die Haken der einen Seite aushängt, verliert es seine Spannung – aber dann ist es kein Trampolin mehr. Alle Seiten müssen berücksichtigt werden, damit das Trampolin insgesamt im Ausgleich ist. Zugegeben, das ist ein seltsamer Vergleich. Aber vielleicht macht er doch ein wenig klar, was gemeint ist. Es gehört zu uns Menschen, dass wir Gegensätze in uns tragen, die in Spannung zueinander stehen. Diese Spannungen auszuhalten, ist mühsam. Im Idealfall sind es aber gerade solche Spannungen, die mein Leben reich machen. Nur ist das mit dem In-Ausgleich-bringen nicht immer so einfach. Meistens ist es sogar sehr schwierig. Auch das ist eine Spannung, mit der wir leben müssen: Wir würden so gerne alles besser machen, aber so richtig schaffen wir das meistens nicht.

Die verwirrendste Spannung, die wir aushalten müssen, ist wahrscheinlich die zwischen Gut und Böse: Ich kann ein Mensch sein, der aus ganzem Herzen viel Gutes tut, der aber gleichzeitig auch eine abgründige Seite und manchmal richtig böse Gedanken hat. Auch das gleicht sich nicht einfach aus. Aus ein bisschen Schwarz und ein bisschen Weiß wird nicht irgendein Grau oder Hellgrau. Auch hier gilt: Beides gehört zu mir. Das Dunkle in mir totzuschweigen und zu verdrän-

gen, geht meist nach hinten los. Das Schlechte aber einfach für gut zu verkaufen, kann auch nicht die Lösung sein. Wie gehe ich damit um? Kann ich das Dunkle in mir ernst nehmen als etwas, das tatsächlich zu mir gehört, und es doch gleichzeitig überwinden und verwandeln?
Das alles sind schwierige Fragen. Wir Menschen sind zwiespältige Wesen. Die schwierigste Frage für uns selbst – sind wir wohl selbst.

2. Der Sinn des Lebens

Sollte das nicht ein Buch über den christlichen Glauben sein? Müsste es dann nicht endlich von Gott handeln? Stattdessen ging es jetzt ein ganzes Kapitel lang nur über den Menschen ...

Wir müssen noch weiter um Geduld bitten. Auch in diesem Kapitel werden die Worte „Gott“ und „Glaube“ nicht vorkommen. Das hat seinen Grund. Leider ist nämlich immer viel zu schnell von Gott die Rede. Viel zu schnell heißt: Es ist von Gott die Rede, ohne dass man recht versteht, was mit diesem Wort gemeint sein soll. Wir wollen das Wort Gott deshalb nicht einfach vom Himmel fallen lassen. Gott ist nämlich kein Ding oder Wesen, das man klar beschreiben und mal eben so erklären könnte. Das Wort „Gott“ ist eine Antwort. Aber um eine Antwort zu verstehen, muss man zuerst die Frage verstanden haben. Die ersten beiden Kapitel dieses Buches dienen dazu, die Frage zu entfalten.

Wir Menschen sind fragwürdig. Die Welt ist fragwürdig

Die Frage nach dem Sinn liegt auf dem Tisch

Wir Menschen können Fragen stellen. Das ist schon ziemlich viel. Wir können noch mehr: Wir können Dinge hinterfragen. Weiter: Wir haben festgestellt, dass wir uns auch selbst oft fragwürdig erscheinen und uns selbst infrage stellen können. Fragen zu stellen, Dinge zu hinterfragen und sich selbst infrage zu stellen: das ist oft mühsam, und es macht das Leben nicht leichter. Trotzdem ist es eine gute Nachricht, dass wir Menschen fragwürdig sind, denn das heißt: Wir sind frag-würdig, also der Frage würdig. Wir sind es wert, dass wir nach uns selbst fragen.

Vermutlich können Tiere auch Fragen stellen. Wenn ein Hund mich treuherzig anschaut, bedeutet das wohl: „Hast du noch ein Leckerli für mich?“ Vielleicht gibt es auch Eichhörnchen, die ernsthaft darüber nachgrübeln, wo sie ihre Nüsse für den Winter versteckt haben. Aber nach allem, was wir wissen, stellen sich Tiere nicht die Frage nach dem Glück oder nach dem Sinn ihres Lebens: Sie stellen Fragen, aber sie hinter-fragen nicht; sie stellen vor allem sich selbst nicht in-frage. Wir

Menschen aber stellen uns solche Fragen! Wir fragen nach dem Sinn unseres Lebens. Wir verzweifeln an der Welt. Wir stellen uns selbst und alles um uns herum infrage. Wir fragen danach, warum es uns überhaupt geben soll und weshalb die Welt eigentlich da ist. Natürlich stellen wir uns solche Fragen nicht andauernd, und nicht jeder stellt sich diese Frage in gleicher Weise. Aber darauf kommt es nicht so sehr an. Denn eines lässt sich jedenfalls nicht abstreiten: Es gibt Leute, die die Frage nach dem Sinn ihres Lebens und nach dem Sinn des ganzen Universums stellen. Damit ist diese Frage auf dem Tisch. Es kommt nicht darauf an, welcher unserer frühen Vorfahren sie als Erster gestellt hat, ob andere Lebewesen sie sich womöglich auch stellen oder ob künftige Roboter darüber auch ins Grübeln kommen werden. Die Frage nach dem Sinn liegt auf dem Tisch, denn Menschen stellen diese Frage.

Die Frage nach dem Sinn liegt in der Welt

Bevor wir die Frage nach dem Sinn näher betrachten, müssen wir einen Moment innehalten. Wir sind hier nämlich an einem bemerkenswerten Punkt: Wir sprachen schon davon, dass wir Menschen nicht nur Dinge und Objekte, sondern dass wir auch Subjekte sind. Das bedeutet: Wir können nicht nur äußere Dinge wahrnehmen, sondern wir können auch wahrnehmen, dass wir Dinge wahrnehmen. Wir können sozusagen einen Schritt zurücktreten und Abstand nehmen von den Dingen dieser Welt. Wir richten unser Verhalten nicht nur automatisch oder instinktiv nach dem aus, was uns von außen begegnet. Neben solchen äußeren Beweggründen kennen wir nämlich auch innere Beweggründe, und diese werden oft zu den eigentlichen Triebfedern unseres Tuns.

Unbelebte Dinge, ein Stück Holz zum Beispiel, sind den Kräften der Natur einfach ausgeliefert: Wenn ein toter Ast in einen Fluss fällt, wird er von der Strömung mitgerissen. Tiere dagegen können reagieren; sie haben Triebe und Instinkte, nach denen sie sich verhalten. Auch wir Menschen sind den Naturgesetzen, unseren Trieben und unseren Instinkten unterworfen. Aber wir können unsere Triebe steuern und mit unseren Instinkten umgehen. Darüber hinaus können wir uns von der Schönheit einer Landschaft ergreifen lassen, wir können Mitleid empfinden, wir können Kunstwerke anfertigen und einem Kunstwerk Bedeutung zusprechen. Das bedeutet: Wir leben in einer Welt, die nicht nur von den äußeren Dingen und Gegebenheiten, von der Physik und der Biologie bestimmt ist. Es gibt auch innere Wirklichkeiten, die für uns bedeutsam sind, und an denen wir unser Leben ausrichten.

Über den Zusammenhang der äußeren Welt mit unserer inneren Wirklichkeit lässt sich lange streiten. Sicher gehören beide eng zusammen: Was wir innerlich erleben oder welche innere Bedeutung wir äußeren Dingen zusprechen, ist von dem bestimmt, was uns äußerlich widerfährt. Vermutlich geht das so weit, dass jede innere Wirklichkeit an äußere Dinge gekoppelt ist – oder könnte man sich vorstellen, dass ein Gedanke (also eine innere Wirklichkeit) auch einfach so da ist, ohne dass ein Gehirn (also ein äußeres Ding) ihn denkt? Diese Frage ist interessant; aber die Antwort ist hier nicht entscheidend. Denn in jedem Fall können wir festhalten: Wir haben Gedanken, wir können Musik machen und hören, Kunstwerke erschaffen und bewundern, Liebesgedichte schreiben und uns von ihnen ergreifen lassen. Und weil das so ist, muss die Möglichkeit dazu in unserem Universum grundgelegt sein: Die Möglichkeit einer inneren Wirklichkeit hat sozusagen von Anfang an im Universum geschlummert. Nach vielen Jahrmillionen haben wir Menschen diese innere Wirklichkeit entdeckt und können nun solche Fragen formulieren.
Damit haben wir die Frage nach dem Sinn sozusagen ans Licht gezerrt und auf den Tisch gebracht. Aber wir konnten das offensichtlich nur deshalb tun, weil die Frage nach dem Sinn auf verborgene Weise schon im Universum selbst begründet liegt. Genauer gesagt: Die Möglichkeit, dass nach dem Sinn des Ganzen gefragt wird, schlummert bereits im Universum selbst. Man kann deshalb sagen, dass in uns Menschen das Universum in gewisser Weise zu sich selbst kommt und sich seiner selbst bewusst wird.

Äußere Welt und innere Wirklichkeit

Stimmt es dann also, wenn man oft hört, dass der Mensch „die Krone der Schöpfung" sei? Ehrlich gesagt würden wir das so nicht formulieren. Anfang 2020 ging die Nachricht um die Welt, dass eine Affenmutter im Frankfurter Zoo ihr totes Baby neun Tage mit sich herumtrug, bevor sie es ablegte. War das wirklich nur überschießender Mutterinstinkt oder doch ein Zeichen echter Liebe und Trauer, vielleicht sogar einer allgemeinen Verzweiflung an dieser Welt? Dann würden die innere Wirklichkeit und die Frage nach dem Sinn des Ganzen auch bei Tieren zumindest schon aufblitzen. Womöglich gibt es auf einem fernen Planeten auch Außerirdische, die sich solche Fragen stellen. Wir wollen auch nicht ausschließen, dass es eines Tages gelingen könnte, einen Roboter mit künstlicher Intelligenz zu bauen, der sich fragt, warum er auf der Welt ist. Wir Menschen sind oder bleiben also vielleicht nicht die einzigen, die nach dem Sinn des Ganzen fragen. Vielleicht sind wir also nicht die Krone der Schöpfung oder zumindest nicht die einzige oder die letzte Krone. Aber für das, um was es uns hier geht, ist das egal. Denn auf jeden Fall zeigt die Tatsache, dass zumindest wir Menschen nicht nur in der äußeren Welt, sondern auch in einer inneren Wirklichkeit leben, dass unser Universum auch eine solche Innenseite hat.

Die Frage nach dem Verhältnis von äußerer Welt und innerer Wirklichkeit ist, wie gesagt, nicht einfach. Wir haben schon gesagt, dass beide eng zusammenhängen: Unser inneres Erleben hängt von dem ab, was uns äußerlich widerfährt. Genauso gilt, dass unser inneres Erleben sich oft im Äußeren spiegelt. Wenn ich zum Beispiel innerlich erlebe, dass ich Angst habe, dann gibt es dafür oft einen äußeren Grund: vielleicht steht plötzlich ein knurrender Hund vor mir. Und umgekehrt wird meine innere Angst sich auch äußern, indem sich etwa mein Herzschlag beschleunigt und mein Atem stockt. Das kann jeder von außen sehen und sogar messen. Wichtig ist aber: damit ist nicht meine innere Angst gemessen, sondern nur die äußeren Auswirkungen dieser Angst. Dieser Unterschied ist entscheidend! Wie sollte ich die Angst als solche überhaupt messen? In Metern, Kilogramm oder in Sekunden? Das alles erfasst nicht das, was Angst – oder auch Freude – wirklich ist. Was Angst und Freude bedeutet, kann nur jemand ermessen, der Angst und Freude selbst schon einmal kennengelernt und selbst verspürt hat. Denn so sehr die Innenseite und die Außenseite der Wirklichkeit zusammenhängen, so verschieden sind sie doch gleichzeitig voneinander. Mit Außenseite meinen wir alles, was sich objektiv beschreiben, also ausmessen und auf allgemeine Formeln bringen lässt. Mit Innenseite dagegen meinen wir das, was sich nur subjektiv beschreiben lässt, weil es nur einem denkenden und fühlenden Subjekt zugänglich ist. Angst und auch alle anderen Gefühle gehören zu dieser Innenseite. Aber auch alles, was irgendwie Bedeutung trägt. So kann ich etwa ein Bild, zum Beispiel die berühmte Mona Lisa, äußerlich ganz eindeutig beschreiben, indem ich es vermesse und die genaue Lage aller Farbteilchen, oder auch aller einzelnen Atome, in einer Tabelle aufschreibe. Mit dieser Tabelle könnte ich das Bild sogar exakt kopieren, zumindest theoretisch. Trotzdem wäre es absurd zu behaupten, dass ich die Bedeutung der Mona Lisa in so einer Tabelle eingefangen hätte. Die Bedeutung eines Kunstwerks liegt auf der Innenseite der Wirklichkeit. Sie lässt sich nicht objektiv ausmessen. Sie erschließt sich nur jemandem, der dieses Kunstwerk mit Einfühlungsvermögen und Verstand betrachtet. Die Innenseite der Wirklichkeit ist nur denkenden und fühlenden Subjekten zugänglich; mit den Methoden der Naturwissenschaft komme ich hier nicht weiter. Objektiv werde ich die Bedeutung eines Kunstwerks nie erfassen können. Aber natürlich kann ich mich trotzdem

sinnvoll mit jemand anderem über die Bedeutung eines Kunstwerks unterhalten; der andere wird meine Sichtweise vielleicht nicht immer teilen, aber in der Regel wird es doch gelingen, sich in einigen Punkten zu einigen und Argumente zu finden, die beide Gesprächspartner verstehen können.
An dieser Stelle kommen wir zurück zur Frage nach dem Sinn des Ganzen – nach dem Sinn unseres Lebens und der Welt. Diese Frage schlummert schon von Anbeginn im Universum, aber erst wir Menschen können diese Frage auch formulieren. Denn erst wir Menschen haben sozusagen den Zugang zur Innenseite des Universums gefunden. Und die Frage nach dem Sinn des Ganzen ist eine Frage, die nur aus dieser Innensicht heraus gestellt werden kann. Dies bedeutet auch, dass man eine objektive Antwort darauf niemals geben kann. Aber es bleibt trotzdem sinnvoll, diese Frage zu stellen, und wir können auch sinnvolle Argumente darüber austauschen, wie wir jeweils mit dieser Frage umgehen.

Die Frage nach dem Sinn

Sinn für etwas anderes – Sinn in sich

Im Alltag verwenden wir Worte oft ungenau. Zum Beispiel bitten wir eine Freundin, uns Äpfel vom Einkaufen mitzubringen – und ärgern uns dann, wenn sie nicht die süßen roten, sondern die sauren grünen besorgt, die wir nicht mögen (oder falls sie gar Pferdeäpfel mitbringt, weil sie denkt, dass wir damit unsere Gemüsepflanzen düngen wollen ...). Es ist also wichtig, sich möglichst klar auszudrücken. Vor allem sollte man sich klar machen, was man mit einem Wort genau meint. Dies gilt für Äpfel, aber es gilt noch mehr, wenn es um schwierigere oder wichtigere Fragen geht. Die Frage nach dem Sinn ist zweifellos eine wichtige Frage. Deshalb wollen wir uns zunächst genau überlegen, was wir meinen, wenn wir von Sinn sprechen oder davon, dass etwas sinnvoll sei. Die Worte „sinnvoll" und „Sinn" verwenden wir nämlich oft auch auf eine ungenaue Weise und für verschiedene Dinge.
Ein erster Unterschied besteht zwischen Dingen, die sinnvoll *für etwas anderes* sind, und Dingen, die *schon für sich genommen* sinnvoll sind.
Vor einem Englischtest zu lernen, ist in aller Regel kein Vergnügen, aber es ist sicher sinnvoll – nicht sinnvoll für sich genommen, aber sinnvoll für etwas anderes, nämlich um den Test zu bestehen. Den Test abzulegen, ist auch sinnvoll, nämlich um einen Job zu bekommen. Einen Job zu haben, ist sinnvoll, um Geld zu verdie-

nen. Geld zu verdienen, ist sinnvoll, um Essen kaufen zu können, und so weiter. Alle diese Dinge – lernen, Test ablegen, arbeiten, Geld verdienen – sind sinnvoll, aber sie sind vor allem sinnvoll für etwas anderes. Sie tragen ihren Sinn nicht in sich selbst, zumindest in der Regel nicht. Eine ähnliche Kette von Beispielen gibt es in einer bekannten Geschichte: Ein junger Fischer liegt schon am Vormittag einfach am Strand und genießt die Sonne und den Blick auf das Meer. Eine Touristin fragt, warum er nicht nochmals hinausfahre, um noch mehr Fische zu fangen. „Wofür?", fragt der Fischer. „Um sie zu verkaufen und mehr Geld zu verdienen.", antwortet die Touristin. „Wofür brauche ich mehr Geld?" – „Zum Beispiel, um ein Motorboot zu kaufen!" – „Wofür brauche ich ein Motorboot?" – „Um noch mehr Fische zu fangen und Geld zu verdienen." – „Wofür?" – „Na, Sie könnten dann Leute anstellen, die rausfahren und für Sie arbeiten." – „Wofür?" – „Dann würden Sie reich." – „Und dann?", fragt der Fischer. „Naja, dann ...", stammelt die Frau, „... dann könnten Sie einfach hier am Strand liegen und die Sonne und den Blick auf das Meer genießen!" Woraufhin der Fischer lächelt, sich wieder ausstreckt und weiter die Sonne und den Blick auf das Meer genießt.

Die Geschichte ist natürlich erfunden. Aber sie macht klar, dass wir vielen Dingen nachjagen, auf die es im Grunde gar nicht ankommt, weil sie für sich genommen nicht sinnvoll sind; und dass wir darüber womöglich vergessen, worauf es letztlich wirklich ankommt.

Was sind nun aber solche Dinge, auf die es letztlich ankommt, weil sie schon für sich genommen sinnvoll sind? Am Strand zu liegen, kann sicher dazugehören. Etwas zu genießen auf jeden Fall. Alles, was wir mit Freude machen, dürfte dazugehören. Sich mit Freunden zu treffen, ist sinnvoll – ich verfolge damit keinen anderen Zweck, sondern das Zusammensein ist „einfach so", für sich genommen, schön. Ein Buch zu lesen, zu einem Konzert zu gehen, zu tanzen, miteinander zu spielen – all das kann für sich genommen sinnvoll sein, wenn es uns Freude macht und uns beglückt. Sinnvoll in sich selbst sind aber auch Dinge, die wir unternehmen, um anderen eine Freude zu machen: Jemanden im Krankenhaus zu besuchen, kann in sich selbst sinnvoll sein, auch wenn es mich Überwindung kostet. Eine besonders starke Sinn-Erfahrung kann es sein, einen anderen Menschen zu lieben oder sich von einem geliebten Menschen wiedergeliebt zu wissen.

Es geht uns an dieser Stelle nicht darum, die Grenze zu bestimmen zwischen Dingen, die für sich genommen oder die nur für andere Dinge sinnvoll sind. Dies ist im Einzelfall nicht leicht zu entscheiden: Sogar in die Liebe zu anderen Menschen kann sich der Gedanken einschleichen, dass diese Liebe auch nützlich für andere

Zwecke ist. Und umgekehrt kann es jemandem ja auch einfach Freude machen, Englisch zu lernen, auch ohne dass er damit einen anderen Zweck verfolgt. Es ist auch nicht so, dass Dinge, die ihren Sinn in sich selbst haben, immer besser wären als Dinge, die erst mit Blick auf andere Dinge sinnvoll werden. Im normalen Leben kommen wir gar nicht darum herum, Dinge zu machen, die erst einmal nur für andere Zwecke sinnvoll sind. Schlimm wäre es allerdings, wenn wir immer nur das Gefühl hätten, für solche andere Zwecke eingespannt zu sein.
Worauf es uns hier ankommt, ist, zu verstehen, dass es einen Unterschied zwischen einem *Sinn mit Blick auf etwas anderes* und einem *Sinn in sich* gibt.

Sinn einzelner Dinge – Sinn des Ganzen

Ein zweiter Unterschied besteht darin, ob ich einzelne Dinge als sinnvoll erfahre, oder ob ich das Ganze als sinnvoll empfinde.
Dass es viele Dinge gibt, die in sich selbst sinnvoll sein können, haben wir schon gesagt: Jeder kennt Momente, in denen alles passt und wo das Leben einfach schön ist: Auf einem Berg einen Sonnenaufgang erleben. Nach Feierabend auf einer Parkbank sitzen und ein Eis schlecken. Einem geliebten Menschen in die Augen schauen. Keine Frage: Solche Momente haben in sich selbst Sinn! Aber hat damit auch unser Leben als Ganzes, die Welt als Ganze Sinn? Denn es gibt auch andere Momente. Solche, wo alles zusammenbricht und uns der Boden unter den Füßen weggezogen wird: Mein Partner hat mich verlassen, ich habe meinen Job verloren, eine schlimme Krankheit befällt mich, ein geliebter Mensch stirbt. Manchmal reicht ein verregneter Montagmorgen nach einem miesen Wochenende, und alles erscheint sinnlos. Auch solche Situationen kennt jeder. Viele solcher Krisen überwinden wir, aus manchen gehen wir gestärkt hervor und können ihnen im Nachhinein sogar einen Sinn abgewinnen. Manchmal ist es gut, den Job zu verlieren, wenn man daraufhin eine bessere Aufgabe findet.
Aber es gibt auch Dinge, denen man unmöglich irgendeinen Sinn zuschreiben kann: Wenn ein kleines Kind plötzlich stirbt, dann ist und bleibt das sinnlos. Mehr noch: es ist widersinnig. Es stellt auch jeden anderen Sinn infrage. Wenn ein Kind gestorben ist, kann man den Eltern unmöglich sagen, dass der Sonnenaufgang trotzdem schön ist und das Eis am Feierabend trotzdem gut schmeckt. Denn das stimmt dann nicht mehr. Die vielen Dinge, die eigentlich in sich und für sich genommen Sinn haben, werden sozusagen geschluckt und entwertet von der Erfahrung tiefer Sinnlosigkeit. Man kann keine Rechnung aufmachen und sagen: „Na gut, ich erfahre in meinem Leben 40 % Sinnloses und 60 % Sinnvolles, also

überwiegt der Sinn und alles ist im Endeffekt gut." Eher ist es wie beim Fußball: Auch wenn meine Mannschaft während des Spiels mehr Eckbälle und Freistöße hatte: wenn zum Schluss die andere Mannschaft mehr Tore hat, habe ich alles verloren. Alle errungenen Eckbälle und Freistöße sind dann letztlich entwertet.

Die Sinnfrage ist ernst

Die Frage nach dem Sinn unseres Lebens und der ganzen Welt wird damit plötzlich sehr ernst. Denn wie das Spiel unseres Lebens und unserer Welt ausgeht, wissen wir: Am Ende steht für jede und jeden von uns unweigerlich der Tod. Und auch für unser Universum wird irgendwann endgültig Schluss sein, selbst wenn es noch ein paar Jahrmilliarden dauern sollte. Heißt das, dass wir das Spiel am Ende unweigerlich verlieren? Dass also das Ganze unseres Lebens und unserer Welt letztlich keinen Sinn hat? Wären damit nicht auch alle Dinge, die wir zwischendurch als sinnvoll erfahren, letztlich entwertet, weil ihr Sinn keinen Bestand hat? Die Frage ist sehr ernst. Und es gibt keine einfache Antwort. Vor allem kann es keine objektive Antwort geben, denn von Sinn können nur Subjekte reden. Das heißt auch: Die Wissenschaft, die sich ja nur auf objektive Dinge beziehen kann, wird uns niemals eine Antwort auf die Frage nach dem Sinn geben können. Wir müssen uns persönlich – das heißt: als Subjekte, als Personen – auf die Suche nach einer Antwort machen.

Wie wir mit der Frage nach dem Sinn des Ganzen umgehen

Wahrscheinlich gibt es Menschen, die sich die Frage nach dem Sinn gar nicht stellen. Sie müssen vielleicht so schwer um ihren Lebensunterhalt kämpfen, dass sie nur noch funktionieren und geistig abgestumpft sind. Wenn die Umstände daran schuld sind, kann man diesen Menschen das nicht vorwerfen. Aber im Grunde ist dies ein menschenunwürdiger Zustand. Und wahrscheinlich blitzt doch auch bei solchen Menschen hin und wieder die Frage auf, wozu sie sich eigentlich täglich abstrampeln und ob das alles überhaupt Sinn hat.

Bei den meisten Menschen wird die Frage nach dem Sinn des Ganzen jedenfalls irgendwann auftauchen. Dann gibt es verschiedene Arten, damit umzugehen:

Viele Menschen verdrängen die Frage. Die Frage stellt sich ihnen, aber sie stellen sich nicht der Frage. Sie weichen ihr aus, sie lenken sich ab, sie zerstreuen sich. Möglichkeiten dazu gibt es viele: Internet, Konsum, Partys, Spaß haben. Man kann sich auch in seine Arbeit flüchten, in ein Ehrenamt oder in ein Familienidyll. Das sind keine schlechten Dinge, oft im Gegenteil. Aber man kann seine Zeit auch mit guten Dingen totschlagen. Freilich können wir auch nicht andauernd mit Denk- oder Sorgenfalten auf der Stirn herumlaufen und über den Sinn des Lebens nachgrübeln. Aber wer der Frage nach dem Sinn immer ausweicht, der ist zumindest feige. Und er läuft Gefahr, spätestens am Ende seines Lebens von dieser Frage eingeholt zu werden. Denn die Frage nach dem Sinn des Ganzen liegt nun einmal auf dem Tisch. Und je näher es ans Sterben geht, desto schwieriger wird es, diese Frage links liegen zu lassen.

Es gibt auch Menschen, die ihr Leben lang schwer um eine Antwort ringen. Die sich schwer tun mit dem Leben, und die oft am Rand der Verzweiflung stehen, aber die die Hoffnung nicht aufgeben wollen, dass alles letztlich vielleicht irgendwie doch ein gutes Ende nimmt und einen Sinn hat.

Andere neigen dazu, die Frage, ob das Leben einen Sinn habe, mit „nein" zu beantworten, ihr Leben also für sinnlos zu halten. Wir können es uns kaum anders vorstellen, als dass so jemand völlig antriebslos oder verzweifelt sein muss. Wenn jemand wirklich darüber nachgedacht hat und zu der festen Überzeugung gelangt ist, dass die Welt und sein Leben letztlich keinen Sinn haben – woran könnte er sich festhalten, woran könnte er sich ausrichten, welche Ziele könnte er verfolgen? Oder umgekehrt gefragt: Wer das, was er tut, rechtfertigt, wer Ziele hat, ja, wer einfach nur morgens einen Grund dafür findet aufzustehen – muss der nicht irgendwo doch glauben, dass das alles irgendeinen Sinn hat oder zumindest haben könnte oder sollte?

Es gibt auch Menschen, bei denen die Erfahrung von Sinnlosigkeit geradezu zur Empörung führt. Sie protestieren dagegen, dass die Welt von widersinnigem Leid geprägt ist. Für sie besteht die Würde des Menschen genau darin, gegen das Leid und gegen alles Böse anzukämpfen, obwohl sie wissen, dass sie den Kampf von vornherein verloren haben, weil der Tod ja doch das letzte Wort haben wird. Vor einer solchen Haltung können wir nur Hochachtung haben. Allerdings sind wir uns nicht so ganz sicher, ob jemand, der von einer Würde des Menschen redet und den Kampf gegen das Leid für erstrebenswert ansieht, nicht doch an einen letzten Sinn des Lebens und der Welt glaubt. Denn zumindest den Kampf gegen das Leid würde er ja für sinnvoll halten.

Die mögliche Antwort, die jetzt noch fehlt, ist das „Ja": Ja, das Ganze, die Welt, das Universum, das Leben, mein Leben – all das hat in sich selbst einen Sinn, es ist gut, dass es das alles gibt. Wahrscheinlich ist das die Antwort, die den meisten von uns spontan am sympathischsten vorkommt. Aber Vorsicht! Es ist eine ungeheuerliche Antwort. Darüber muss man sich klar sein. Können wir wirklich sagen, unser Leben habe einen Sinn, den auch unser Tod nicht entwertet? Können wir sagen, das Universum habe einen Sinn, wenn es doch irgendwann zu einem Ende kommen wird und in einen großen Strudel des Nichts hinein verschlungen wird? Und können wir wirklich sagen, es sei gut, dass es unsere Welt gibt, wenn diese doch überall auch von Leid und Bösem geprägt ist?

Antwort geben auf die Frage nach dem Sinn

An dieser Stelle kommen wir mit reinem Denken nicht weiter. Es gibt keine objektive Antwort auf die Frage nach dem Sinn. Wir können hier nur persönliche Antworten suchen und geben, jede und jeder für sich. Dass unsere Antwort richtig ist, können wir anderen nie im strengen Sinne beweisen. Aber wir können durchaus erklären, warum wir zu einer bestimmten Antwort kommen. Wir können dafür womöglich auch Gründe angeben, die auch für andere verstehbar sind.

Solche Gründe müssen im Übrigen nicht immer aus Argumenten bestehen, die man wörtlich anderen erklären kann. Oft sind Gründe überzeugender, die man nicht in Worte fasst, sondern die sich an bestimmten Haltungen oder am Verhalten ablesen lassen. Überhaupt war in diesem Kapitel ziemlich viel von Fragen und Antworten die Rede. Aber das heißt nicht, dass die Frage nach dem Sinn und die Antwort darauf immer in klaren Worten ausgedrückt werden müsste. Auch Haltungen, Gesten und Taten können Fragen und Antworten ausdrücken. Wenn ich beispielsweise jemanden neu kennenlerne, werde ich mich meistens nicht wörtlich fragen: „Habe ich jetzt schon so viel Vertrauen zu ihm, dass ich mich von ihm im Auto mitnehmen lasse?“ Das werde ich einfach irgendwann tun, weil ich eben Vertrauen gefasst habe. Die Frage „Habe ich Vertrauen?“ muss gar nicht so wörtlich in meinem Kopf gewesen sein. Trotzdem habe ich die Antwort darauf gegeben, wenn ich ins Auto gestiegen bin. Das „Ins-Auto-steigen“ war sozusagen die Antwort. So ähnlich ist das mit der Frage nach dem Sinn des Lebens: Meist spüren wir die Frage mehr, als dass wir sie wirklich wörtlich so im Kopf hätten. Und auch unsere Antwort auf die Frage wird meistens nicht in klaren Worten bestehen, sondern in unserer Haltung und unserem Verhalten.

Zusammenfassung des I. Teils

Wir Menschen sind zwiespältige und fragwürdige Wesen. Wir stellen uns viele Fragen und wir stellen uns auch selbst infrage. Vor allem stehen wir letztlich vor der Frage, ob unser Leben und die ganze Welt einen Sinn haben.
Diese Frage schlummert schon von Anfang an im Universum. Wir Menschen können diese Frage formulieren. Das bedeutet aber auch: Die Frage nach dem Sinn des Ganzen liegt nun auf dem Tisch, und wir können ihr nicht mehr entkommen. Eine objektive Antwort auf diese Frage kann es nicht geben: Denn der Sinn von etwas ist kein Objekt, das man objektiv (also: von außen) vermessen oder beschreiben könnte. Wir Menschen sind aber nicht nur Objekte (das heißt: Gegenstände der äußeren Welt), sondern auch Subjekte (das heißt: Personen mit einer inneren Wirklichkeit).
Die Frage nach dem Sinn des Ganzen ist eine Frage der inneren Wirklichkeit. Eine Antwort ist deshalb nur auf persönlicher Ebene möglich. Eine solche Antwort ist nie objektiv beweisbar. Aber natürlich können zwei Personen sich darüber austauschen, welche Antworten sie gefunden haben und welche Gründe für oder gegen ihre Antwort sprechen.
Unsere persönliche Antwort auf die Frage nach dem Sinn des Ganzen besteht meist nicht in durchdachten Aussagen oder formulierten Sätzen. Wenn wir nicht zufällig Philosophen oder Theologen sind, haben wir vielleicht noch nicht einmal direkt über die Frage nach dem Sinn nachgedacht. Aber es braucht nicht unbedingt Worte: Die erste und persönlichste Antwort auf die Frage nach dem Sinn unseres Lebens geben wir immer schon durch die Art und Weise, wie wir leben.

Teil II

Was glauben Christinnen und Christen?

In diesem Teil geht es um den Inhalt des christlichen Glaubens. Weil das Christentum nicht ohne Jesus Christus denkbar ist, beginnen wir im dritten Kapitel mit Jesus von Nazareth. Das vierte Kapitel handelt dann von Gott – genauer gesagt: Wir erklären zunächst, was es bedeutet, in christlicher Weise an Gott zu glauben. Erst danach können wir versuchen, auch über Gott selbst etwas zu sagen. Im fünften Kapitel kommen wir zurück auf Jesus Christus. Wir erklären, warum Christinnen und Christen ihn als Sohn Gottes bezeichnen. Das sechste Kapitel schließlich geht von der Erfahrung aus, dass Menschen Gottes Gegenwart spüren können und auch ganz von Gott ergriffen werden können. Dies wird als Empfangen des Heiligen Geistes bezeichnet.
Mit diesen vier Kapiteln ist der Inhalt des christlichen Glaubens in einem gewissen Sinne vollständig umrissen: Christinnen und Christen glauben an Gott, den Grund der ganzen Welt, der jeder und jedem von uns wie ein liebevoller Vater zugewandt ist; sie glauben an Jesus Christus, in dem Gott selbst greifbar geworden ist; und sie glauben an den Heiligen Geist, in dem Gott auch jedem von uns nahekommen möchte.
Der christliche Glaube ist nicht ein kluges Gedankengebäude, um die Welt zu erklären. Schon gar nicht ist er eine Ansammlung von moralischen Vorschriften. Der christliche Glaube ist vielmehr eine Antwort auf die Frage, der wir im ersten Teil nachgegangen sind: der Frage nach dem Sinn des Ganzen. Der Ausgangspunkt des christlichen Glaubens ist die lebendige Erfahrung, dass die Welt und unser persönliches Leben einen Sinn haben, ja mehr noch: dass jede und jeder von uns in einer allumfassenden, die Welt übersteigenden Weise geliebt ist. Wenn Christinnen und Christen sagen: „Ich glaube an Gott“, meinen sie genau dies.

3. Jesus von Nazareth

Jetzt, im dritten Kapitel, nähern wir uns endlich dem eigentlichen Thema dieses Buches, dem christlichen Glauben! Alles, was wir bisher geschrieben haben, diente dazu, die große Frage näher zu beschreiben, vor der alle Menschen stehen, egal ob sie Christen sind oder nicht: die Frage nach dem Sinn unseres Lebens und der Welt. Wir sagten, dass man diese Frage nicht objektiv beantworten kann, sondern dass jeder für sich eine Antwort suchen und geben muss.
Als Christinnen und Christen haben wir eine Antwort auf diese Frage! Ja, eigentlich ist die Antwort auf diese Frage genau der Kern des christlichen Glaubens. Er lässt sich in ganz wenigen Zeilen aufschreiben. Wir kommen im nächsten Kapitel darauf zurück.

Es geht nicht um Gehirnakrobatik
Aber wir müssen zuerst einem Missverständnis vorbeugen. Das Christentum ist nicht einfach das Ergebnis schlauen Nachdenkens. Es geht nicht um Gehirnakrobatik. Die Botschaft des Christentums ist eine Botschaft für unser Leben. Deshalb ist es nicht damit getan, die christliche Botschaft nur zu hören oder in richtigen Worten zu sagen oder in wenigen Zeilen aufzuschreiben. Kommen wir nochmals auf das Beispiel vom Ende des vorigen Kapitels zurück: Ich lerne einen sympathischen Menschen kennen und er fragt mich, ob er mich im Auto nach Hause bringen darf. Jetzt muss ich überlegen, ob ich ihm schon so weit vertraue, dass ich sein Angebot annehme. Ich kann mir selbst die Antwort „ja“ geben. Aber solange das nur ein dürrer Gedanke bleibt, hilft das nicht weiter. Denn die Frage war nicht von der Art: „Was ist zwei mal zwei?“ Über so eine Frage kann ich nachdenken und die Antwort lautet einfach „vier“, und damit ist es getan. Die Frage nach dem Vertrauen ist aber keine Frage, auf die man durch Nachdenken die Antwort findet, und damit wäre es getan. Die Frage nach dem Vertrauen ist eine Frage ans Leben, deshalb muss die Antwort auch im Leben gegeben werden. Natürlich sollte ich trotzdem gut überlegen, ob ich zu jemandem ins Auto steige! Aber wenn die Antwort „ja“ lautet, dann muss ich auch ins Auto steigen – sonst sage ich zwar „ja“, lebe aber doch „nein“. Die eigentliche Antwort auf die Frage nach dem Vertrauen besteht also nicht in dem Wort „ja“, sondern darin, dass ich ins Auto steige.
Ganz ähnlich ist es mit der Frage nach dem Sinn des Lebens. Die Antwort der

Christen auf diese Frage lässt sich in kurzen Zeilen aufschreiben – aber damit ist es nicht getan. Die eigentliche Antwort müssen wir im Leben geben. Auch die Botschaft des Christentums kommt aus dem Leben. Sie ist hoffentlich am Leben vieler – oder zumindest einiger – Christinnen und Christen ablesbar. Vor allem wird die Botschaft des Christentums in Jesus Christus greifbar. Deshalb müssen wir jetzt, wo wir über den christlichen Glauben zu sprechen beginnen, bei Jesus anfangen.

Woher wissen wir etwas über Jesus?

Wer war Jesus? Wir wissen einiges über sein Leben, erstaunlich viel sogar für jemanden, der vor 2000 Jahren gelebt hat und nicht zufällig Feldherr oder Königin war. Ein römischer Geschichtsschreiber aus dem ersten Jahrhundert, Flavius Josephus, erwähnt Jesus am Rande. Mehrere andere römische Schriftsteller aus ähnlich früher Zeit berichten zwar nicht direkt von Jesus, aber von seinen Anhängern. Das meiste, was wir von Jesus wissen, wissen wir aber aus den Erzählungen seiner Freunde und Anhänger. Am wichtigsten sind vier Berichte über Jesus, die man Evangelien nennt und die in der Bibel – das ist die Sammlung der für das Christentum maßgeblichen Schriften – enthalten sind.
Hierbei ergibt sich eine doppelte Schwierigkeit: Erstens stammen diese Evangelien und auch die meisten anderen Erzählungen über Jesus von Leuten, die Jesus sehr verehrten. Sie hatten also keinen unabhängigen, neutralen Blick auf ihn. Die zweite Schwierigkeit ist noch größer: Vor 2000 Jahren hatten Schriftsteller nämlich gar nicht die Absicht, einfach nur nackte Tatsachen zu berichten. Wenn Geschichtsforscher heute das Leben einer Königin oder das Verhalten eines Politikers beschreiben, versuchen sie, jedes Detail zu überprüfen und zu belegen und exakt so zu beschreiben, wie man es hätte beobachten können. Zumindest ist das der Anspruch der heutigen Wissenschaft. Vor 2000 Jahren nahm man das nicht so genau. Da hat man im Bericht auch schon mal zwei verschiedene Reden zu einer zusammengefasst oder die Reihenfolge von zwei besuchten Orten umgedreht. Das tat man nicht, weil man betrügen wollte, sondern weil man sich dachte, dass das, was jemand bei zwei verschiedenen Gelegenheiten gesagt hat, besser verständlich wird, wenn man es zusammenfasst. Oder weil es passender erschien, wenn die Orte in der anderen Reihenfolge vorkämen. Wie gesagt: Damals war das ganz normal, Dinge in dieser Form zu berichten.

Im Übrigen kennen wir auch heute noch verschiedene Arten von Berichten: Wenn die Polizei einen Unfall aufnimmt, werden nur neutrale Tatsachen berichtet: „Der erste Wagen näherte sich in der Tempo-30-Zone mit einer Geschwindigkeit von mindestens 50 km/h der Ampel, als diese auf Rot sprang. Der Wagen überfuhr die rote Ampel und prallte frontal gegen das Heck des zweiten Wagens. Es entstand erheblicher Sachschaden." Die Fahrerin des ersten Autos würde den Unfall ihrer Freundin dagegen vielleicht so schildern: „Ich war gut gelaunt, weil ich vom Sport kam. Im Radio war gute Musik und ich habe sogar mitgesungen. Ich denke eigentlich nicht, dass ich zu schnell war. Aber auf den Tacho habe ich natürlich nicht geschaut. Als ich kam, war die Ampel noch gelb, daran erinnere ich mich genau. Ich dachte, ich schaffe es noch rüber. Das andere Auto konnte ich nicht sehen, weil es um die Kurve kam. Dann habe ich noch gebremst, aber es war zu spät und ich bin ihm hinten reingefahren. Ich bin nur heilfroh, dass niemand verletzt wurde." Die Berichte klingen deutlich verschieden. Aber natürlich können sie beide ehrlich und richtig sein. Es kommt immer darauf an, wer berichtet, wem berichtet wird, und was berichtet werden soll. Diese Fragen muss man besonders beim Lesen alter Berichte immer im Kopf haben.

Das Leben von Jesus

Die Berichte, die wir über Jesus haben, sind nicht im Stil eines Polizeiprotokolls oder eines wissenschaftlichen Reports geschrieben. Deshalb ist es nicht ganz einfach, aus ihnen die klaren geschichtlichen Fakten abzuleiten. Immerhin, einiges lässt sich doch ganz nüchtern sagen:
Jesus wurde vor etwas mehr als 2000 Jahren geboren. Schon ziemlich früh haben die Christen festgelegt, dass sie seinen Geburtstag am 25. Dezember feiern wollen. Aber das bedeutet nicht, dass Jesus wirklich an diesem Tag geboren wurde. Das genaue Datum seiner Geburt kennt man nicht, auch nicht sein Geburtsjahr. Erst 700 Jahre später wurde es üblich, die Zeit in die Jahre vor Christus und nach Christus einzuteilen. Man wollte damals den Zeitpunkt der Geburt von Jesus zum Ausgangspunkt unserer Zeitrechnung machen. Leider verrechnete man sich um einige Jahre. Deshalb ist das Jahr 0 unserer Zeitrechnung gar nicht das Jahr, in dem Jesus geboren ist. Jesus wurde wahrscheinlich fünf oder sechs Jahre früher geboren, als man damals dachte, also nach unserem Kalender im Jahr 5 (oder 6) vor Christus.

In zwei der vier Evangelien wird berichtet, Jesus sei in der Stadt Bethlehem, fünf Kilometer südlich von Jerusalem, im Gebiet Judäa, geboren worden. Heute denken die meisten Wissenschaftler, dass das historisch gesehen wohl nicht stimmt, sondern dass Jesus in Nazareth zur Welt kam, das 150 Kilometer nördlich von Jerusalem im Gebiet Galiläa liegt. Als Jesus geboren wurde, herrschte König Herodes der Große über Judäa und über Galiläa. Herodes war aber kein unabhängiger König; die eigentlichen Herrscher im Lande waren die Römer. Herodes starb im Jahr 4 v. Chr., als Jesus noch ein Baby war. Sein Reich wurde zunächst unter seinen Söhnen aufgeteilt. Der Sohn Herodes Antipas bekam Galiläa, der Sohn Herodes Archelaos Judäa. Die Römer setzten Herodes Archelaos aber schon wenige Jahre später wieder ab; stattdessen wurde in Jerusalem direkt ein römischer Statthalter zum Regierungschef gemacht. Der jüdischen Bevölkerung von Judäa schmeckte das natürlich nicht.
Von der Kindheit und Jugend von Jesus wissen wir nicht viel. Klar ist, dass Jesus in der Kleinstadt Nazareth – nach heutigen Verhältnissen eher ein Dorf – aufgewachsen ist. Er stammte aus einer normalen, wahrscheinlich eher einfachen Familie. Vermutlich hatte Jesus mehrere Geschwister und gewiss war er eingebunden in eine Großfamilie und eine enge Dorfgemeinschaft. Sein Vater war Zimmermann. Wahrscheinlich lernte auch Jesus bei ihm, wie man Häuser baut. Der Alltag in seiner Familie war sicherlich durch harte Arbeit geprägt, aber auch durch viele Traditionen, Bräuche und Vorschriften, die die jüdische Religion und Kultur vorgaben. Jesus war, genau wie seine Eltern und die meisten Menschen, mit denen er zusammenlebte, Jude. Anders als eigentlich fast alle damals lebenden Völker glaubten die Juden nicht, dass es viele Götter gäbe, die vom Himmel aus die Welt und die Menschen lenkten und beherrschten. Sie verehrten stattdessen einen einzigen Gott, von dem sie glaubten, dass er der Gott ihres Volkes war und ihnen beistand. Als Jesus etwa 30 Jahre alt war, scheint er sich dem Wanderprediger Johannes angeschlossen zu haben. Johannes stammte wohl aus einer vornehmeren Familie. Er hatte aber seinen Besitz aufgegeben und sich in die Wüste zurückgezogen. Später rief er auch andere dazu auf, ihr Leben zu ändern. Er wagte es sogar, den Lebenswandel des Königs von Galiläa, Herodes Antipas, zu kritisieren. Dieser ließ ihn daraufhin einsperren und umbringen. Jesus zieht jetzt selbst im Land herum, zunächst in Galiläa, später auch in anderen Gegenden und bis nach Jerusalem. Er lebt als Wanderprediger und Wunderheiler. Einen festen Lebensmittelpunkt hat er nicht mehr, dafür aber zunehmend viele Anhänger. Männer und Frauen kommen, hören ihm zu und begleiten ihn ein Stück. Manche ziehen ganz mit ihm.

Bald eilt ihm sein Ruf voraus, und die Leute drängen sich, ihn zu sehen. Kein Wunder, dass die Obrigkeit misstrauisch wird. Die politische Situation ist kompliziert. Viele Juden wünschen sich einen Aufstand gegen die Römer, die das Land beherrschen. Andere unterstützen die Römer – weil sie sich vor diesen fürchten oder weil sie mit ihnen gute Geschäfte machen. In einer solchen Situation werden die Mächtigen schnell misstrauisch, wenn jemand viele Menschen anzieht und diese ihm begeistert folgen. Jesus predigt zwar keinen Aufstand, Politik scheint ihn überhaupt nicht zu interessieren, aber er nimmt auch kein Blatt vor den Mund. Er lässt sich nicht von den Mächtigen für ihre Zwecke einspannen – weder von denen, die politisch, noch von denen, die religiös das Sagen haben. Er scheint völlig anders zu denken als sie. Aber gerade deshalb ist er unberechenbar – und weil er nicht alleine ist, sondern die Menschen ihm folgen, stellt er für die Mächtigen ein unkalkulierbares Risiko dar.
Es kommt deshalb, wie es in so einem Fall wohl kommen muss: Die Mächtigen beschließen, dass man Jesus loswerden müsse. Ein Vorwand ist schnell gefunden: Jesus hätte die bestehende Ordnung infrage gestellt. Deshalb wäre er ein Aufrührer. Und ein Aufrührer sei mit dem Tode zu bestrafen. Jesus wird verhaftet, ihm wird ein Prozess gemacht und er wird zum Tode verurteilt. Pontius Pilatus, der römische Statthalter, fällt dieses Urteil. Er folgt damit dem Schreien der aufgebrachten Volksmenge und dem Wunsch derjenigen, die in Jerusalem einflussreich sind – und die Angst davor haben, dass sie ihre Macht verlieren könnten, wenn Jesus am Leben bleibt.
Jesus predigt nicht gegen sie oder ihre Macht – was er tut, ist schlimmer: Er nimmt ihre Macht, ihren Reichtum, ihren Einfluss nicht einmal für wichtig. Und die Menschen hören ihm zu. So jemand muss weg! Jesus wird gekreuzigt. Die Kreuzigung ist eine besonders grausame Art der Hinrichtung, bei der der Verurteilte langsam und qualvoll erstickt. Es war allerdings keine unübliche Art der Hinrichtung. Damals gab es viele Menschen, die als Aufrührer oder Revoluzzer gekreuzigt wurden. Für die Bewohner Jerusalems dürfte es kein ungewöhnliches Erlebnis gewesen sein, jemanden auf dem Weg zur Kreuzigung zu begegnen. Das Datum des Todes Jesu lässt sich ziemlich sicher auf den 7. oder 8. April des Jahres 30 datieren. Jesus ist um die 35 Jahre alt.

Was Jesus gelehrt hat

Was wir sicher vom Leben Jesu wissen, lässt sich also etwa so zusammenfassen: Bis er Anfang 30 war, lebte er als einfacher Handwerker in Nazareth. Dann zog er etwa ein Jahr, vielleicht auch etwas länger, durch Galiläa und sorgte dabei für einiges Aufsehen. Als er bis nach Jerusalem gewandert war, wurde er als vermeintlicher Aufrührer festgenommen und im April des Jahres 30 umgebracht.
Noch besser Bescheid wissen wir über das, was Jesus während seines Wanderjahres erzählt hat. Man kann das die Lehre von Jesus nennen. Aber eigentlich klingt das zu sehr nach Schule und Unterricht. Jesus hatte keinen Lehrplan, dem er gefolgt wäre. Er redete spontan zu den Menschen. Und er sprach nicht abgehoben wie ein Gelehrter, sondern er verwendete Beispiele, die direkt aus dem Leben gegriffen waren, um zu sagen, was er meinte. Auf einige Themen kam er dabei immer wieder zurück:

- Ihr seid wertvoll. Ihr seid geliebt und gewollt. Jede und jeder von Euch. Deshalb dürft ihr Euch auch selbst annehmen. Ihr dürft Euch mit Euch selbst versöhnen.
- Habt keine Sorge um Euch selbst. Letzten Endes wird sich für Euch alles zum Guten wenden. Auch wenn Ihr krank seid, arm seid, ungerecht behandelt werdet: Ihr werdet nicht verlorengehen.
- Seid gut zu anderen. Auch wenn sie nicht gut sind zu Euch. Es ist nicht nur gut, Gutes zu tun, sondern es macht auch glücklich, wenn man Gutes tut.
- Es ist nie zu spät, sein Verhalten zu ändern. Auch wenn Ihr bisher viel Böses getan habt – fangt an, Gutes zu tun. Das Vergangene muss Euch nicht belasten, wenn Ihr Euch nur jetzt dem Guten zuwendet.
- Macht keinen Unterschied zwischen den Menschen. Alle Menschen sind wertvoll. Auch die Armen und die Außenseiter, und sogar auch diejenigen, die Böses tun.

All das klingt in unseren Ohren nicht ungewöhnlich. Das liegt daran, dass die Christinnen und Christen seit 2000 Jahren diese Lehre von Jesus immer wieder wiederholt haben. Aber wenn wir genauer hinsehen, sind diese Aussagen ganz und gar nicht selbstverständlich! Zumindest leben die wenigsten von uns so, wie es dieser Lehre von Jesus entspricht.
Das Wichtigste an dieser Lehre sind aber nicht die Empfehlungen, wie wir uns verhalten sollen. Viel wichtiger ist die Zusage, dass jeder Mensch wertvoll und

liebenswert ist, und dass die ganze Welt zu einem guten Ende hin unterwegs ist. Jesus selbst fasst das in dem Satz zusammen:

Das Himmelreich ist nahe!

Gemeint sind damit zwei Dinge:
Erstens: Es gibt einen Zustand, in dem alles endgültig und auf immer gut sein wird. Dieser Zustand ist mit Himmelreich gemeint. Er ist das Ziel unserer Welt – aber er wird nicht einfach innerhalb unserer Welt erreicht. Er kann auch nicht von uns herbeigezwungen werden, etwa durch kluge Politik oder sonst einen Fortschritt. Er kommt von außerhalb der Welt – das soll mit dem Wort Himmel ausgedrückt sein.
Zweitens: Dieser himmlische Zustand ist nicht nur das ferne Ziel unserer Welt, sondern er ist bereits jetzt nahe, also spürbar, zumindest manchmal und ein bisschen. Wo wir uns der Welt in Liebe öffnen, und vor allem, wo wir einander in Liebe begegnen, da merken wir jetzt schon, wie die Welt eigentlich gemeint ist, was ihr Ziel ist und was ihr Sinn gibt.

Was Jesus getan hat

Noch wichtiger als das, was Jesus gesagt hat, ist das, was er getan hat. Oft ist es ja so, dass jemand wunderbare Dinge erklärt und allen predigt, was sie tun sollen, aber selbst ganz anders lebt. Das war bei Jesus nicht so. Was er tat, passte genau zu dem, was er sagte. In den Evangelien sind viele Ereignisse aus dem Leben von Jesus berichtet; meist handelt es sich dabei um Berichte von Begegnungen zwischen Jesus und anderen Menschen. Jesus hat keine Reiche erobert, kein Land geführt, keine Paläste gebaut, kein Buch geschrieben, keine Kunstwerke geschaffen. Was er getan hat, ist vor allem: Er ist auf Menschen zugegangen.
Dabei fällt auf, dass Jesus gerade auch mit solchen Menschen verkehrte, die damals am Rand der Gesellschaft standen: Menschen, die ausgeschlossen wurden, weil sie arm waren, weil sie krank waren, weil sie Böses getan hatten oder weil man sie für unehrenhaft hielt. Auch Frauen und Kindern, die damals nicht viel galten, begegnete Jesus mit großer Wertschätzung.
Offenbar hatte er eine Art, auf Menschen zuzugehen, die diese unmittelbar spüren ließ: Jesus nimmt mich ernst, er hat etwas für mich übrig, ich bin in seinen Augen

wertvoll, er will mein Bestes. Das führte in vielen Fällen dazu, dass die Menschen aus der Begegnung mit Jesus neue Kraft schöpften. Weil sie merkten, dass Jesus ihnen vertraute, trauten sie sich auch selbst wieder etwas zu; sie fanden wieder Sinn in ihrem Leben, sie wagten einen neuen Anfang.

In der Bibel werden solche Begegnungen oft als Wunder beschrieben: Jesus heilt zum Beispiel eine Frau, die seit Jahren an schlimmen Blutungen leidet, oder er macht einen Mann, der blind geboren war, sehend oder er befreit einen anderen von einem bösen Geist, der in ihm wohnt. Wir tun uns heute schwer, an solche Wunder zu glauben, weil sie gegen Naturgesetze zu verstoßen scheinen; deshalb halten viele diese Berichte nur für schöne, aber erfundene Märchen. Aber das ist ein Missverständnis! Es geht nämlich bei diesen Berichten gar nicht darum, dass Jesus die Naturgesetze außer Kraft setzen würde oder dass er ein Zauberer wäre, der mit ein paar Tricks den Gang der Welt verändern würde. Worauf es ankommt, ist, dass die Begegnung mit Jesus den Menschen einen neuen Anfang und einen neuen Sinn geschenkt hat, auch wenn sie davor elend waren oder sich völlig verrannt hatten, und auch, wenn nach menschlichem Ermessen keine Wende zum Guten mehr zu erwarten war.

Ein solcher neuer Anfang, ein neuer Lebenssinn ist sicher wunderbar; so gesehen ist der Begriff Wunder für solche Begebenheiten auch nicht falsch; in der Bibel wird dieser Begriff allerdings gar nicht verwendet; hier ist oft von Zeichen die Rede, wenn Jesus einen Menschen heilt. Damit wird schon deutlich, dass es in diesen Berichten nicht in erster Linie auf die einzelne Heilung ankommt und schon gar nicht darum, wie diese zustande gekommen ist – ob im Einklang mit den Naturgesetzen oder im Widerspruch dazu. Die Heilungen von Jesus und überhaupt seine Taten sind Zeichen, die auf etwas anderes hinweisen: Nämlich darauf, dass jeder Mensch wertvoll ist, dass keine Situation so ausweglos ist, dass nicht doch ein neuer Anfang möglich wäre, dass die Welt gut gedacht ist und dass letztlich auch alles gut werden wird und alles einen Sinn hat. Das ist aber genau das, was wir oben als Lehre von Jesus beschrieben haben. Das, was Jesus sagt, und das, was er tut, weist also genau in die gleiche Richtung.

Jesus war aber nicht einfach nur ein sanftmütiger Gutmensch. Er kannte die ganze Palette menschlicher Gefühle. Er konnte traurig sein oder von Mitleid ergriffen werden, er konnte streng und auch richtig zornig werden. Gerade weil ihm das Wohl jedes Menschen am Herzen lag, wurde er mitunter sehr deutlich, wenn er sah, dass jemand an seinem eigenen Wohl vorbeilebte oder anderen das Leben schwer machte. Bei alledem war Jesus humorvoll und oft pfiffig.

Den Mächtigen und Gelehrten war er, wie schon gesagt, ein Dorn im Auge. Einmal brachten sie eine Frau zu ihm, die beim Ehebruch ertappt worden war; darauf stand damals die Todesstrafe durch Steinigung. Hinterhältig fragten die Gelehrten Jesus, was sie denn mit der Frau machen sollten. Sie wussten genau, dass Jesus niemals zustimmen würde, dass man die Frau steinigen würde – aber wenn er gegen die Steinigung protestierte, hätte er sich gegen das geltende Gesetz gestellt und einen Grund gegeben, ihn anzuklagen. Jesus saß also in der Falle! Aber er wischte diese Falle einfach beiseite: „Diese Frau ist ihrem Mann untreu geworden, und ihr Schlauköpfe habt das rausgefunden? Bravo! Und jetzt wollt ihr, dass ich euch sage, was mit ihr zu tun ist? Was das Gesetz sagt, wisst ihr doch selbst. Die Frau hat etwas Unrechtes getan, das ist wahr. Aber macht ihr denn jeden Tag alles immer nur richtig? Wer seid ihr, dass ihr von oben auf sie herabsehen dürft? Seid ihr wirklich besser als sie? Ich weiß auch, was das Gesetz sagt: Leute, die so ein Unrecht tun, sollen gesteinigt werden. Also los: Wer von euch nie etwas Unrechtes getan hat, der kann ja den ersten Stein auf sie werfen!" Jesus hatte nicht gegen das Gesetz gesprochen. Er hat auch nicht gesagt: „Ehebruch ist halb so schlimm." Aber er hat den Gelehrten und Mächtigen den Spiegel vorgehalten. Und die haben die Lektion verstanden. Alle haben gemerkt, dass sie sozusagen selbst im Glashaus sitzen und deshalb nicht anfangen sollten, Steine zu werfen. „Einer nach dem anderen ging weg", heißt es in dem Bericht. Als Jesus dann alleine ist mit der Frau, sagt er ihr: „Auch ich verurteile dich nicht. Aber tue jetzt nichts Unrechtes mehr. Fang ein neues Leben an!" Auch hier hat er also der Frau, die sich selbst in eine Sackgasse gebracht hatte, und die von den Mächtigen in die Ecke gedrängt worden war, einen neuen Anfang ermöglicht.

Wie und wer Jesus war

Noch wichtiger als das, was Jesus gesagt, und auch wichtiger als das, was er getan hat, ist aber ein Drittes: Das wichtigste an Jesus ist, wie und wer er war! Es gibt Leute, die sagen nur vernünftige Dinge, machen nur gute Sachen, sind nett und freundlich, und trotzdem bleiben sie irgendwie farblos; der Funke will nicht überspringen. Das Gegenteil kommt auch vor: Da erzählt jemand nur Dummheiten, ist weder gutaussehend noch witzig und baut jede Menge Mist – und trotzdem erobert er die Herzen im Sturm. In einem solchen Fall sagen wir, jemand hätte besonderes *Charisma*, eine spezielle *Aura* oder auch einfach *das gewisse Etwas.*

Gemeint ist damit, dass man das, was diesen Menschen ausmacht, nicht so recht fassen kann. Aber man spürt dieses Besondere sofort, wenn man diesem Menschen begegnet.
So ähnlich muss es den Leuten mit Jesus gegangen sein: Was er getan hat, war wunderbar, was er gesagt hat, sowieso, aber das Wunderbarste war einfach, wie er war und wer er war. Vor allem stand das auch ganz im Einklang mit seiner Lehre und seinen Taten. Die Menschen, die mit ihm zusammen waren, hörten, dass er ihnen sagte, dass sie wertvoll waren und dass das Böse in der Welt nicht das letzte Wort behalten werde. Sie sahen auch, dass Jesus die Menschen wertschätzend behandelte und ihnen Vertrauen schenkte, und dass es ihm damit ernst war. Aber das Wichtigste ist: In der Begegnung mit Jesus spürten die Menschen, dass es wirklich stimmt und wahr ist: Mein Leben ist wertvoll; ich bin ohne jeden Vorbehalt liebgehabt; meine Unzulänglichkeiten, das Leid, das mir widerfährt, und das Böse, das ich (auch in mir selbst) erfahre, haben nicht das letzte Wort; ich bin auf immer geborgen; es wird sich letztlich alles zum Guten wenden; die ganze Welt und mein persönliches Leben: Alles hat einen Sinn.
Diese Erfahrung hat etwas Ungeheures. Denn sie übersteigt unsere Welt! In unserer Welt hat – leider! – das Böse eben doch oft das letzte Wort; die Würde eines Menschen wird oft genug mit Füßen getreten; menschliche Liebe ist nie ganz und gar selbstlos; mein Leben endet mit dem Tod; auch das Universum wird untergehen und nichts in der Welt kann dann noch irgendeinen Sinn geben. Das alles ist unbestritten. Aber gleichzeitig steht die tiefe, unumstößliche Erfahrung, die die Menschen in der Begegnung mit Jesus gemacht haben: Alles hat einen Sinn; letztlich wird alles ganz und auf immer gut sein. Wie passt das zusammen?
Dazu kam eine weitere Erfahrung: Nachdem Jesus am Kreuz getötet und nachdem er begraben worden war, waren seine Anhänger zutiefst niedergeschlagen. War nun doch alles aus, vorbei, sinnlos? Aber kurz darauf begegneten einige, dann mehrere von ihnen Jesus wiederum. Es waren eigenartige Begegnungen; meist erkannten sie Jesus nicht sofort. Aber doch war kein Zweifel möglich: Sie hörten ihn, sie sahen ihn, sie berührten ihn. Jesus war da, er war bei ihnen! Obwohl sie doch gesehen hatten, wie er gekreuzigt worden war; obwohl sie ihn doch selbst ins Grab gelegt hatten. Eine ganze Weile begegneten sie Jesus auf diese Weise, dann wurde er „ihren Blicken entzogen“, wie es in dem Bericht heißt. Aber jetzt waren sich seine Anhänger endgültig sicher: Die Erfahrung, die sie schon zu Lebzeiten mit Jesus gemacht hatten, war gültig und beglaubigt! Der Tod von Jesus war nicht das Ende – im Gegenteil! Der Tod hatte Jesus nicht festgehalten.

Jesus war – man konnte es nicht anders sagen: auferweckt worden von den Toten! So wurde sein Tod sogar zur Bestätigung dessen, was seine Anhänger bei ihm erfahren hatten: Am Ende siegt das Leben; das Gute setzt sich durch; alles, was aus Liebe getan wird, hat endgültig und auf immer Bestand; das Leben hat einen Sinn!

Wie gesagt, das ist eine ungeheuerliche Erfahrung. Denn nichts und niemand in dieser vergänglichen Welt kann etwas garantieren, was über diese Welt hinaus gilt und Sinn gibt. Aber so war nun einmal die Erfahrung, die die Menschen in der Begegnung mit Jesus gemacht haben. Damit sind wir schon beinahe beim Thema des übernächsten Kapitels: Jesus der Christus. *Christus* ist eigentlich kein Name, sondern ein griechisches Wort, das *der Gesalbte Gottes* bedeutet. Bevor wir aber von dem Gesalbten Gottes sprechen, wollen wir im folgenden Kapitel zunächst erklären, was wir überhaupt meinen, wenn wir von Gott sprechen.

4. Gott

An Gott glauben

Nicht umsonst heißt es in der Bibel, dass man sich von Gott kein festes Bild und keine fertige Vorstellung machen soll. Ganz in diesem Sinne haben die klügsten christlichen Gelehrten über Jahrhunderte hinweg immer wieder betont, dass man von Gott nicht einfach so reden kann wie über irgendein Ding oder ein Wesen. Gott ist immer „größer" als wir ihn uns vorstellen und es ausdrücken können. Wobei schon das Wort größer nicht recht passt, weil Gott nicht mit einem (auch noch so langen) Zollstock abmessbar ist. Über Gott kann man nur indirekt etwas sagen. Ein bekannter Spruch lautet: „Göttlich ist es, vom Größten nicht umschlossen zu werden und gleichzeitig im Kleinsten enthalten zu sein." Das klingt widersprüchlich! Aber das liegt nicht daran, dass Gott widersprüchlich wäre, sondern dass unsere Sprache an ihre Grenzen stößt, wenn wir Gott beschreiben sollen. Alles, was wir über Gott sagen können, kann Gott nicht wirklich einfangen oder auf den Punkt bringen; es ist immer nur eine Annäherung.
Dass Worte manchmal nicht ausreichen, etwas zu beschreiben, kennen wir zum Beispiel aus Liebesgedichten. Verliebte Dichterinnen und Dichter versuchen in immer neuen Worten, ihre Geliebten zu beschreiben oder ihre Liebe zu besingen – aber wirklich einfangen können sie damit doch nicht, was den geliebten Menschen so besonders zauberhaft macht. So ähnlich ist es, wenn wir von Gott reden. Man kommt damit nie an ein Ende. Worte können Gott nicht definieren, denn sie würden ihn begrenzen. Mit Worten können wir nur auf Gott hinweisen und uns selbst oder anderen die Richtung zeigen, in der wir Gott suchen und Gott begegnen können. Über Gott zu reden, ist trotzdem nicht überflüssig oder sinnlos. Aber wir müssen uns klarmachen, dass alles, was wir über Gott sagen können, mehr wie ein Wegweiser verstanden werden muss – und nicht so sehr als Beschreibung.

Falsche Vorstellungen von Gott

Das Wort Gott gehört wahrscheinlich zu den am meisten missbrauchten Worten unserer Sprache. Es soll Menschen geben, die denken, Gott wäre ein alter Mann mit Bart, der auf einer Wolke sitzt. Tatsächlich gab es eine Zeit, wo man sogar in

Kirchen Gott auf Bildern so dargestellt hat. Sagen wir es deshalb sicherheitshalber ganz klar: Gott ist nicht alt, er ist kein Mann, er hat keinen Bart und er sitzt auch nicht auf einer Wolke. Definitiv nicht! Aber auch viele andere Vorstellungen, die man sich oft von Gott macht, sind falsch – oder zumindest nicht christlich. Vor nicht allzu langer Zeit war die Vorstellung verbreitet, Gott wäre eine Art Moralwächter, der genau Buch führt über das, was jeder von uns falsch macht; am Ende des Lebens würde er dann die, die immer schön brav waren, belohnen – und die anderen bestrafen. Auch das ist Unsinn; nur leider ein Unsinn, unter dem viele Menschen schwer gelitten haben, weil sie dauernd Angst hatten, irgendetwas falsch zu machen und deswegen „in die Hölle" zu kommen. Unsinn ist auch die Vorstellung, dass Gott uns irgendwelche mehr oder weniger seltsamen Vorschriften machen und damit unsere Freiheit einschränken würde. Hochproblematisch ist die Vorstellung von einem Gott, der einzelnen Menschen oder auch ganzen Völkern zur Bestrafung irgendwelche Unglücke schicken würde. Unzulänglich ist auch die Idee eines Gottes, der irgendwann einmal die Welt erschaffen hätte und nun sozusagen in Rente gegangen wäre und zuschaut, wie die Welt so abläuft. Oder umgekehrt, eines Gottes, der wie ein Marionettenspieler alle Fäden zöge und sich die ganze Weltgeschichte als Theater selbst vorspielt. Und so weiter – es gibt eine ganze Menge an unsinnigen, falschen oder schiefen Vorstellungen von Gott. Die meisten dieser Vorstellungen sind nicht nur falsch und unsinnig, sondern obendrein irreführend und schädlich!

Wie also über Gott reden? Wir sagten zu Beginn des zweiten Kapitels, dass das Wort Gott als Antwort verstanden werden könne. Und wir haben dann das ganze zweite Kapitel dazu verwendet, die große Frage darzulegen, vor der wir alle stehen. Es ist die Frage nach dem Sinn: nach dem Sinn der Welt, nach dem Sinn unseres eigenen Lebens. Wir sahen, dass es verschiedene Möglichkeiten gibt, mit dieser Frage umzugehen. Manche Menschen verdrängen die Frage – solange man jung ist und es einem gut geht, funktioniert das ganz gut. Andere Menschen ringen lebenslang schwer mit der Frage nach dem Sinn. Manche meinen, angesichts des vielen Leids in der Welt könne man keinesfalls davon sprechen, dass das Leben sinnvoll oder gar gut sei. Wieder andere sehen gute Gründe, trotz vieler schlechter Dinge doch zu glauben, dass das Leben und die Welt einen Sinn haben. Wir haben dann im dritten Kapitel davon berichtet, dass die Menschen, die Jesus begegnet waren, die Erfahrung gemacht haben, dass das Gute dem Bösen letztendlich überlegen ist; dass alles, was aus Liebe getan wird, endgültig und auf immer Bestand hat; dass sie selbst auf ewig geborgen sind und nicht verloren gehen. Kurz: In der

Begegnung mit Jesus haben die Menschen die Erfahrung gemacht: Die Welt und das Leben haben einen Sinn!
Diese Erfahrung ist die christliche Antwort auf die Frage nach dem Sinn. Sie ist im Grunde das, was den christlichen Glauben ausmacht! Wenn wir das, was Christinnen und Christen glauben, in kurzen Zeilen zusammenfassen sollten, würden wir sagen: *Christinnen und Christen haben erfahren, dass sie auf ewig geborgen sind. Sie müssen keine Sorge haben, zu kurz zu kommen. Weil sie wissen, dass sie geliebt sind, können sie sich mit sich selbst versöhnen. Und deshalb können sie auch anderen Menschen Versöhnung anbieten und in Harmonie mit ihrer Umwelt leben.*
Noch kürzer zusammengefasst, in vier Worten: *Christen glauben an Gott.*
An Gott glauben bedeutet also nicht, irgendwelche Theorien über die Welt und ihre Entstehung anzunehmen, oder zu denken, dass es übersinnliche Phänomene oder überirdische Wesen gäbe.

An Gott glauben bedeutet im christlichen Sinn, ganz einfach darauf zu vertrauen, dass diese Welt einen Sinn hat und dass mein persönliches Leben einen Sinn hat, weil ich ein für allemal liebgehabt bin. Punkt. Das ist es.

Damit ist zunächst mal noch gar nichts darüber gesagt, wer oder was Gott eigentlich ist. Der Ausgangspunkt des christlichen Glaubens ist ein Vertrauen und eine Erfahrung; nicht eine Spekulation über irgendwelche Theorien oder Worte.

Über den Glauben sprechen

Allerdings spürten schon die ersten Christinnen und Christen, dass sie versuchen mussten, die große, beglückende Erfahrung, die sie in der Begegnung mit Jesus gemacht hatten, auch in Worte zu fassen. Das ist nicht einfach! Versuchen wir mal, jemandem mit Worten zu erklären, was wir erfahren, wenn wir einen Sonnenaufgang auf einem Bergesgipfel erleben – das wird kaum funktionieren. Worte stoßen da an ihre Grenze. Ein Foto zu schicken, kann manchmal besser sein. Aber vieles lässt sich auch auf einem Foto nicht einfangen. Wer wirklich erfahren will, wie es ist, die Sonne über einem Bergesgipfel aufgehen zu sehen, der muss sich selbst nachts aus dem Bett gekämpft haben, im Dunkeln losgegangen sein, gespürt haben, wie die Muskeln beim Gehen warm werden, außer Atem gekommen sein, den Aufstieg durchgehalten haben, den Geruch des taufeuchten Waldes eingesogen haben, sich auf den heißen Tee aus der Thermoskanne gefreut haben, den kühlen Morgenwind gespürt und dem Moment entgegengefiebert haben, an dem die ersten Sonnenstrahlen dann mit einem Mal golden über den Horizont schießen ...

Wenn es also schon nicht recht funktioniert, die Erfahrung eines Sonnenaufgangs mit Worten zu beschreiben, wie schwierig ist das erst für die Erfahrung, dass alles einen Sinn hat! Und doch haben schon die ersten Christinnen und Christen versucht, ihre Erfahrung auszudrücken, sie zu feiern und sie anderen verständlich zu machen. Zunächst einmal taten sie das deshalb, weil sie gar nicht anders konnten: „Wovon das Herz überfließt, davon spricht der Mund", steht schon in der Bibel. Aber sie taten es auch deshalb, weil sie die großartige Erfahrung, die sie selbst gemacht hatten, mit anderen teilen wollten. Dies war schon deshalb erforderlich, weil sie ja danach gefragt wurden, warum sie so hoffnungsfroh waren, obwohl doch vieles in der Welt schlecht zu sein scheint. Schließlich versuchten die frühen Christen auch deshalb, Worte für ihre Erfahrung zu finden, weil sie von Anfang an spürten, dass es dabei nicht nur um ein vages persönliches Gefühl ging, sondern um eine allgemeine Realität, über die man nachdenken und sich auch selbst Rechenschaft ablegen muss.

Tatsächlich ist es kennzeichnend für das Christentum, dass das kritische Nachdenken über den Glauben von Anfang an dazugehört. Man kann es auch so sagen: Der christliche Glaube betrifft den ganzen Menschen, nicht nur sein Gefühl, sondern auch seine Vernunft. Man kann – zumindest im christlichen Sinne – nicht gegen seine Vernunft glauben, sondern nur mit ihr. Deshalb gehört das Nachdenken über den Glauben und der Versuch, diesen zu erklären und auszubuchstabieren, für das Christentum von Anfang an und unverzichtbar dazu.

Die Lage ist also ein wenig verzwickt: Über den christlichen Glauben muss man nachdenken und man muss versuchen, ihn mit Worten zu erklären. Gleichzeitig aber gilt: Alles, was man mit Worten sagen kann, kann nur eine Annäherung an den christlichen Glauben sein. Der christliche Glaube kommt aus dem Leben, nämlich aus einer lebendigen Erfahrung. Und der christliche Glaube zielt auf das Leben, das heißt, er wird nur dort greifbar, wo er auch gelebt wird. Ein Glaube, der nur Theorie bleibt, ist kein christlicher Glaube. Mit Worten allein kann man den christlichen Glauben nicht erklären; es braucht das gelebte Beispiel, die Möglichkeit der eigenen Erfahrung. Aber jede Erfahrung muss auch gedeutet werden, und zum menschlichen Leben gehört auch das Denken. Deshalb gilt: Wenn wir den christlichen Glauben ernst nehmen, müssen wir versuchen, ihn in Worten zu erklären – aber wir müssen immer im Kopf behalten, dass wir ihn mit Worten niemals ganz und auch niemals ganz richtig erfassen.

Erste Annäherung: Gott übersteigt die Welt

Fangen wir also an, über den christlichen Glauben nachzudenken! Wir sagten gerade: An Gott glauben heißt, darauf zu vertrauen, dass die Welt einen Sinn hat und dass jede und jeder von uns (ganz persönlich!) auf ewig lieb gehabt ist und nicht verloren geht. Das ist der Ausgangspunkt für alles Weitere.
Nun haben wir schon mehrfach gesagt, dass unser Leben endlich ist, und dass auch das Universum irgendwann zu Ende geht. Nichts in dieser Welt ist also auf ewig gewiss. Und nichts in dieser Welt kann deshalb garantieren, dass es etwas gibt, was über diese Welt hinaus gilt. Wenn mein Leben und die Welt deshalb letztlich und ganz und gar und dauerhaft Sinn haben sollen, dann kann dieser Sinn nur von außerhalb der Welt kommen. Das führt direkt zu einer ersten wichtigen Erkenntnis über den christlichen Glauben: Weil Christen glauben, dass die Welt einen Sinn hat, glauben sie, dass es irgendetwas geben muss, was über die Welt hinausweist, was die Welt umfasst und was der Welt ihren Sinn verleihen kann. Und dieses Irgendetwas ist es, was wir in einer ersten Annäherung als Gott bezeichnen können.
Die erste Erkenntnis ist also:

Gott ist Irgendetwas, was über die Welt hinausweist und der Welt Sinn verleiht.

Was wir damit gewonnen haben, wirkt nicht eben spektakulär. Und doch ist hiermit schon eine ganze Menge gesagt: Gott ist dann nämlich kein Gegenstand und kein Wesen irgendwo in dieser Welt. Gott sitzt nicht auf einer Wolke, auch nicht auf einem fernen Planeten oder sonst wo im Weltall. Ich kann Gottes nicht habhaft werden. Niemand kann über Gott verfügen. Auch naturwissenschaftliche Aussagen über Gott sind nicht möglich, weil naturwissenschaftliche Aussagen nur über natürliche Dinge, also über Gegenstände oder Phänomene dieser Welt möglich sind. Aber wenn Gott nicht Teil dieser Welt ist, sondern über diese Welt hinausweist und sie umfasst, hat das auch dramatische Folgen für jeden, der an Gott glaubt. Der Glaube an Gott befreit dann davon, irgendetwas innerhalb der Welt vergöttern zu müssen. Vollkommen gläubige Christinnen und Christen wären innerlich vollkommen freie Menschen: Sie hätten keine Sorge, zu kurz zu kommen oder zu wenig zu kriegen, weil sie ja wissen, dass ihr Glück an nichts in der Welt hängt, sondern dass Gott, der über alles in der Welt hinausweist, den Sinn ihres Lebens garantiert. Leider aber gibt es keine vollkommen gläubigen Christen ... denn so ganz frei von der Sorge um sich selbst und frei von der Sorge, in irgendeiner Hinsicht zu kurz zu kommen, ist wohl niemand. Immerhin: Es gibt Menschen, die sogar ihr eigenes Leben riskieren oder hingeben, um andere zu retten; sie haben offensichtlich keine Angst, dass sie selbst verloren gehen könnten, selbst wenn sie ihr Leben in dieser Welt verlieren.

Für Christen ist hier natürlich Jesus das beste Beispiel: Ohne Frage liebte er das Leben in dieser Welt und genoss es. Aber er wusste sich von einer größeren Wirklichkeit umfasst und in ihr geborgen – einer Wirklichkeit, die auch seinen Tod übersteigt und ihn auf ewig geborgen hält. Deshalb musste er sich für nichts und vor niemandem in der Welt klein machen. Wohl konnten die Mächtigen ihm das Leben schwer machen, ihn verhaften, foltern, töten – aber sie konnten in keiner Weise an das rühren, was seinem Leben bleibenden Sinn gab. Jesus war innerlich vollkommen frei und befreit, weil er sich vollkommen in einem Gott geborgen wusste, der die Welt umfasst und übersteigt.

Zweite Annäherung: Gott tritt uns als Person entgegen

Die christliche Grunderfahrung ist aber nicht nur, dass die Welt im Allgemeinen einen Sinn hat, sondern darüber hinaus, dass mein persönliches Leben einen Sinn hat; dass ich liebgehabt und auf ewig geborgen bin, wie wir das nun schon einige Male formuliert haben. Das ist ein entscheidender Punkt, denn er markiert einen wichtigen Unterschied zwischen dem christlichen Glauben und einer heute weit verbreiteten, etwas unklaren allgemeinen Gläubigkeit. Viele Menschen würden wohl zustimmen, dass es irgendetwas geben müsse, das über die sichtbare Welt hinausweist. Manchmal stehen dahinter ausgefeilte esoterische Theorien, manchmal kommt eine solche Gläubigkeit eher aus dem Bauch, als dass sie sorgfältig durchdacht wäre. Die Rede ist dann beispielsweise von einem kosmischen Prinzip, einem Urgrund des Seins, einer geistigen Wirklichkeit, von überirdischen Mächten oder Ähnlichem. Mit dem christlichen Glauben hat so etwas bestenfalls am Rande zu tun. Denn Christen nehmen ernst, dass jede und jeder von uns eine unverwechselbare Person ist. Wenn aber die Welt nicht nur irgendeinen allgemeinen Sinn haben soll, sondern wenn auch mein persönliches Leben einen bleibenden Sinn haben soll, dann muss das bedeuten, dass ich auch als Person auf ewig geborgen und gut aufgehoben bin.

Eine Person ist jedoch nur dann wirklich gut aufgehoben, wenn sie ganz persön-

lich, also als Person, ernst genommen wird. Ein allgemeines kosmisches Prinzip, eine Weltformel oder ein Urgrund des Seins kann mich aber nicht persönlich ernst nehmen. Das bedeutet: Das *Irgendetwas*, das über die Welt hinausweist, das der Welt und meinem Leben Sinn verleiht und das wir gerade als *Gott* bezeichnet haben, muss mich als Person ernst nehmen können. Eine Person ernstnehmen aber kann nur eine andere Person.
Damit sind wir bei einer zweiten, nun schon weitergehenden Annäherung an den christlichen Glauben: Gott ist für die Christen nicht einfach Irgendetwas, sondern

Gott tritt uns als Person, also als ein Jemand entgegen.

Wenn wir das so sagen, müssen wir sofort daran erinnern, dass alles Reden über Gott eine Annäherung ist! Wenn wir sagen, Gott sei eine Person, verleitet uns das leicht zu der Vorstellung, Gott würde irgendwie so aussehen wie wir selbst – und von da wäre der Weg nicht mehr weit zu der lächerlichen Vorstellung, Gott wäre so etwas wie ein alter Mann mit langem Bart. Das kann nicht gemeint sein! Gott ist ja kein Gegenstand dieser Welt. Deshalb wäre es falsch, wenn wir uns Gott vorstellen wie irgendetwas, was wir aus dieser Welt kennen. Aber wenn ich wirklich glaube, dass mein persönliches Leben dauerhaft Sinn haben soll, muss ich dauerhaft liebgehabt sein. Und dann muss Gott jemand sein, der mich liebhaben kann; jemand der Du zu mir sagt und zu dem ich auch Du sagen kann. Das ist es, was wir meinen, wenn wir sagen: Gott tritt uns als Person entgegen.

Dritte Annäherung: Gott der Allmächtige, der Vollender und der Schöpfer der Welt

Denken wir noch etwas weiter nach über das Verhältnis von Gott und Welt. Wir sagten, dass die Frage nach dem Sinn des Ganzen schon in der Welt selbst grundgelegt ist. Durch uns Menschen wird die Möglichkeit, diese Frage zu stellen, zwar erst verwirklicht, aber verborgen schlummert die Frage nach dem Sinn des Ganzen schon von Anfang an in der Welt.
Die christliche Grunderfahrung besteht, wie gesagt, darin, dass diese Frage mit ja beantwortet werden kann. Die Welt ist in christlicher Wahrnehmung deshalb nicht einfach ein konfuses und zielloses Riesenprojekt. Es hat einen Sinn, dass es die Welt und das Leben und uns alle gibt; dieser Sinn ist noch nicht immer sichtbar,

vieles in dieser Welt ist sogar offenkundig un- und widersinnig. Aber Christinnen und Christen vertrauen darauf, dass letzten Endes der Sinn des Ganzen offenbar werden wird. Die Welt hat also ein Ziel, und irgendetwas ist in ihr und für sie wirksam, damit sie dieses Ziel auch erreicht. Und dieses Irgendetwas kann natürlich nur das gleiche Irgendetwas sein, das wir oben als Gott bezeichnet haben. Gott garantiert den Sinn der Welt, und deshalb wird Gott diesen Sinn auch verwirklichen und die Welt an ihr Ziel kommen lassen. Etwas hochtrabend kann man sagen: Gott wird die Welt vollenden.

Vollendung der Welt

Wie man sich diese Vollendung der Welt vorstellen kann, ist nicht leicht zu sagen. Klar ist aber, dass man dafür nicht einfach ein Datum angeben kann, auch keines in fernster Zukunft. Denn jedes Datum und auch die Zeit überhaupt gehören ja selbst zur Welt. Und diese Welt wird irgendwann aufhören – mitsamt der Zeit. Dass die Zeit eine Eigenschaft der Welt ist und mit der Welt aufhören wird, können wir uns schwer vorstellen; aber das sagt sogar auch die moderne Physik. Gott aber ist ja – wir sagten es oben! – außerhalb der Welt, Gott weist über sie hinaus und umfasst sie. Nur so kann garantiert sein, dass die Welt einen Sinn hat, der unabhängig von ihr und über sie hinaus gültig ist.

Damit gilt aber auch, dass die Vollendung der Welt nicht innerhalb der Welt – und das heißt auch: nicht innerhalb der Zeit – stattfinden kann. Wenn Gott als ewig bezeichnet wird, ist deshalb auch nicht nur gemeint, dass es Gott sozusagen schon seit vielen Milliarden Jahren gäbe und auch in vielen Milliarden Jahren noch geben wird. Es ist viel mehr damit gemeint: Gott umfasst die ganze Zeit und hebt sie in sich auf. Wir haben oben manchmal gesagt, dass wir uns als Christen ganz und gar und für immer geborgen und liebgehabt wissen; auch das bedeutet nicht einfach nur für viele Milliarden (oder: unendlich viele) Jahre. Es bedeutet viel mehr! Es bedeutet für alle Zeit und über alle Zeit hinweg. Die Vollendung der Welt ist deshalb auch nicht einfach nur das Ende der Welt. Wenn wir sagen: „Gott vollendet die Welt“, meinen wir damit eher, dass jeder einzelne Augenblick, jede Kleinigkeit, alles, was geschieht, bei Gott vollkommen zum Guten gewandt wird und endgültig aufgehoben ist.

Es ist also nicht so, dass die Welt eben mal ein paar Jahrmillionen ihren eigenen Gang geht und Gott zum Schluss eingreift, einiges zurechtrückt und ausgleicht, damit wenigstens am Ende alles schön und gut aussieht. Nein. Die Vollendung findet nicht nur im Nachhinein statt. Sie ist kein zeitlicher Endpunkt. Sie umfasst vielmehr die ganze Zeit. Jeder Moment rührt schon an seine Vollendung. Gott ist immer und überall schon dabei, die Wirklichkeit zum Guten zu wenden und sie endgültig in sich geborgen sein zu lassen. Wir können auch sagen: Gott ist in allem wirksam, was ist und geschieht. Oder: Gott ist in jeder Wirklichkeit wirkmächtig. Oder: Gott ist allmächtig.

Der allmächtige Schöpfer

Dass Gott allmächtig ist, heißt also nicht, dass Gott ein Zauberer wäre, der nur mit dem Finger schnippen müsste, um ein Kaninchen aus dem leeren Hut zu fischen. Noch weniger heißt es, dass Gott ein Diktator wäre, der nach Belieben Regeln aufstellt und bricht, je nachdem, wie es ihm gerade in den Sinn kommt. Dass Gott allmächtig ist, bedeutet, dass alles – wirklich alles! – restlos von Gott abhängt; dass ohne Gott die Wirklichkeit gar nicht sinnvoll oder als sinnvolle Wirklichkeit gedacht werden kann.

Wenn aber alles von Gott abhängt, dann kann man das auch so ausdrücken: Gott ist der Schöpfer der Welt. Auch hier müssen wir uns vor einem weit verbreiteten Missverständnis hüten: Was wir oben zur Vollendung der Welt gesagt haben, gilt nämlich auch für die Schöpfung: Gemeint ist damit nicht ein bestimmter Tag oder ein bestimmter Moment, auch nicht die erste milliardstel Sekunde vor oder nach dem Urknall. Schöpfung meint nicht in erster Linie den zeitlichen Anfang der Welt. „Gott ist der Schöpfer der Welt“ heißt nicht so sehr, Gott hätte die Welt irgendwann am Anfang zusammengesetzt und ans Laufen gebracht. Wenn wir Gott als Schöpfer der Welt bezeichnen, meinen wir damit vielmehr, dass die Welt sich restlos Gott verdankt. Dies gilt nicht nur für den Anfang der Welt, sondern für alles in der Welt und für jeden Augenblick. Auch die beiden Schöpfungsberichte in der Bibel wollen genau dies ausdrücken. Sie wörtlich zu verstehen und als ein Verlaufsprotokoll der ersten Tage nach der Welterschaffung zu verstehen, wäre ein krasses Missverständnis.

Als Ergebnis dieser dritten Annäherung an den Begriff Gott können wir also festhalten: Wenn wir Gott als den Allmächtigen, den Schöpfer oder den Vollender der Welt bezeichnen, dann handelt es sich dabei im Grunde um drei verschiedene Arten, das Gleiche zu umschreiben: Gott umfasst die Welt und führt sie zum Guten. Die Bibel findet dafür die Formel: „Gott ist alles in allem.“

Vierte Annäherung: Gott als liebender Vater

Gott ist alles in allem, Schöpfer, Vollender und Allmächtiger – das klingt ziemlich erhaben und vielleicht auch unnahbar. Gleichzeitig sprechen Christen Gott aber ganz vertraut als Vater an und als lieben Gott. Für Angehörige anderer Religionen klingt das vielleicht sogar anstößig: Gott, der doch die Welt unendlich übersteigt, soll so direkt und unkompliziert von mir armseligem Menschen ansprechbar sein? Allerdings sagten wir es ja: Genau darin besteht die christliche Grunderfahrung, dass auch mein persönliches Leben wertvoll und bedeutsam ist – so armselig es angesichts des großen Kosmos auch erscheinen mag. Die jüdische Religion teilt diese Erfahrung: Für Jüdinnen und Juden ist Gott auf der einen Seite so hocherhaben, dass sie es aus Ehrfurcht oft nicht einmal wagen, das Wort Gott auszusprechen, auf der anderen Seite sind sie überzeugt, dass Gott ganz konkret für ihre Gemeinschaft da ist und um sie besorgt ist.

Diese jüdische Erfahrung war auch für Jesus selbstverständlich. Er lebte diese Vertrautheit mit Gott sogar in ganz besonderer Weise. Er redete Gott ganz vertraut mit dem Wort Abba an, das so viel bedeutet wie lieber Papa. Damit geht er eigentlich nicht über das hinaus, was wir oben sagten: Gott tritt uns als liebevolle Person entgegen. Aber Jesus macht damit wirklich ernst. Er ist mit dem allmächtigen Gott, dem Schöpfer und Vollender der Welt, so vertraut, dass er ihn umstandslos als liebenden Vater, als lieben Papa, anreden kann.

Auch diese Anrede ist aber natürlich nur eine Annäherung – wir können auch sagen: ein Bild für Gott. Das Bild des liebenden Vaters soll ausdrücken, dass Gott zärtlich um uns besorgt ist, dass Gott uns dabei hilft, uns selbst zu entfalten, dass Gott uns beschützt, dass Gott möchte, dass wir wachsen und selbstständig werden, dass Gott ganz auf unserer Seite steht, und dass wir ganz zu Gott gehören.

Leider gibt es Menschen, die als Kinder ihren Vater ganz anders wahrgenommen haben: nämlich als jemanden, der sich zu wenig um sie gekümmert hat und nicht für sie eingetreten ist, der über sie bestimmt hat oder ihnen gar, im schlimmsten Fall, Leid angetan hat. Für solche Menschen wird es schwer sein, Gott als Vater zu bezeichnen. Schlimmer noch: Die Rede von Gott als Vater kann sie auf eine falsche Spur bringen; sie könnten denken, die schlechten Eigenschaften, die sie an ihrem Vater sehen, wären auch Eigenschaften Gottes. In einem solchen Fall ist es wohl besser, andere Bilder für Gott zu finden. Manche Menschen wollen Gott auch aus dem Grund nicht als Vater bezeichnen, weil sie bei dem Wort Vater vor allem an einen Mann denken. Sie ziehen es vor, Gott beispielsweise als Mutter anzusprechen. Dagegen ist nichts einzuwenden. Auch Jesus und die Bibel vergleichen Gott mit einer liebenden Mutter. Und natürlich ist Gott kein Mann, das sagten wir oben schon. Aber Gott ist auch keine Frau. Wenn man Gott als Mutter bezeichnet, vermeidet man also zwar die Gefahr, sich Gott als einen Mann vorzustellen, aber man stellt sich Gott dafür wahrscheinlich umso leichter als Frau vor – und damit wäre nichts gewonnen.

Gott anreden – aber wie?

Wir müssen uns also immer wieder ins Gedächtnis rufen, dass alle unsere Worte Gott nie ganz einfangen können. Besonders schwierig ist das dort, wo wir nicht in allgemeiner Weise über Gott philosophieren, sondern wo wir Gott persönlich ansprechen. Denn wenn mir Gott ganz nahe ist, will ich Gott ja direkt ansprechen und nicht über hundert Umwege: „Gott, Du Vater, von dem ich natürlich weiß, dass Du kein Mann bist und dass ich dich auch als Mutter ansprechen könnte, wenn ich im Hinterkopf behalte, dass Du auch keine Frau bist ...“ – Nein, das ist zu kompliziert! Wie also mit Gott reden?

Unser Vorschlag wäre: 1. Halten wir, vor allem wenn wir gemeinsam zu Gott sprechen, die alten Bezeichnungen und Namen Gottes in Ehren, vor allem wenn sie auf Jesus selbst oder auf die Bibel zurückgehe. Reden wir also ruhig weiter von Gott unserem liebenden Vater im Himmel! 2. Vor allem im persönlichen Bereich bietet es sich vielleicht an, mir eine Anrede zu suchen, die mich persönlich besonders anspricht und mir stimmig erscheint: *Abba, Herrgott, Himmelsmutter, lieber Gott, Ruach* (das hebräische Wort für Geist), *meine Liebe*, – oder einfach: DU.

3. Vielleicht wollen wir uns aber auch gar nicht auf eine Anrede festlegen? Verliebte erfinden oft hundert Namen für den geliebten Menschen. Ähnlich kennt die Bibel viele verschiedene Bezeichnungen für Gott. Im Islam redet man von den 99 Namen Gottes, und im Christentum kennt man die Gebetsform der Litanei: Dabei spricht man Gott in immer wieder neuen Anläufen auf verschiedene Weisen an. So wird deutlich: Kein Wort kann Gott wirklich einfangen, aber zusammen können viele Worte ein Mosaik ergeben, in dem etwas von der göttlichen Wirklichkeit sichtbar wird.

Halten wir uns aber bei all dem immer vor Augen: Alles Reden von Gott ist nur eine Annäherung, und ganz besonders gilt dies von Bezeichnungen für Gott.

5. Jesus, der Christus

Wir haben im vorangegangenen Kapitel erklärt, was Christinnen und Christen meinen, wenn sie sagen, dass sie an Gott glauben. Daraus ergaben sich auch direkt einige Annäherungen, etwas genauer zu beschreiben, wie und wer Gott ist. Um weiterzukommen, müssen wir nun wieder auf Jesus zu sprechen kommen. An Jesus kommen Christen nicht vorbei, wenn sie Gott besser kennenlernen möchten. Jesus und Gott – das gehört zusammen.
Im dritten Kapitel, in dem wir schon von Jesus berichtet haben, haben wir das Wort Gott (fast) nicht verwendet. Wer mit dem Christentum schon vertrauter ist, hat sich darüber wahrscheinlich gewundert. Aber es war uns wichtig, erst zu klären, was „Gott" und „Glauben an Gott" überhaupt bedeuten, wie wir das im vierten Kapitel versucht haben. Andererseits mussten wir mit Jesus beginnen, denn Jesus ist nun mal der Ausgangspunkt des christlichen Glaubens. Und nur im Blick auf Jesus kann man den christlichen Glauben tiefer verstehen. Für die nächste Annäherung an Gott müssen wir deshalb wieder auf Jesus zurückkommen.

Wer Jesus anschaut, sieht Gott

Gerade haben wir gesagt, dass wir im dritten Kapitel nicht von Gott geredet haben. Das stimmt nur auf den ersten Blick. Denn wir sagten: In der Begegnung mit Jesus spürten die Menschen auf eine ganz einzigartige Weise, dass sie ohne Einschränkung geliebt sind, und dass die Welt und ihr Leben einen tiefen Sinn haben. Diese Erfahrung, dass wir auf Ewigkeit in Liebe geborgen sind, übersteigt aber unsere Welt; denn in dieser Welt geht es oft lieblos und sinnlos zu. Im vierten Kapitel haben wir gezeigt, dass die Erfahrung eines Sinnes, der die Welt übersteigt, genau das ist, was den Glauben an Gott ausmacht. Das bedeutet aber, dass die Menschen in der Begegnung mit Jesus Gott selbst begegnet sind.
So ähnlich ist das auch schon in den Evangelien, also in den Berichten über das Leben von Jesus formuliert. „Er redet mit Vollmacht", also wirklich im Namen Gottes, heißt es dort. Oder: „Wer ihn sieht, sieht Gott den liebenden Vater." Oder auch direkt: „Dieser Mensch war Gottes Sohn." Jesus wird auch heute noch so bezeichnet: als *Gottes Sohn*.

Auch diese Formulierung ist der Versuch, eine Wahrheit in Worte zu bringen, die die Möglichkeiten unserer Sprache übersteigt. Alle Formulierungen können nur eine Annäherung an diese Wahrheit sein. Mindestens vierhundert Jahre lang haben die frühen Christinnen und Christen darüber nachgedacht (und heftig gestritten!), wie sie das Zueinander und Miteinander von Gott und Jesus so gut wie möglich in Worten beschreiben sollten. Erst im Jahr 451, bei einer großen Versammlung in der Stadt Chalcedon, heute ein Stadtteil von Istanbul, haben sie eine Formulierung gefunden, die ihrer Erfahrung mit Jesus gerecht wurde.
Demnach ist Jesus ein ganz normaler Mensch, wie wir alle. Allerdings lebte Jesus offensichtlich ganz befreit von der Sorge um sich selbst – das kann ehrlicherweise sonst niemand von sich sagen. Jesus wusste sich so sicher in Gott geborgen, dass er innerlich völlig frei war. Das ganz besonders enge Verhältnis zwischen Gott und Jesus lässt sich auch so beschreiben: Jesus hat Gott greifbar gemacht, so wie Gott wirklich ist. Oder umgekehrt: Gott selbst ist in Jesus zu einem wirklichen Menschen geworden.
Damit ist auch gesagt, was Jesus aus christlicher Sicht nicht ist: Jesus ist kein Gott, der sich eben mal als Mensch verkleidet hätte! In der Vorstellung der alten Griechen und Römer gab es „Götter“, die eher etwas von Superhelden hatten, und die sich gerne mal als Menschen verkleideten. Der christliche Glaube steht hierzu im schärfsten Widerspruch! Jesus ist nicht bloß eine Maske Gottes. Weiter: Jesus ist kein „Halbgott“. Seine Göttlichkeit lässt sich von seiner Menschlichkeit nicht trennen; die eine geht nicht auf Kosten der anderen: Jesus ist *gleichzeitig* ganz Mensch und ganz Gott. Aber: Jesus ist auch keine Promenadenmischung, bei der göttliche und menschliche Teile sich einfach vermengen und irgendwie ein Zwischenwesen ergeben: Jesus ist gleichzeitig *ganz* Mensch und *ganz* Gott. Vielleicht kann man sagen: *Indem* Jesus ganz Mensch ist, ist er ganz Gott.
Nicht so leicht zu verstehen? Wie gesagt, die ersten Christinnen und Christen haben vierhundert Jahre gebraucht, bevor sie das halbwegs in Worte gebracht hatten. Und es waren die klügsten Köpfe der damaligen Zeit, die darum gerungen hatten. Trotzdem bleiben auch diese Formulierungen nur eine Annäherung. Sie sind der Versuch, die großartige Erfahrung in Worte zu bringen, die diejenigen gemacht haben, die sich auf Jesus eingelassen haben – und die auch heute noch die machen können, die sich auf Jesus einlassen. Aber auch hier ist es so wie mit dem Sonnenaufgang auf dem Berg: So richtig verstehen, wie so ein Sonnenaufgang ist, wird nur jemand, der sich selbst auf die Bergtour eingelassen hat. So richtig verstehen, wer Jesus ist, wird nur jemand, der sich auf ihn einlässt. Alle Worte und

Formulierungen sind nur ein Versuch, diese Erfahrung so gut wie möglich einzufangen – und eine Einladung, sich auf dieselbe Erfahrung einzulassen.

Jesus, der Christus

Sohn Gottes – das ist sicher die bekannteste und wahrscheinlich die wichtigste christliche Bezeichnung für Jesus. Aber es gibt viele weitere. Darunter sind griffige Bildworte, die die Verfasser der Evangelien Jesus selbst in den Mund legen: Demnach ist Jesus *der Weg, die Wahrheit, das Leben, das Licht, der Weinstock, der gute Hirte, der König, der Herr*. Viele weitere Bildworte sind schon in der Bibel genannt oder im Lauf der Jahrhunderte hinzugekommen: *Weizenkorn, Morgenstern, Bräutigam, A und O* (Anfang und Ende), *Ratgeber, Erlöser, Seelenfreund, Heiland*. Und so weiter und so weiter. Manche dieser Begriffe klingen heute seltsam, manche sind auch etwas kurios. Jesus selbst vergleicht sich zum Beispiel einmal mit einer Glucke, also einer Mutterhenne, die um ihre Küken besorgt ist. Solche Bildworte sind unmittelbar verständlich – dürfen aber natürlich nicht wörtlich verstanden werden. Andere Bezeichnungen für Jesus sind schwerer zu verstehen, etwa wenn von Jesus als dem *Lamm Gottes* oder als *ewigem Hohepriester* die Rede ist, oder wenn Jesus von sich selbst als dem *Menschensohn* spricht.

Von diesen vielen Bezeichnungen wollen wir hier nur eine herausgreifen, weil sie oft in einem Atemzug mit Jesus genannt wird: Christus. Christos ist eigentlich ein griechisches Wort; es bedeutet der Gesalbte und ist damit die direkte Übersetzung des hebräischen (israelitischen) Wortes Messias. Ursprünglich, um das Jahr 1000 vor Christus, wurden in Israel die Könige so bezeichnet, denn zu der Zeremonie, in der sie feierlich zum König gemacht wurden, gehörte auch, dass man ihnen mit wohlriechendem Öl den Kopf salbte. Da man aber glaubte, dass der König von Gott ausersehen war, bedeutete Messias schon damals nicht nur einer, der den Kopf gesalbt bekommen hat, sondern auch einer, der von Gott besonders auserwählt worden ist. Später, aber immer noch ein paar Jahrhunderte vor der Geburt von Jesus, ging das Königreich Israel unter. Es gab nun keine gesalbten Könige Israels mehr, deshalb verschob sich auch die Bedeutung des Wortes Messias. Unter Messias verstand man nun zunehmend einen göttlichen Heilsbringer, von dem man hoffte, dass er in einer fernen Zukunft die Gerechtigkeit wiederherstellen würde.

Zur Zeit von Jesus dachten viele Israeliten, dass für eine solche Wiederherstellung der Gerechtigkeit die Herrschaft der Römer über Israel beendet werden müsste. Sie hofften auf einen Volksaufstand und dachten, dass Jesus diesen anführen könnte. Deshalb hielten sie Jesus für den Messias. Dies war ein doppeltes Missverständnis: Erstens wäre die Vertreibung der Römer ja noch nicht die Herstellung einer gerechten Ordnung gewesen. Zweitens aber hatte Jesus niemals vor, einen Volksaufstand anzuzetteln oder gar anzuführen. So wandten sich viele wieder enttäuscht von Jesus ab – und dies war das dritte Missverständnis, zumindest aus christlicher Sicht!

Aus christlicher Sicht ist Jesus nämlich doch ein göttlicher Heilsbringer, also der Messias – nur ist das Heil, das er bringt, viel großartiger, als es eine Vertreibung der Römer jemals hätte sein können: Die ganze Welt hat auf ewig einen Sinn, und jeder einzelne Mensch wird auf ewig heil sein! – Darin besteht das Heil, das Jesus verkündet und bringt. Und das ist natürlich unendlich viel mehr als nur eine Befreiung von der römischen Herrschaft. Wenn die Christen Jesus als den Messias bezeichnen, bedeutet das also im Grunde genommen das Gleiche, wie wenn sie ihn als Gottes Sohn bezeichnen. Und Christus ist nur die Übersetzung für Messias. Wenn von Jesus Christus die Rede ist, klingt das also zwar fast so, als sei Jesus der Vor- und Christus der Nachname. Eigentlich steckt darin aber schon eine große Aussage: Jesus ist der Gesalbte Gottes, der göttliche Heilsbringer, der Sohn Gottes. Aber weil die Menschlichkeit und die Göttlichkeit bei Jesus eben nicht zu trennen sind, ist es vielleicht gar nicht verkehrt, wenn wir Jesus Christus meist als zusammengehörenden Namen verstehen.

Über jede der oben genannten Bezeichnungen von Jesus könnte man noch vieles sagen. Für alle diese Bezeichnungen aber gilt: sie sind Bilder und Annäherungen. Keine erfasst Jesus ganz – aber zusammengenommen können sie einen Eindruck davon geben, was Jesus den nach ihm benannten Christinnen und Christen bedeutet.

Der herabgestiegene Gott

Sohn Gottes oder Gesalbter Gottes – etwas Großartigeres lässt sich von einem Menschen nicht sagen. Dazu kommt, dass im christlichen Verständnis Gott ja nicht nur viel größer als alles auf der Welt ist, sondern dass er die ganze Welt übersteigt und umfasst. Das Christentum denkt also ausgesprochen groß von Gott – und dementsprechend ausgesprochen groß von Jesus. Auf der einen Seite. Umso verblüffender ist die andere Seite: Die Evangelien schildern Jesus nämlich keineswegs als großartigen Helden oder als strahlenden Himmelssohn. Das beginnt bei seiner Geburt: In einem armseligen Stall soll er auf die Welt gekommen sein, weil die Gastwirte seine Eltern nicht aufnehmen wollten; ein Futtertrog musste als Bettchen herhalten. Seine ersten Besucher waren Hirten – einfache und raue Gesellen, ganz gewiss keine feine Gesellschaft. Noch als Baby wurde Jesus zum Flüchtling, weil seine Eltern vor dem wütenden König Herodes Schutz in Ägypten suchen mussten. Auch später muss Jesus Niederlagen verkraften, von denen die Evangelien ehrlich berichten: In seiner Heimat will man nichts von ihm wissen, und später verlassen ihn auch viele von denen, die ihm davor gefolgt waren. Als er in Jerusalem einzieht, tut er das nicht, wie ein Großer es täte – auf einem stolzen Pferd –, sondern auf einem gewöhnlichen Esel, einem Last- und Arbeitstier. Schließlich wird er festgenommen, verspottet, gefoltert und hingerichtet – auf eine Art und Weise, die nicht nur besonders grausam war, sondern die auch als besonders unehrenhaft galt, und die besonders gemeinen Verbrechern vorbehalten war. Kurz: Tiefer als Jesus gesunken war, kann man nicht sinken. Die Berichte über Jesus machen keinen Versuch, diese Geschichte schöner zu erzählen als sie war. Schon die ersten Christinnen und Christen sahen also klar, dass Jesus nach allen üblichen menschlichen Kriterien versagt hatte, und dass er maßlos erniedrigt worden war. Verblüffenderweise hielten sie aber gleichzeitig daran fest, dass Gott selbst sich in Jesus gezeigt hatte und greifbar geworden war.

Eine Zumutung

Das hat dramatische Folgen für die Vorstellung von Gott! Es führt uns zu einer Besonderheit des christlichen Glaubens, die für andere Religionen wohl schwer nachvollziehbar ist. Dass Gott als Du ansprechbar sein muss, haben wir bereits im vierten Kapitel gezeigt. Auch dass Jesus Gott ganz vertraulich als lieber Papa ansprach, und im Christentum Gott als liebender Vater verstanden wird, haben wir schon gesagt (unsere eigene Tochter verwendet manchmal das Wort „liebes Papsileinchen" – vielleicht ist das sogar noch eine bessere Übersetzung des Wortes „Abba", das Jesus verwendet hat, um mit Gott zu sprechen). Auch davon, dass Jesus sich besonders liebevoll den Armen und Schwachen zugewandt hat, war schon die Rede.

Der christliche Glaube geht aber noch einen entscheidenden Schritt weiter: Gott ist nicht nur ansprechbar; Gott ist nicht nur wie ein liebender Vater; und Gott wendet sich nicht nur ganz besonders den Schwachen und den Armseligen zu. Nein: In Jesus zeigt Gott sich selbst schwach und armselig! Und weil Jesus nicht nur eine Verkleidung Gottes ist, sondern Gottes eigener Sohn, können wir es noch schärfer formulieren: Gott selbst ist klein und niedrig geworden. Er hat alles Großartige seines Gottseins aufgegeben und ist herabgestiegen in die armseligsten und schmachvollsten Niederungen des menschlichen Lebens. Gott, der allmächtige Schöpfer und Vollender der ganzen Welt – und gleichzeitig: Gott als Abgewiesener, als Baby, als Flüchtling, Gott als Gefängnisinsasse, als Folteropfer, als Verachteter, Gott als Verspotteter, Gott als Hingerichteter ...

Das ist eine Zumutung? Ja, das ist eine Zumutung, eine ungeheuerliche Zumutung sogar! Leider haben wir Christinnen und Christen uns viel zu sehr an diese Zumutung gewöhnt. Deshalb feiern wir die Geburt von Jesus an Weihnachten meistens nur als idyllisches Familienfest. Dabei müsste uns das, was wir da feiern, im Grunde den Atem stocken und das Blut gefrieren lassen: Der Allmächtige, der Schöpfer der ganzen Welt legt alle Macht ab und macht sich zu einem kleinen, armen, hilf- und schutzlosen Baby. Das Gleiche an Ostern, wenn wir an den Tod Jesu denken: Wir feiern ein Frühlingsfest und suchen Schokoladeneier, dabei geht es hier um das unausdenklichste Verbrechen, das sich vorstellen lässt: Ein Mensch, Jesus, und noch mehr, der Sohn Gottes, der Vollender der Welt wurde auf schändlichste Weise getötet! Vielleicht ist der Gedanke zu groß, als dass wir ihn fassen könnten. Und wahrscheinlich wagen es auch die meisten Christen kaum, wirklich zu Ende zu denken, was das bedeutet: Gott hat alle Macht aufgegeben. Gott hat sich selbst um ein Unendliches erniedrigt. Gott hielt nicht daran fest, Gott zu sein. Gott wurde einem Menschen gleich. Gott durchmisst all die menschlichen Abgründe und Armseligkeiten, bis hinein in den Tod.

Friedrich Nietzsche, ein großer Kritiker des Christentums, hat besser als manche Christen verstanden, wie ungeheuerlich das ist. Er beschreibt das Ausmaß dieser Zumutung: Wenn Gott getötet ist, ist das, als wäre mit einem gewaltigen Schwamm der ganze Horizont der Welt hinweggewischt! Es gibt kein Oben und Unten mehr; nur noch Nacht und noch mehr Nacht. Wenn Gott getötet ist, ist alles nur noch unendliches Nichts.

Wir werden im nächsten Abschnitt sehen, dass der christliche Glaube nicht bei diesem unendlichen Nichts stehen bleibt. Festhalten können wir aber: Christen glauben an einen Gott, der sich selbst erniedrigt und unendlich herabgebeugt hat. In Jesus ist Gott ein verletzlicher und versagender, dem Leiden und dem Tod schutzlos ausgelieferter Mensch geworden. Das läuft allen gängigen Vorstellungen von Gott zuwider. Aber wir nähern uns hier dem eigentlichen Glutkern des Christentums!

Der auferweckte Jesus

Wenn ein geliebter Mensch gestorben ist, verlieren die Freuden und Sorgen des Alltags ihre Bedeutung. Oft erscheint dann alles sinnlos. Das empfanden auch die Anhänger von Jesus, nachdem dieser gekreuzigt worden war. Schlimmer noch: Jesus war ja nicht nur ein geliebter Mensch gewesen, sondern derjenige, bei dem Sie gespürt hatten, dass ihr Leben einen Sinn hatte, an den sie geglaubt hatten, und auf den sie ihr Leben gebaut hatten. Sein grausamer und schmachvoller Tod stellte nun all dies infrage. Seinen Anhängern war der Boden unter den Füßen weggezogen. Ihnen war der ganze Horizont der Welt wie mit einem gewaltigen Schwamm hinweggewischt. Alles war nur noch unendliches Nichts.

Aber dann geschah das Unerwartete, das nach menschlichen Maßstäben Unmögliche: Zunächst einigen, dann mehreren von ihnen begegnete Jesus. Sie sahen ihn, sie hörten ihn, sie berührten ihn. Jesus war lebendig und er war bei ihnen. Sein Tod war nicht das Ende gewesen. Er war aus dem Tod auferweckt worden. Die Berichte über die Begegnungen mit dem auferweckten Jesus sind allerdings eigenartig. Sie sind anders als andere Berichte über Menschen, die nach dem Tod wieder ins Leben zurückkehrten. In der Bibel gibt es mehrere solcher Berichte. Aber dort ist stets klar, dass diese Menschen wieder in ihr normales „Vor-Todes-Leben“ zurückkehren, so, wie wenn jemand nach einer schweren Krankheit das Bett wieder verlässt und in seinen Alltag zurückkehrt. Bei Jesus sind die Berichte ganz anders. Sie lassen keinen Zweifel daran, dass Jesus wirklich lebendig und wirklich aus dem Tode auferweckt war. Sein Grab ist leer.

Aber wie seine Auferweckung vonstattengegangen sein könnte, wird nirgends beschrieben. Auch wie der auferweckte Jesus aussah, wird nicht geschildert. Im Gegenteil: Es ist auffällig, dass alle Berichte über den auferweckten Jesus Berichte über Begegnungen zwischen Jesus und anderen Menschen sind. Und bei diesen Begegnungen erkennen ihn diese anderen Menschen meist nicht sofort. Erst wenn Jesus sich den Menschen auf besondere Art zuwendet – wenn er sie anspricht, mit ihnen das Brot teilt oder sich von ihnen berühren lässt –, fällt es diesen wie Schuppen von den Augen und sie erkennen Jesus.

So wird deutlich: Jesus ist nach seiner Auferweckung nicht einfach ein wiederbelebter Leichnam, der sein normales „Vor-Todes-Leben“ wieder aufnimmt. Seine Auferweckung ist real und körperlich – sie ist nicht nur ein Weiterleben in der Erinnerung oder ein geistiges Geschehen. Sie ist viel mehr als das. Aber sie ist auch viel mehr als die bloße Wiederbelebung eines Leichnams! Wichtig ist nicht, dass

hier für einen Moment ein Naturgesetz außer Kraft gesetzt gewesen wäre und eine Leiche wieder angefangen hätte herumzulaufen. Es geht um viel mehr, es geht ums Ganze: Das Gesetz des Todes und der Sinnlosigkeit, das doch das unverrückbarste Grundgesetz der ganzen Welt zu sein schien, ist mit einem Schlag und ein für alle Mal als ungültig und als nichtig erwiesen. Jesus ist nicht einfach ins normale „Vor-Todes-Leben" zurückgekehrt; denn ein solches „Vor-Todes-Leben" bliebe doch weiter ein Leben, dem irgendwann der Tod bevorsteht. Jesus ist auferweckt in ein „Nach-Todes-Leben". Er hat den Tod und die tiefste Erniedrigung erlitten und durchschritten, aber er hat sie damit auch endgültig überwunden. Der Tod ist nicht mehr das letzte Wort. Die Sinnlosigkeit ist nicht die letzte Bestimmung der Welt. Es gibt eine Zukunft nach dem Tod. Es gibt einen Sinn, der auch angesichts des schlimmsten Leids trägt, weil er durch dieses Leid hindurch trägt.
Kommen Ihnen diese Worte bekannt vor? So ähnlich haben wir das nun schon mehrfach formuliert: Christsein heißt, darauf zu vertrauen, dass das Leben einen dauerhaften Sinn hat. Die Auferweckung von Jesus bekräftigt, begründet und rechtfertigt genau diese Erfahrung, die seine Anhänger schon früher in der Begegnung mit ihm gemacht hatten – und die auch heute noch grundlegend für jede Christin und jeden Christen ist.

Jesus der Heiland und Erlöser

Fassen wir kurz zusammen: Christinnen und Christen sind überzeugt, dass ihnen in Jesus Gott selbst entgegentritt. Deshalb können wir Gott näher beschreiben, wenn wir auf Jesus blicken. Vor allem zeigt sich dabei, dass Gott sich offenbar nicht zu schade ist, sich klein, gering und armselig zu machen. Jesus war hilflos, vertrieben, leidend, er wurde verspottet, gefoltert und getötet. Das heißt: Es ist nicht nur so, dass Gott auf der Seite der Leidenden und Entrechteten steht – nein, Gott geht noch einen Schritt weiter, Gott macht absolut ernst! Er steckt selbst in der Haut der Leidenden und Entrechteten. Aber – und das ist genauso entscheidend! – Leid, Tod und Entrechtung haben nicht das letzte Wort. Jesus stirbt, aber er wird aus dem Tod auferweckt in ein neues Leben.
Wichtig ist nun: Mit all dem ist nicht nur etwas darüber gesagt, was mit Jesus war oder wie Gott beschaffen ist! Ganz zu Beginn dieses Buches sagten wir, wir wollten bei der Erklärung des christlichen Glaubens bei unseren eigenen Erfahrungen ausgehen und nicht bei irgendeiner Theorie über Himmel und Erde. Auch als die

ersten Christen darüber nachdachten, wie sie über Jesus reden sollten, ging es ihnen nicht so sehr darum, irgendeine schlaue Theorie über das Wesen von Jesus oder von Gott zu entwickeln. Es ging ihnen darum, wie sie das, was Jesus für sie bedeutete, am besten in Worte fassen konnten. Sie spürten, dass die Botschaft von Jesus an sie gerichtet war und etwas für sie bedeutete. Jesus war für sie gekommen. Gott wollte ihnen nahe sein. Und offenbar war das für Gott so wichtig, dass Gott sich nicht scheute, sich klein und schutzlos zu machen. Die frühen Christen verstanden: Gott scheut selbst vor Leid und Tod nicht zurück, um uns nahe zu sein. Alles, was Jesus gesagt und getan hatte, sollte deutlich machen: Gott liebt uns – jede und jeden von uns, ein für alle Mal, über alle Maßen, ohne jede Bedingung, auf immer und ewig. Und es waren nicht nur die Worte und Taten von Jesus. Jesus stand mit seiner ganzen Person für diese Wahrheit ein und er besiegelte sie mit seiner Bereitschaft, auch den Tod auf sich zu nehmen. Die ersten Christen hatten die Erfahrung gemacht: Der Tod stellt für Gott keinen Endpunkt dar. Gott kann immer einen neuen Anfang setzen, in jeder Sackgasse, sogar im Tod. Gott lässt nichts in der Sinnlosigkeit. Bei Gott wird alles endgültig heil, bei Gott sind wir über alle Zeit hinweg ganz und gar in Liebe geborgen.
Das bedeutet aber: Die Auferweckung aus dem Tod betrifft nicht nur Jesus. Weil Gott uns in Jesus selbst entgegengekommen ist, und weil Gott Jesus aus dem Tod auferweckt hat, können wir gewiss sein: Auch wir werden nicht in ein bodenloses Nichts hinein sterben. Auch unser Leben wird sich nicht als sinnlos erweisen. Auch für uns wird es einen neuen Anfang geben. Alles, was an uns leidend, krumm und falsch ist, wird bei Gott endgültig heil, gerade und gerichtet sein. Man kann das auch so ausdrücken: Wir werden erlöst werden von allem, was uns bedrückt und besorgt macht, von allem, was uns zerstören, verkrümmen und vernichten will. Stattdessen werden wir in Gottes ewiger Liebe heil und geborgen sein.
Jesus kann deshalb auch als Erlöser oder als Heiland – das bedeutet: Heil-Macher – bezeichnet werden. Diese Bezeichnungen klingen vielleicht etwas altmodisch. Aber sie sollen genau das zum Ausdruck bringen: Jesus ist für uns Mensch gewesen. Gott scheut vor nichts zurück, um uns heil zu machen. Sogar im Tod schenkt er uns einen neuen Anfang und wird uns auf ewig in seiner Liebe geborgen halten.

6. Der Heilige Geist

Wir haben im vierten Kapitel gehört, dass Gott für Christinnen und Christen der allmächtige Schöpfer der Welt ist, der sich gleichzeitig wie ein liebender Vater um uns sorgt. Im fünften Kapitel ging es darum, dass dieser Gott uns in Jesus selbst entgegenkommt und ganz heil machen will. In diesem Kapitel ist nun noch ein wichtiger Schritt zu tun, um den christlichen Glauben zu verstehen. Dabei geht es um eine Besonderheit des Christentums, die zunächst schwer verständlich erscheint: Der Glaube an die sogenannte Drei-Einigkeit Gottes.

Christen reden von Gott als dem einen und dreifaltigen; dies klingt in der Tat seltsam und führt leicht zu Missverständnissen. Wir kommen auf die Rede von der Dreieinigkeit Gottes zurück. Zunächst wollen wir aber erklären, welche Erfahrung zu dieser ungewöhnlichen Formulierung geführt hat.

Gott ist bei uns

Wir haben schon gesagt, dass Gott für Christen nicht nur das *Irgendetwas* ist, das den Grund der Welt bezeichnet. Die Grunderfahrung des christlichen Glaubens ist, dass jede und jeder ganz persönlich ganz und gar in Liebe geborgen ist. Das bedeutet, dass dieses *Irgendetwas*, das die Welt begründet, nicht nur Irgendetwas sein kann, sondern uns auch als Person, also als ein *Jemand* entgegentritt.

Dass Gott uns in seiner Liebe geborgen hält, heißt aber nicht nur, dass wir uns restlos Gott verdanken und dass Gott uns nach unserem Tod wieder bei sich aufnehmen wird. Es heißt, dass Gott immer jetzt bei uns ist – überall und in jedem Augenblick. Dies ist eine Erfahrung, die das Christentum mit dem Judentum teilt. In der jüdischen heiligen Schrift, die als sogenanntes Altes Testament auch Teil der christlichen Bibel ist, beschreibt Gott sich selbst an verschiedenen Stellen als „den, der für die Menschen da ist und ihnen zur Seite steht“. Bei Jesus wird diese Erfahrung nochmals gesteigert: Jesus selbst lebte in völliger Vertrautheit mit Gott – so sehr, dass für seine Anhänger deutlich war: Wenn wir Jesus begegnen, begegnen wir Gott selbst; wenn Jesus bei uns ist, ist Gott selbst bei uns.

Deshalb war der Schock nach dem Tod von Jesus zunächst umso größer: Wenn Jesus gestorben war, war dann auch Gott selbst verschwunden? Konnte das Leben dann noch irgendeinen Sinn haben? Die Auferweckung von Jesus aus dem Tod gab die Antwort: Nein, Gott war nicht verschwunden. Im Gegenteil! Gott war mit Jesus bis in den Tod gegangen. Und sogar über den Tod hinaus und durch den Tod hindurch war Gott bei Jesus geblieben. Die Auferweckung von Jesus aus dem Tod hatte gezeigt: Der Tod ist für Gottes Liebe keine Schranke.

Bereits die Berichte über die Begegnungen mit dem auferweckten Jesus machen deutlich, dass die Erfahrung von Gottes Gegenwart auch sonst keinen Schranken mehr unterliegt. Die Auferweckung von Jesus bedeutete keine simple Rückkehr in das Vor-Todes-Leben. Der auferweckte Jesus unterlag nicht mehr den üblichen Beschränkungen von Raum und Zeit. Er tauchte unvermutet und zu verschiedenen Gelegenheiten an verschiedenen Orten auf; erkannt wurde er nicht so sehr aufgrund seines Äußeren, sondern an der Art, wie er auf die Menschen zuging.

Vollends zum Durchbruch kam die Erfahrung von Gottes bleibender Gegenwart dann fünfzig Tage nach dem Tod von Jesus. Seit einer guten Woche war niemand ihm mehr begegnet. Vielmehr war Jesus „ihren Blicken entzogen worden", wie es heißt, und seine Anhänger waren erneut unsicher. Sie hatten sich zurückgezogen und „verharrten einmütig im Gebet". Sicher waren sie einigermaßen ratlos; so recht wusste keiner, wie alles nun weitergehen sollte. Plötzlich aber kamen eine tiefe Zuversicht und eine große Begeisterung über sie. Diese Begeisterung war sozusagen mit Händen zu greifen. Das ganze Haus war mit einem Mal, wie es heißt, von einem heftigen Brausen erfüllt, und auf ihnen allen erschienen „Zungen wie von Feuer". Dass etwas Außergewöhnliches geschehen war, merkten auch die Nachbarn. Sie kamen herbei, wunderten sich über die große Begeisterung, die mit einem Male unter den Anhängern von Jesus herrschte. Sie waren erstaunt, dass jeder sie verstehen konnte, obwohl sie verschiedene Muttersprachen hatten. Petrus, der Sprecher der Gruppe, erklärte ihnen, was geschehen war. Dazu griff er auf eine Stelle aus dem Alten Testament zurück und zitierte den Propheten Joel: „Gott hat über uns seinen Heiligen Geist ausgegossen", und er fügte hinzu: „Jeder, der sich zu Jesus bekennt, wird auch den Heiligen Geist empfangen." Der Bericht schließt mit dem Hinweis, dass die Nachbarn und Außenstehenden so beeindruckt waren, dass dreitausend Personen sich unmittelbar den Anhängern von Jesus anschlossen.

Was soll das aber bedeuten, den Heiligen Geist empfangen zu haben? Das wird gleich im Anschluss geschildert: Die junge Gemeinschaft der Christinnen und Christen teilte ihr Hab und Gut miteinander, lebte in harmonischer Gemeinschaft, vertraute auf Gott und pflegte die Erinnerung an Jesus „in Freude und Lauterkeit des Herzens". So „fand sie Gunst beim ganzen Volk", zumal einige von ihnen nun auch die gleichen Zeichen wirkten, die Jesus gewirkt hatte, und einen Gelähmten heilten. Diese Schilderung klingt paradiesisch und fast etwas zu harmonisch. Tatsächlich gab es in der christlichen Gemeinschaft auch damals schon Meinungsverschiedenheiten und Streit, und davon wird, realistisch und ehrlich, nur ein paar Absätze später ebenfalls berichtet. Umso deutlicher ist deshalb, dass mit dieser paradiesischen Beschreibung gezeigt werden soll, was es heißt, den Heiligen Geist empfangen zu haben. Es bedeutet: zu leben wie im Paradies, wie im Himmelreich, von dem Jesus gesprochen hat. Man kann auch sagen: Wer den Heiligen Geist empfangen hat, lebt mit Gott in Gemeinschaft; er weiß Gott an seiner Seite. Damit ist die Erfahrung, dass Gott immer bei uns ist, nochmals bestätigt und bekräftigt. Diese Erfahrung gibt es, wie gesagt, schon im Judentum. Bei Jesus wurde sie auf besondere und sehr persönliche Weise deutlich. Nun wird sie auf alle Menschen ausgeweitet, denn die Möglichkeit, Gott zu begegnen, wird jetzt allen zugesagt, egal woher sie kommen oder welche Sprache sie sprechen – auch denen „in der Ferne", wie es ausdrücklich heißt. Damit wird ausgedrückt: Die Erfahrung, dass Gott mir persönlich zur Seite steht, kann auch jede und jeder von uns machen. „Gott ist bei uns" gilt nicht nur für die wenigen Menschen, die das Glück hatten, Jesus während seines Lebens zu begegnen. Diese Menschen, die vor zweitausend Jahren in Palästina lebten, haben uns gegenüber keinen Vorteil und keinen direkteren Draht zu Gott. Denn Gott begegnen kann jeder, jederzeit und überall. Gott ist jedem von uns nahe. Dies wird ausgedrückt mit den Worten: Jede und jeder kann Gottes Heiligen Geist empfangen.

Der Geist weht, wo er will ...

Das Wirken des Geistes

In der Bibel ist an vielen Stellen vom Geist, vom Geist Gottes oder auch vom Heiligen Geist die Rede. Aber beschrieben wird dabei vor allem, was dieser Geist bewirkt und wie dieses Wirken erfahren wird: Der Heilige Geist

- ist unberechenbar,
- macht heil,
- macht frei,
- gibt Kraft und Mut,

- verleiht Weisheit,
- macht kreativ und gibt Ideen,
- tröstet,
- gibt Raum zum Wachsen und Sich-Entfalten,
- schafft Verbindung,
- stiftet Beziehung,
- schenkt Einheit,
- spendet Leben,
- erweckt auch Tote und Totes zu neuem Leben,
- bewirkt Neues,
- schenkt neue Anfänge

  und vieles mehr ...

All das klingt sehr nach den Erfahrungen, die die Menschen auch in der Begegnung mit Jesus gemacht haben. Aber auch im Leben von uns heutigen Menschen gibt es (möchten wir vermuten) Momente, wo eine verfahrene Situation sich mit einem Mal auflöst, wo ein überraschendes Wort plötzlich wieder eine Brücke zu einem anderen Menschen schlägt, wo in einer ausweglosen Lage ein unvermuteter neuer Aufbruch gelingt.

Nicht jede solche Erfahrung muss man als Empfang des Heiligen Geistes deuten. Aber manchmal gehen solche Erfahrungen eben doch tiefer. Manchmal spüren wir: Etwas ist heil geworden, obwohl man nach menschlichem Ermessen nicht mehr damit rechnen konnte. Wir spüren ein Glück, das uns so beseelt, dass wir uns wie im siebten Himmel fühlen. Uns begegnet ein Mensch, der einen inneren Frieden ausstrahlt, der unmöglich nur aus ihm selbst kommen kann. Wir meistern eine schwierige Situation mit einer Stärke, die wir uns selbst nie zugetraut hätten. Wir scheitern kläglich und merken, dass wir dennoch nicht ins Bodenlose fallen. Wir erleben, dass eine endgültig zerbrochene Beziehung oder eine völlig in Scherben liegende Freundschaft doch wieder neu erblühen kann.

Viele ähnliche Erfahrungen ließen sich anführen. Sie müssen nicht immer spektakulär sein, sie können sogar ganz belanglos scheinen. Letztlich geht es darum, dass uns in einer besonders beglückenden, in einer besonders schmerzlichen oder auch in einer ganz alltäglichen Situation aufgeht, dass wir dem Leben trauen dürfen, weil wir in einer Liebe geborgen sind, die uns und unsere Welt übersteigt und umfasst. Als Christen trauen wir dieser Erfahrung, auch wenn sie nur bisweilen aufblitzt. Wir glauben, dass unser Leben wirklich einen Sinn hat, der über unsere Welt hinaus Bestand hat, und den Gott schenkt und garantiert. Die Momente, in denen uns diese tiefe Wirklichkeit aufgeht, dürfen wir deshalb als Erfahrung von Gottes Beistand und Gegenwart sehen. Oder, wie es schon die ersten Christinnen und Christen genannt haben, als Empfangen von Gottes Heiligem Geist.

Den Geist spüren

Wichtig scheint uns hierbei: Der Geist weht, wo er will und wie er will. Diese Erkenntnis ist im Deutschen sogar zum Sprichwort geworden. Das Empfangen des Heiligen Geistes lässt sich nicht erzwingen, es lässt sich nicht verbieten, es lässt sich nicht planen, es lässt sich nicht verwalten. Der Heilige Geist wirkt nicht auf einem vorgeschriebenen Amtsweg, er geht meist nicht von oben nach unten, in der Regel kommt er überraschend und meistens nicht so, wie es für uns bequem wäre. Die verschiedensten Situationen, die seltsamsten und die alltäglichsten, können zur Gelegenheit werden, das Wirken des Heiligen Geistes zu erfahren, und auch diese Erfahrungen selbst können ganz unterschiedlich ausfallen. Sicherlich gibt es dabei Momente größter Beglückung oder tiefsten Seelenfriedens, öfter aber wird eine solche Begegnung mit großer Bestürzung einhergehen. Die Erfahrung, dass mein Leben einen tiefen Sinn hat, wird nämlich oft mit der Erkenntnis verbunden sein, dass die Art und Weise, wie ich bisher lebe, diesem tiefen Sinn nicht recht entspricht oder ihm sogar glatt zuwiderläuft.

Den Heiligen Geist wirklich zu empfangen, würde in so einem Fall bedeuten, sein Leben neu auszurichten – vielleicht auch radikal zu ändern. So etwas fällt keinem leicht. Gerne neigen wir deshalb dazu, den Heiligen Geist zu vertrösten oder zu ignorieren. Man kann sich ihm auch trotzig verweigern oder ihn schlicht verpassen, weil man meint, so viel anderes Wichtiges um die Ohren zu haben. Aber es geht auch umgekehrt: Wir können versuchen, dem Wirken des Geistes in unserem Leben nachzuspüren. Wir können uns dafür Zeit nehmen und Gelegenheiten schaffen, mit dem Heiligen Geist vertrauter zu werden. Auch und wahrscheinlich gerade dann, wenn wir so in eine immer engere Beziehung mit ihm hineinwachsen, wird uns der Heilige Geist immer wieder überraschen und vor Herausforderungen stellen. Das ist wie in jeder Liebesbeziehung: Je besser man sich kennt, desto mehr wünscht man sich, einander noch besser kennenzulernen, und desto schmerzlicher wird einem bewusst, dass man mit dem anderen noch nicht ganz verschmolzen ist. Aber je mehr man sich darum bemüht, einander immer noch besser kennenzulernen, umso beglückender und tiefer wird die Beziehung werden. Allerdings müssen wir hier auch eine Warnung aussprechen: Nicht jeder Gedanke, den wir haben, kommt vom Heiligen Geist. Nicht alles, was uns beflügelt, bringt uns in die richtige Richtung voran. Nicht jede neue Verbindung wird sich als fruchtbar erweisen. In der christlichen Tradition wird deshalb immer wieder betont, wie wichtig eine Unterscheidung der Geister ist. Vielleicht ist dieser Ausdruck nicht besonders glücklich; er klingt ein wenig so, als gäbe es neben dem Heiligen Geist noch weitere Geiste oder Geister, die diesem entgegengesetzt aber ebenbürtig wären. Das ist natürlich nicht der Fall: Im Heiligen Geist macht sich Gott selbst erfahrbar, und Gott hat keinen ebenbürtigen Gegenspieler; er ist der einzige Grund von allem, was es gibt.

Aber dennoch weist die Rede von der Unterscheidung der Geister auf einen wichtigen Punkt hin. Jeder weiß, dass es Menschen und Dinge gibt, die uns guttun, dass es aber auch Dinge und schlechte Gesellschaft gibt, die uns schaden. Dazwischen zu unterscheiden, ist oft gar nicht leicht. Jemand, der mich übers Ohr hauen will, wird mich oft am freundlichsten behandeln, und eine Freundin, die es gut mit mir meint, wird mir manchmal auch unangenehme Wahrheiten sagen. Verhaltensweisen, die angenehm sind, können längerfristig schädlich sein, und Sachen, die mich Überwindung kosten, können doch gut für mich sein. Manchmal durchschauen wir das sogar; schlimmer (und wahrscheinlich häufiger) sind die Fälle, wo wir uns selbst in die Tasche lügen und nicht wahrhaben wollen, dass wir einen falschen Weg eingeschlagen haben.

Genau so verhält es sich auch mit unserem Verhältnis zum Heiligen Geist. Wir dürfen davon ausgehen, dass Gott es immer gut mit uns meint und uns mit seinem Heiligen Geist in jedem Moment nahekommen und beistehen will. Aber daneben gibt es viele andere Dinge, die unsere Aufmerksamkeit auf sich ziehen. Gott drängt sich nicht auf. Die Stimme des Heiligen Geistes ist sozusagen immer da, aber sie spielt sich in der Regel nicht in den Vordergrund. Wir müssen sie heraushören aus dem Stimmenwirrwarr, das dauernd auf uns einstürmt. Das braucht Übung, und manchmal auch Hilfe von jemandem, der hier erfahrener ist.

Gefährlich kann es werden, wenn wir eine falsche Stimme für die des Heiligen Geistes halten. Das kommt wahrscheinlich gar nicht so selten vor. Im schlimmsten Fall führt das zu religiöser Verblendung und Fanatismus. Das ist aber das genaue Gegenteil von dem, wozu das Empfangen des Heiligen Geistes führen würde. Jemand, der sich zur Unterscheidung der Geister besonders viel Gedanken gemacht hat, war Ignatius von Loyola, ein spanischer Ritter, der im 16. Jahrhundert lebte. Von einer Kanonenkugel am Bein getroffen, lag er monatelang im Krankenbett. Um sich die Zeit zu vertreiben, las er Ritterromane. Dann griff er, weil es keinen anderen Lesestoff mehr gab, zu Heiligenlegenden. Und jetzt entdeckte Ignatius etwas Überraschendes: Sich zum Ritterheld zu träumen hatte ihm großen Spaß gemacht! Aber solche Träume verschafften ihm letztendlich keine dauerhafte Befriedigung. Anders war das, wenn er sich ausmalte, wie er die Heiligen nachahmen könnte, von denen er gelesen hatte: Das war auf den ersten Blick weniger anziehend, als für die Ehre eine Prinzessin ins Turnier zu reiten – aber es machte ihn auch über den Traum hinaus glücklich. Ignatius leitete daraus eine Faustregel ab, die bei der Unterscheidung der Geister auch heute noch hilfreich ist: Was mir langfristig Trost und inneren Frieden schenkt, führt in die richtige Richtung – auch wenn es zunächst unbequem erscheint oder nicht dem entspricht, worauf ich momentan Lust habe. Um diese Regel anzuwenden, braucht es natürlich einige Übung, ehrlich auf die Stimmen im eigenen Inneren zu hören. Auch Ignatius musste sich hier erst einüben. Aber später wurde er selbst zu einem der bis heute bekanntesten katholischen Heiligen.

Der Heilige Geist ist ansprechbar

Wir haben bisher nur über das Empfangen des Heiligen Geistes gesprochen, nicht so sehr über den Heiligen Geist selbst. Das ist kein Zufall. Weiter oben haben wir es ähnlich gemacht: Wir waren ausgegangen von dem Vertrauen drauf, dass unser Leben einen letzten Sinn hat, und dies haben wir als Glauben an Gott bezeichnet. Erst von dieser lebendigen Erfahrung des Glaubens her haben wir dann versucht, auch Gott selbst näher zu beschreiben. Auch jetzt sind wir ausgegangen von einer lebendigen Erfahrung: Die Anhänger von Jesus haben erfahren, dass Gott ihnen bleibend nahe ist, und das haben sie als Empfang des Heiligen Geistes bezeichnet. Diese Erfahrung können auch wir machen: Jeder Moment unseres Lebens kann zur Gelegenheit werden, die Nähe, den Beistand und die Liebe Gottes zu erfahren – also den Heiligen Geist zu empfangen.
Wir wollen nun versuchen, von dieser Erfahrung her den Heiligen Geist selbst etwas näher zu beschreiben. Wenn wir davon ausgehen, dass der Heilige Geist „empfangen“ wird, bedeutet dies schon einmal: Der Heilige Geist kommt von außen; seine Stimme ist nicht einfach die Stimme unseres Gewissens oder sonst etwas, was aus uns selbst kommt. Etwas, das man empfängt, kann man auch nicht herbeizwingen. Empfangen kann man beispielsweise ein Geschenk. Tatsächlich spricht man in der christlichen Tradition von den Geschenken oder den Gaben des Heiligen Geistes, und man sagt auch, dass der Heilige Geist selbst eine Gabe

Gottes sei. Wenn man ein Geschenk oder eine Gabe empfangen hat, kann man allerdings damit machen, was man will. Das trifft auf den Heiligen Geist nicht zu. Auch wenn ich ihn empfangen habe, kann ich nicht über ihn verfügen; ich kann ihn nicht besitzen, wie ich ein Ding oder eine Fähigkeit oder eine Eigenschaft besitze. Deshalb reicht es nicht aus, den Heiligen Geist oder auch sein Wirken nur als Geschenk zu bezeichnen.

Empfangen kann man aber nicht nur Gaben und Geschenke, sondern auch Personen, zum Beispiel Gäste. Dies führt uns auf die richtige Fährte. Um einen Gast zu empfangen, muss ich mich selbst bemühen: ihn einladen, die Türe öffnen, ihn begrüßen und so weiter. Gleichzeitig muss der Gast das Seine dazutun: er kommt vorbei, er klopft an, er tritt ein. Mit anderen Worten: Einen Gast zu empfangen bedeutet, sich auf eine Begegnung mit ihm einzulassen und mit ihm in eine persönliche Beziehung zu treten. Eine persönliche Beziehung ist aber nur zwischen zwei Personen möglich.

Die Erfahrung, die schon die ersten Anhänger von Jesus mit dem Satz beschrieben haben: Wir haben den Heiligen Geist empfangen, ist genau von dieser Art. Wer den Heiligen Geist empfängt, spürt, dass er persönlich angesprochen ist. Es ist nicht so, dass ihm nur *etwas* widerfährt. Es ist vielmehr so, dass ihm hier *Jemand* begegnet und mit ihm in eine Beziehung treten will. Damit müssen wir aber auch sagen: Der Heilige Geist ist eine Person. Das bedeutet nicht, dass er so aussähe, wie wir aussehen, dass er eine Frau oder ein Mann wäre, oder dass wir uns überhaupt vorstellen könnten, wie er aussieht. Es bedeutet: Der Heilige Geist tritt uns als Du entgegen, er spricht uns persönlich an, und wir können ihn persönlich ansprechen. Letztlich ist dieser Jemand, der uns im Heiligen Geist entgegentritt, natürlich Gott – genau so haben wir es ja oben schon beschrieben: Den Heiligen Geist zu empfangen heißt, Gottes Beistand zu erfahren und Gottes Gegenwart zu spüren. Trotzdem ist Heiliger Geist nicht einfach nur ein anderes Wort für Gott. Der Heilige Geist ist die persönliche Weise, wie Gott mit uns in Beziehung tritt. Es ist ein bisschen so, wie wir es weiter oben mit Blick auf Jesus gesagt haben: In der Begegnung mit Jesus sind die Menschen Gott begegnet. Damit kann ich Jesus nicht von Gott trennen und Gott nicht von Jesus – aber trotzdem ist Jesus nicht einfach nur ein anderes Wort für Gott, den Schöpfer der Welt. Mit dem Heiligen Geist ist das ähnlich: Den Heiligen Geist zu empfangen, bedeutet für uns Gott zu begegnen, und Gott begegnen wir, indem wir den Heiligen Geist empfangen.

Gott ist Liebe – oder: Gott ist dreifaltig einer

Wir haben es nun schon mehrfach gesagt: Am Anfang des christlichen Glaubens steht nicht eine kluge Überlegung oder eine Theorie über Gott oder die Welt. Am Anfang des christlichen Glaubens steht eine lebendige Erfahrung: Erstens die Erfahrung, dass die Welt einen Sinn hat, der über sie hinausgeht, und zweitens die Erfahrung, dass ich und du und jeder Mensch persönlich liebgehabt ist. Früher hat man das eher in anderen Worten ausgedrückt: Wir sind erlöst, wir sind gerettet, unsere Sünden sind uns vergeben, wir finden Gnade, oder so ähnlich. Heute formulieren wir eher: Unser Leben findet einen Sinn oder: Wir sind auf ewig geborgen. Aber auch für diese Formulierung gilt: sie ist nur ein Versuch, die grundlegende Erfahrung in Worte zu fassen. Und das gilt auch für alles, was wir von und über Gott und was wir über den Heiligen Geist sagen. Es sind immer nur Annäherungen an eine Wirklichkeit, die wir zwar erspüren, erahnen und erfahren können, die aber zu groß ist, als dass sie mit Worten völlig eingefangen werden könnte. Trotzdem können Christinnen und Christen von dieser Erfahrung nicht schweigen, denn sie trägt und durchdringt – zumindest im Idealfall – ihr ganzes Leben.
Wir wollen in diesem Abschnitt eine weitere Annäherung an den Heiligen Geist versuchen. Dabei werden einige etwas philosophischere Überlegungen erforderlich sein. Wir gehen wieder von der grundlegenden Erfahrung aus, dass unser Leben einen Sinn hat. Wir haben oben erläutert, dass man dies auch so sagen kann: Wir sind ein für alle Mal in Gottes Liebe geborgen. In der Bibel ist das sogar auf die kurze Formel gebracht: Gott ist Liebe. Wenn wir über diese grundlegende christliche Erfahrung nachdenken, ergibt sich jedoch eine Schwierigkeit, der wir jetzt nachgehen wollen. Wir gehen dabei in vier Schritten vor:

1. Schritt: Die Welt ist einheitlich – der Grund der Welt ist einheitlich

Der erste Schritt beginnt mit der Feststellung, dass wir unsere Welt als eine geordnete und verstehbare Welt wahrnehmen – als eine Welt aus einem Guss. Natürlich ist in vielen Ecken der Welt zunächst nicht viel Ordnung zu erkennen, da reicht ein Blick in jedes Kinderzimmer. Aber wir alle gestalten unser Leben aus der Überzeugung, dass das, was geschieht, sich nach gewissen Gesetzmäßigkeiten vollzieht. Es gibt viele solcher Gesetzmäßigkeiten – zum Beispiel das Gesetz der Schwerkraft, das Vererbungsgesetz, die Gesetze der Quantenmechanik oder auch die Gesetze der Sprache, also die Grammatik, und so weiter. Wenn wir von einer einheitlichen Ordnung in der Welt reden, meinen wir nicht diese einzelnen

Gesetze, die ja alle verschieden sind. Wir meinen die Tatsache, dass es überhaupt Gesetzmäßigkeiten gibt, die gelten.
Betrachten wir als Beispiel einmal nur unser menschliches Zusammenleben und stellen uns für einen Augenblick vor, es fielen plötzlich alle Regeln und Gesetze weg – angefangen bei Verkehrsregeln: Es gibt keine roten Ampeln und kein rechts vor links mehr; das würde das Leben schon bedeutend schwerer machen. Aber auch die Regeln des menschlichen Miteinanders gäbe es nicht mehr: Ich könnte mich nicht darauf verlassen, dass eine Autofahrerin, die mir ein Handzeichen gibt, dass ich die Straße überqueren kann, wirklich stehen bleibt. Schlimmer noch: auch das über Jahrtausende gewachsene Regelwerk unserer Sprache würde nicht mehr gelten. Jeder würde Worte verwenden, die nur er kennt. Sätze, die nach klarer Grammatik aufgebaut wären, gäbe es nicht mehr; es wäre keinerlei Verständigung mehr möglich. Und sogar die Regeln der Vernunft wären nicht mehr in Kraft: Ein Satz könnte gleichzeitig wahr sein oder falsch – man kann das Beispiel deshalb eigentlich gar nicht vernünftig zu Ende denken. Es wird aber sofort klar: Es muss Dinge geben, auf die man sich verlassen kann. Sonst ist ein Zusammenleben in Gesellschaft nicht möglich.
Ähnlich gilt das nicht nur für das menschliche Zusammenleben, sondern für die ganze Welt: Wir verlassen uns darauf, dass letztlich alles nach irgendwelchen Gesetzmäßigkeiten abläuft. Das gilt für tausend Situationen unseres Alltagslebens – zum Beispiel verlassen wir uns darauf, dass die Haustür heute noch an dem Platz ist, wo sie gestern war, und dass ein Apfel, der sich vom Baum löst, nach unten fällt und nicht manchmal nach oben entschwindet. Es gilt auch für die Wissenschaft: Sie geht davon aus, dass ein Naturgesetz, das auf der Erde gilt, auch auf einem fernen Planeten gilt. Sie glaubt daran, dass sich der Fall des Apfels mit mathematischen Formeln sinnvoll beschreiben lässt. Sie verlässt sich darauf, dass man aus dem, was man in einem Experiment beobachtet, allgemeine Schlüsse ziehen kann. Und so weiter. Das bedeutet: Wir gehen davon aus, dass die Welt letztlich einheitlich geordnet ist. Damit muss aber auch das, was die Welt begründet, einheitlich sein. Mit anderen Worten: Weil wir unsere Wirklichkeit nicht als beliebig, chaotisch und zersplittert erleben, sondern als einheitlich und als verstehbar, müssen wir auch das *Irgendetwas*, von dem die Welt abhängt, und das wir Gott genannt haben, als ein *einheitliches Irgendetwas* verstehen. Dies bedeutet: *Gott ist ein einziger Gott, nicht zwiespältig oder mehrfach.*

Dies ist das Ergebnis des ersten Schritts unserer Überlegung.

2. Schritt: Gott ist Liebe – Liebe braucht zwei Pole

Wir kommen zum zweiten Schritt: Gott ist Liebe. Das wichtigste, was Gott tut, ist: Gott liebt. Nun ist das Wort Liebe wahrscheinlich genauso missverständlich wie das Wort Gott. Aber klar ist auf jeden Fall: Liebe braucht immer zwei: Vielleicht kann man das mit einem Magnetfeld vergleichen. Für ein Magnetfeld braucht es einen Nord- und einen Südpol. Jeder Magnet hat diese beiden Pole. Die Physik hat es noch nicht geschafft, einen magnetischen Nordpol zu finden, der keinen Südpol als Partner hätte und umgekehrt. Eine Magnetfeldlinie, die aus einem magnetischen Nordpol herauskommt, muss immer zu einem magnetischen Südpol führen; sie kann nicht einfach irgendwo stehen bleiben. So ähnlich ist es mit der Liebe: Sie kann sich nur zwischen zwei Polen entfalten. Eine Liebe, die in sich selbst verschlossen ist und auf sich selbst beschränkt bleibt, ist nicht möglich. Sie wäre keine Liebe. Liebe ist Beziehung, und für Beziehung braucht es zwei. Wenn nun aber Gott vor allem ein liebender Gott ist, stellt sich die Frage: Was sind die beiden Pole, zwischen denen hier die Liebe fließt? Wenn Gott liebt, wer ist dann die Partnerin oder der Partner, der diese Liebe empfängt und zurückgibt? Ein Mensch? Die Menschheit? Irgendetwas anderes in der Welt? Die Welt als Ganze?

3. Schritt: Gott ist einheitlich und Gott ist Liebe? Wie geht das zusammen?

Diese Frage führt uns zum dritten Schritt unserer Überlegung. Die Schwierigkeit besteht nämlich darin, wie wir die Ergebnisse der ersten beiden Schritte zusammenbringen können. Auf der einen Seite sagten wir: Gott ist ein einziger. Auf der anderen Seite sagten wir: Gott liebt. Das heißt: Gott ist in Beziehung. Wenn Gott nicht in Beziehung wäre, wäre Gott nicht Gott (zumindest nicht der Gott, an den die Christen glauben). Die Frage ist nun: Wie gehen diese beiden Seiten zusammen? Wie kann ich an einen einzigen Gott glauben und gleichzeitig glauben, dass dieser Gott ein grenzenlos liebender Gott ist?

In einem stark vereinfachten, auf den zeitlichen Ablauf heruntergebrochenen Bild gesagt: Die Welt gibt es, seit Gott sie geschaffen hat. Wenn Gott aber immer in liebender Beziehung ist, dann muss er schon vor der Erschaffung der Welt in Beziehung gewesen sein. Aber mit wem? Die Welt war noch nicht da, und auch sonst war nichts da, weil Gott ja einzig ist.

4. Schritt: Weil Gott ganz Liebe ist, muss er in dreifachem Sinne Liebe sein. Er ist also liebend ganz eins und gerade deshalb dreifaltig.

Hierauf gibt es im Grunde nur eine mögliche Antwort. Dies ist der vierte Schritt und das Ergebnis unserer Überlegung:
Gott muss bereits in sich selbst Beziehung sein.

Die beiden Pole, zwischen denen sich die göttliche Liebe entfalten kann, müssen beide schon in Gott selbst liegen. Gott ist ein einziger Gott, aber die Einzigkeit Gottes ist keine leblose Eintönigkeit, sondern lebendige Einheit. Liebe gibt es nicht in fruchtloser Einsamkeit. Liebe gibt es nur als dynamische Beziehung. Weil Gott ganz Liebe ist, ist Gott in dreifachem Sinne Liebe: Liebe, die sich schenkt; Liebe, die empfängt; und Liebe, die fließt und sich ausbreitet.

Denken wir nochmals an das Beispiel des Magneten: Es handelt sich um ein einheitliches Ding; er hat einen Nordpol, einen Südpol und er bewirkt ein Magnetfeld. Zwischen diesen drei Dingen kann man unterscheiden, aber sie gehören untrennbar zusammen: Einen magnetischen Nordpol ohne Südpol gibt es nicht, und auch zusammen gibt es die beiden Pole immer nur zusammen mit einem Magnetfeld. So ähnlich ist es, wenn wir sagen: Gott ist auf dreifache Weise Liebe. Traditionell wird das so ausgedrückt, dass Gott *dreifaltig eins* oder *dreieinig* ist. Das heißt aber nicht, dass er gleichzeitig einer und drei wäre, oder dass er dreifach wäre. Es bedeutet einfach: Gott ist bereits *in sich selbst ganz Liebe.*

Diese Überlegung trifft sich wunderbar mit der Erfahrung, die die ersten Christen gemacht haben. – Was allerdings nicht erstaunlich ist, denn die Überlegung sollte ja gerade diese Erfahrung beschreiben: Erstens: Gott ist der Schöpfer von allem, er ist Liebe, die sich selbst verschenkt. Zweitens: Jesus hat sich dieser Liebe Gottes vollkommen geöffnet, er lebt völlig aus seiner Liebesbeziehung zu Gott heraus. Drittens: Die Liebe, die von Gott dem Schöpfer zu Jesus und von Jesus wieder zurückströmt, entfaltet eine Kraft und Wirkung, die auch uns Menschen und die ganze Welt betrifft. Echte Liebe ist fruchtbar, sie kann nicht begrenzt bleiben, sie strahlt aus. Wir alle stehen sozusagen im Kraftfeld dieser göttlichen Liebe. Die ganze Schöpfung verdankt sich dieser überbordenden Liebe. Wir sind in diese göttliche Liebe hineingenommen und haben Anteil an ihr, wir können sie auch für uns empfangen. Und das drücken wir aus, indem wir sagen: Wir empfangen den Heiligen Geist.

Um nochmals das Bild des Magneten zu bemühen: Gott der Schöpfer, die sich selbst verschenkende Liebe entspräche sozusagen dem Nordpol; Jesus, der Sohn

Gottes, der sich der Liebe völlig öffnet und sie empfängt, entspräche dem Südpol; und der Heilige Geist, der das Strömen der göttlichen Liebe bezeichnet, und der auch uns in das Kraftfeld dieser Liebe einbezieht, entspräche dem Magnetfeld. Schöpfergott, Jesus Christus und Heiliger Geist bezeichnen die sich schenkende, die empfangende und die strömende Liebe. Dreifach sind sie doch die eine, einzige Liebe und der eine, einzige Gott.

Der dreieine Gott – Missverständnisse

Zugegeben: Solche philosophischen Überlegungen, wie wir sie gerade angestellt haben, sind nicht ganz einfach zu verstehen. Die ersten Christinnen und Christen haben auch ein paar hundert Jahre gebraucht, bis sie ihren Glauben so weit durchdacht hatten, dass sie ihn gemeinsam in Worte bringen konnten. Letztlich ergibt sich die Vorstellung des dreieinen Gottes aber direkt aus der Erfahrung, dass Gott, der Schöpfer der Welt, jedem von uns in unendlicher Liebe zugetan ist: Aus der lebendigen Erfahrung, dass Gott Liebe ist, folgt, dass Gott drei-einig gedacht werden muss.

Neue Fragen

All diese Überlegungen und Formulierungen führen natürlich sofort zu neuen Fragen: Eine große Streitfrage zwischen der westlichen und der östlichen Christenheit war zum Beispiel lange Zeit, ob man sagen könne, dass der Heilige Geist nur von Gott dem Schöpfer oder auch von Jesus Christus ausgeht (im Magnetbild: ob das Magnetfeld nur von einem Pol zum anderen geht oder ob beide Pole es in gleicher Weise hervorrufen). Ein anderes Beispiel für eine Frage, die sich ergibt, ist: Wenn Jesus der empfangende Teil der göttlichen Liebe ist, muss er dann nicht in irgendeiner Art und Weise auch schon immer, also bevor er als Baby zur Welt kam, dagewesen sein, weil Gott ja die ganze Zeit umfasst? Die Antwort ist natürlich: „Ja", aber die Schwierigkeit besteht darin, diese irgendeine Art und Weise näher zu bestimmen. Es ist hier also nicht anders als in jeder Wissenschaft: Jede Erklärung und jede überzeugende Überlegung werfen wieder neue, tiefere Fragen auf. In diesem Buch können wir diesen Fragen nicht nachgehen. Aber es ist für das Christentum sehr wichtig, dass solche Fragen gestellt werden und dass ihnen auch nachgegangen wird. Der christliche Glaube kommt aus einer lebendigen Erfahrung. Er ist keine Kopfgeburt. Aber die Erfahrung muss kritisch hinterfragt und überprüft werden und sie muss dem Denken standhalten. Deshalb ist es nicht nur erlaubt, sondern sogar erwünscht und notwendig, über den Glauben nachzudenken. Dass man dabei auf schwierige Fragen und Probleme stößt, ist normal. Es wäre schlimm, wenn es anders wäre, denn solche Fragen lassen einen tiefer nachdenken und bringen weiter.

Missverständnisse

Allerdings gibt es im Zusammenhang mit der Dreieinigkeit Gottes nicht nur Probleme, die weiterbringen, sondern auch Missverständnisse, die Hindernisse für das tiefere Verständnis des Glaubens darstellen. Oft liegt das daran, dass philosophische oder theologische Fachbegriffe schwer zu verstehen sind. Am schlimmsten sind dabei nicht die Fachbegriffe, die man gar nicht versteht, sondern diejenigen, die man leicht missversteht, weil man sich etwas anderes darunter vorstellt. Ein Beispiel dafür ist das Wort Schweiß: Jäger meinen damit das Blut des geschossenen Tieres, also etwas ganz anderes als das, was ein Nichtjäger sich unter Schweiß vorstellt. Mit dem Wort Dreieinigkeit ist es ähnlich: Das Wort ist eigentlich nicht kompliziert, aber für normale Menschen klingt es widersprüchlich, so wie hölzernes Eisen oder weißer Rappe. Auch das Wort Person, das in der Lehre von der Dreieinigkeit Gottes eine wichtige Rolle spielt („Gott ist einer, aber er tritt uns in drei Personen entgegen“) ist schwierig. *Person* bedeutet in der theologischen Fachsprache etwas anderes als in der normalen Alltagssprache. Außerdem kommt hier noch dazu, dass dieses Wort im Laufe der Jahrhunderte seine Bedeutung geändert hat. Das kennen wir auch von anderen Wörtern: *toll* meinte früher *krankhaft verrückt*, heute bedeutet es *besonders schön*. Wenn man deshalb heute in einem alten Buch auf das Wort toll stößt, kann man leicht missverstehen, was damit gemeint ist. Das gleiche Problem hat man mit dem Wort Person, das die christlichen Theologen vor 1700 Jahren verwendet haben, um die Dreieinigkeit Gottes zu beschreiben. Es meinte damals etwas anderes als tausend Jahre später oder als heute.

Das schwierigste Hindernis für ein Verständnis des Glaubens an den dreieinen Gott ist aber wahrscheinlich etwas anderes: Man war offenbar so froh, dass man mit der Formel von der Dreieinheit Gottes einen Weg gefunden hatte, wie man den unendlich liebenden Gott beschreiben konnte, dass man über mehrere Jahrhunderte hinweg nur diese Formel weitergab. Leider vergaß man dabei beinahe, dass diese Formel ja im Grunde nur eine griffige Formulierung für eine lebendige Erfahrung darstellte. Das heißt nicht, dass man nicht weiter über die Sache nachgedacht hätte. Im Gegenteil: Man verwendete sogar besonders viel Hirnschmalz auf die Frage, wie genau man sich die Dreieinheit Gottes vorzustellen habe. Aber diese Überlegungen glichen mehr einer immer komplizierter werdenden Mathematik, mit der man das Innere Gottes ergründen wollte. Darüber geriet fast völlig in Vergessenheit, dass die Rede von der Dreieinheit Gottes vor allem uns Menschen betrifft – weil sie nämlich verständlich macht, dass und wie der Urgrund der ganzen Welt ein uns in unendlicher Liebe zugetaner Gott sein kann.

Die Formel von der Dreieinheit Gottes hat nach wie vor ihre Berechtigung. Sie ergibt sich – wir meinen: fast zwingend – aus dem Nachdenken über die christliche Grunderfahrung, dass nicht nur das Ganze der Welt einen Sinn hat, sondern dass auch jede und jeder von uns ganz persönlich, endgültig und ganz und gar geliebt ist. Gott ist Liebe; Liebe in ganzer Vollendung und Liebe für uns. Das ist eine überwältigende Erfahrung! Der dieser Erfahrung entsprechende Gedanke der Dreieinheit Gottes ist kühn, aber das kann nicht verwundern. Worauf es ankommt, ist jedoch nicht so sehr die korrekte Wiedergabe und Weitergabe dieser Formel. Wichtig ist die dahinterstehende und die Formel begründende Erfahrung. Christen denken, dass man Gott richtig beschreibt, wenn man ihn als dreieinen Gott beschreibt: ja, natürlich. – Aber solange das nur Gedanken, Formeln und Worte sind, geht eine solche Beschreibung doch am Wesentlichen vorbei. Entscheidend ist: Die Christen bauen ihr Leben auf Gott, den liebenden Vater, den Grund und Vollender der Welt, der in allem wirksam ist; der in Jesus Christus als Mensch greifbar geworden ist, der sich unendlich zu uns Menschen niedergebeugt hat, um uns zu sich aufzunehmen; der mit seinem heiligen Geist überall in der Welt gegenwärtig ist und jede und jeden von uns im Kraftfeld seiner göttlichen Liebe zu unserer eigenen Vollendung aufblühen lässt.

Zusammenfassung des II. Teils

Über Gott selbst etwas zu sagen, ist schwierig, denn unsere Sprache kann Gott niemals ganz beschreiben. Alles Reden über Gott ist nur eine Annäherung. Gott garantiert den Sinn der Welt; deshalb kann Gott kein Gegenstand in der Welt sein; Gott übersteigt die Welt, Gott ist Schöpfer und Vollender der Welt. Weil Gott jede und jeden von uns persönlich liebt, muss Gott selbst eine Person sein – er tritt uns als ein „Du" entgegen.

Die Erfahrung, persönlich über alle Schranken der Welt hinweg – auch über die Schranke des Todes hinweg – geliebt zu sein, begründet den christlichen Glauben. Diese Erfahrung machten die Anhänger von Jesus. Im Blick auf Jesus erkannten sie deshalb Gott selbst. Andersherum gesagt: In Jesus trat Gott selbst auf die Menschen zu. Gott ist Mensch geworden, oder: Jesus Christus ist Gottes Sohn.

Die Erfahrung von Gottes Gegenwart ist nicht nur in der Begegnung mit Jesus Christus möglich, sondern auch durch das Wirken des Heiligen Geistes. Der Heilige Geist ist die Art und Weise, wie Gott uns – ganz persönlich – nahe sein kann. Gleichzeitig spricht uns der Heilige Geist persönlich an, das heißt auch er tritt uns als ein „Du" entgegen.

Der christliche Glaube besteht in dem Vertrauen darauf, persönlich grenzenlos geliebt zu sein. Im christlichen Verständnis ist Gott deshalb Liebe in ihrer Vollendung. Liebe bedeutet aber immer Beziehung. Als vollendete Liebe ist Gott deshalb bereits in sich selbst Beziehung. Als Schöpfer ist Gott ausströmende Liebe, als Jesus Christus empfangende Liebe und als Heiliger Geist sich weiterschenkende Liebe. Diese drei Aspekte der Liebe können zwar unterschieden, aber nicht voneinander getrennt werden; zusammen machen sie die eine, unteilbare Liebe aus. In diesem Sinne versteht der christliche Glaube auch den einen Gott als drei-einen Gott.

Damit ist der Inhalt des christlichen Glaubens im Grunde vollständig beschrieben. Natürlich kann man noch viel mehr zum christlichen Glauben sagen. Und natürlich kann man über alles, was wir in den drei Kapiteln dieses Teils knapp zu erklären versucht haben, noch viel gründlicher und tiefer nachdenken. Aber dennoch: Alles, was noch dazukommen mag, kann im Grunde nur dazu dienen, diesen Glauben an den schrankenlos liebenden und deshalb dreieinen Gott weiter auszubuchstabieren, näher zu erläutern oder besser erfahrbar zu machen. In diesem Sinne ist der Inhalt des christlichen Glaubens tatsächlich auf den vorhergehenden Seiten vollständig umrissen worden.

Allerdings gilt dies nur für den Inhalt des christlichen Glaubens, nicht für den christlichen Glauben selbst! Der christliche Glaube ist nämlich mehr als sein Inhalt. Allein für sich genommen bliebe dieser Inhalt nur eine Lehre und ein theoretisches Denkgebäude. Ohne eine solche theoretische Seite kommt der christliche Glaube nicht aus. Mindestens ebenso wichtig aber ist die praktische Seite! Der christliche Glaube kommt aus einer lebendigen Erfahrung – geschichtlich gesehen aus der Erfahrung der Anhänger von Jesus, persönlich gesehen aus der Erfahrung jedes Christen. Und weil er aus einer lebendigen Erfahrung kommt, muss der Glaube auch erfahren, gepflegt und gelebt werden. Darum geht es im nächsten Teil dieses Buches.

Teil III

Wie glauben Christinnen und Christen?

In diesem Teil geht es um die Art und Weise des christlichen Glaubens. Christlich glauben bedeutet nämlich nicht nur, irgendwelche Dinge für wahr zu halten. Christlich glauben bedeutet vor allem, auf eine bestimmte Art und Weise durchs Leben zu gehen. Auf die unterschiedlichen Bedeutungen des Wortes Glauben gehen wir im siebten Kapitel ein.
Für die Art und Weise des christlichen Glaubens sind zwei Bereiche wichtig. Auf der einen Seite ist jeder Mensch nämlich eine eigene, unverwechselbare und unersetzliche Persönlichkeit. Auf der anderen Seite kann kein Mensch für sich alleine leben, sondern ist auf Gemeinschaft mit anderen angewiesen. Dies gilt auch für den Glauben und die Art und Weise, ihn zu leben.
In den Kapiteln acht bis zehn geht es deshalb zunächst um die Gemeinschaft der christlich Gläubigen und um die Art und Weise, wie christlicher Glaube in dieser Gemeinschaft gefeiert, gelebt, bezeugt und weitergegeben wird.
Das elfte Kapitel geht dann darauf ein, wie der christliche Glaube das persönliche Leben jedes Christen prägen wird.

7. Glauben

Das Wort glauben und seine vier Bedeutungen

Im vierten Kapitel haben wir gesagt: An Gott glauben heißt: darauf zu vertrauen, dass mein Leben einen Sinn hat. Das Wort glauben meint hier offensichtlich etwas anderes, als wir sonst oft damit meinen. Dass dasselbe Wort Verschiedenes bedeuten kann, kennen wir: Das Wort Krone hat vier Bedeutungen: Es kann eine königliche Kopfbedeckung bedeuten, eine Füllung im Zahn, eine Münze in Schweden oder aber das Astwerk eines Baumes. Es ist nicht schwer, diese vier Bedeutungen auseinanderzuhalten, weil sie sehr unterschiedlich sind. Auch das Wort glauben hat vier verschiedenen Bedeutungen. Diese liegen aber näher beieinander. Dadurch entstehen leicht Missverständnisse. Deshalb wollen wir uns zunächst darüber klar werden, was mit glauben alles gemeint sein kann.

Erstens: glauben = vermuten

Glauben kann heißen: *vermuten*. Wenn ich sage, ich glaube, dass es morgen regnet, heißt das, dass ich vermute, dass es morgen regnen könnte. Sicher bin ich mir nicht. Trotzdem ist der Glaube, dass es regnen wird, nicht einfach ein Nichtwissen über das morgige Wetter. Etwas vermuten kann man nur, wenn man Gründe hat, diese Sache zu vermuten. Das kann beim Regen der Blick aus dem Fenster sein oder der Wetterfrosch, der unten auf der Leiter sitzt. Solche Gründe können gut oder schlecht sein, sie können zutreffen oder nicht zutreffen; aber ohne irgendeinen Grund zu haben, kann ich das Wort glauben in der Bedeutung von vermuten nicht sinnvoll verwenden. In der Religion spielt diese Bedeutung allerdings kaum eine Rolle. Ich glaube an Gott heißt nämlich *nicht*: ich vermute, dass es einen Gott gibt.

Zweitens: glauben = fest von etwas überzeugt sein

Glauben kann heißen: *fest von etwas überzeugt sein*. Wenn jemand sagt, ich glaube, dass Homöopathie wirkt, sagt er damit, dass er überzeugt ist, dass homöopathische Produkte der Gesundheit helfen, auch wenn das wissenschaftlich nicht recht belegt werden kann. Ein anderes Beispiel: Sie glaubt, dass es gut ist, Englisch zu lernen, heißt, dass sie davon überzeugt ist, dass es jemandem nützt, Englisch zu können. Eine solche feste Überzeugung kann den Tatsachen entsprechen oder auch nicht: Jemand kann überzeugt sein, dass es Einhörner gibt, obwohl das vermutlich nicht stimmt, und jemand anderes ist überzeugt davon, dass Vitamine gesund sind, und das stimmt wahrscheinlich wirklich.

Im Übrigen gilt für die allermeisten Fälle, wo wir sagen, dass wir etwas wissen, dass wir eigentlich besser sagen sollten, dass wir davon überzeugt sind. Wenn ich zum Beispiel sage: „Ich weiß, dass der Mount Everest der höchste Berg der Erde ist“, dann ist dieses Wissen, strenggenommen, nur meine Überzeugung. Nachgemessen habe ich es nämlich nicht, und ich könnte es auch gar nicht nachmessen, denn dazu bräuchte es komplizierte Geräte, die ich nicht bedienen kann. Natürlich kann ich darauf verweisen, dass andere das nachgemessen haben, die wissen, wie so etwas geht. Aber das bedeutet ja nur, dass ich erstens überzeugt bin (also glaube!), dass diese anderen die Höhe wirklich messen können, und dass ich ihnen zweitens vertraue (also nochmals glaube!), dass sie das auch richtig gemacht und außerdem richtig weitergesagt haben (zum dritten Mal ein Glaube!). Wenn man das so betrachtet, bleibt von dem, was wir sicher zu wissen glauben, nicht allzu viel übrig. Letztlich beruht sogar in der strengen Wissenschaft vieles auf Überzeugungen, also auf Glauben. Wir haben es in Kapitel sechs schon gesagt: Die Wissenschaft geht davon aus, dass sich der Fall eines Apfels mit mathematischen Formeln sinnvoll beschreiben lässt, oder dass zwei Äpfel, wenn alle Bedingungen gleich sind, auf genau die gleiche Art vom Baum fallen und so weiter. Diese Überzeugung ist Voraussetzung jeder Wissenschaft. Streng beweisbar ist sie nicht; sie ist ein Glaube – allerdings ein höchst vernünftiger Glaube!

Natürlich gibt es andererseits auch Überzeugungen, die absolut unvernünftig sind – beispielsweise alle möglichen Verschwörungstheorien. Wenn wir deshalb von Glauben im Sinne von fester Überzeugung sprechen, kommt es darauf an, zu prüfen, ob ein solcher Glaube vernünftig ist oder nicht. Wenn ein Verschwörungstheoretiker glaubt, dass unsere Politik von Marsmenschen ferngesteuert wird (nichts ist so dumm, dass manche Menschen nicht doch fest davon überzeugt wären!), kann man das kaum im strengen Sinn widerlegen – aber man wird viele gute Gründe finden, eine solche Überzeugung als absolut unvernünftig zurückzuweisen. Umgekehrt: Wenn eine Wissenschaftlerin glaubt, dass sich vieles, was in der Welt passiert, in der Sprache der Mathematik angemessen beschreiben lässt, wird man auch das nicht im strengen Sinne beweisen können – aber es gibt viele Gründe, diese Überzeugung höchst vernünftig zu finden.

Auch im religiösen Bereich wird das Wort glauben im Sinne von fest überzeugt sein gebraucht – meist dann, wenn vom Inhalt des Glaubens die Rede ist. Christinnen und Christen glauben beispielsweise daran, dass Gott dreifaltig einer ist – das heißt sie sind davon überzeugt, dass es stimmt, dass der eine Gott ihnen in dreifacher Weise entgegentritt. Wir denken, dass dieser Glaube vernünftig ist, und haben in Kapitel sechs auch versucht, Gründe dafür anzugeben. In jeder Religion geht es auch um feste Überzeugungen, also um Glauben in diesem zweiten Sinne. Trotzdem sind wir mit dieser zweiten Bedeutung von Glauben noch nicht bei der Bedeutung, die für das Christentum die wichtigste ist.

Drittens: glauben = vertrauen

Glauben kann vertrauen heißen. Wenn ich sage: „Ich glaube dir", meine ich damit in aller Regel nicht: „Ich vermute, dass es stimmt, was du sagst", und auch nicht so sehr: „ich bin fest überzeugt davon, dass du recht hast". Sondern ich meine damit: „Ich bin sicher, dass du mich nicht anlügen würdest. Ich vertraue dir." Wenn ich das Wort glauben in diesem Sinne verwende, steht nicht mehr so sehr im Vordergrund, was der andere gesagt hat. Es geht vielmehr um die Beziehung zwischen zwei Menschen – eben um das Vertrauen. Hier kommen wir der eigentlichen christlichen Bedeutung des Wortes Glaube schon viel näher!

Viertens: glauben = sein Leben auf etwas oder jemanden bauen

Glauben kann auch bedeuten, sein Leben auf etwas oder auf jemanden bauen. Wenn beispielsweise eine junge Ehefrau zu ihrem Mann sagt: „Ich glaube an uns zwei"; dann meint sie: „Ich setze alles darauf, dass unsere Ehe eine Zukunft hat; ich baue mein Leben auf unsere Beziehung." Diese Bedeutung des Wortes glauben ist also eher für große Dinge und wichtige Momente reserviert. Allerdings gibt es auch Leute, für die ein Popstar oder ein Fußballverein das Wichtigste im Leben ist; die könnten dann auch sagen: „Ich glaube an meinen Fußballverein", und meinen damit, dass ihr persönliches Glück wirklich davon abhängt, wie der Verein spielt. Wenn dann die Meisterschaft verloren geht, bricht für solche eingefleischte Fans vielleicht wirklich ihre Welt zusammen. Für den christlichen Glauben jedenfalls ist diese vierte Bedeutung des Wortes Glauben die wichtigste. An Gott zu glauben heißt für Christinnen und Christen, ihr ganzes Leben auf Gott zu bauen und zu wissen, dass für den Sinn ihres Lebens alles von Gott abhängt – und dass Gott sie nicht enttäuschen wird.

Wir kommen gleich darauf zurück, was das dann weiter bedeutet. In diesem Abschnitt ging es nur darum, zu erklären, dass das Wort glauben ganz verschiedene

Bedeutungen haben kann. Denn dies muss man im Kopf behalten, wenn vom christlichen Glauben die Rede ist, sonst kommt es leicht zu Missverständnissen.

Was glauben und *wie* glauben: Die zwei Seiten des christlichen Glaubens

Das, was wir gerade erläutert haben, hilft uns zu verstehen, dass der christliche Glaube sozusagen zwei Seiten hat:

Was man glaubt

Die erste Seite ist das, was man glaubt, also der Inhalt des Glaubens. Die wichtigsten Inhalte des christlichen Glaubens haben wir in Teil II dieses Buches erläutert. Christen glauben diese Inhalte; das bedeutet, dass sie fest überzeugt sind, dass das, was da über den Menschen, die Welt und Gott gesagt ist, stimmt. Glauben bedeutet hier also fest überzeugt sein – das ist die zweite Bedeutung des Wortes Glauben, wie wir sie gerade beschrieben haben. Wenn man von etwas überzeugt ist (das heißt: wenn man etwas glaubt), sollte man vernünftige Gründe dafür angeben können, dass es auch stimmt. Tatsächlich haben die Christen von Anfang an über den Inhalt ihres Glaubens diskutiert und versucht, diesen Glauben auch vernünftig zu begründen. Diese Diskussion geht auch heute noch weiter. Heutige Menschen stellen andere Fragen als die Menschen vor 2000 oder vor 100 Jahren; deshalb müssen Christen immer wieder neu überlegen, wie sie das begründen, was sie glauben, und wie sie die Inhalte ihres Glaubens heute vernünftigerweise formulieren müssen.

Wie man glaubt

Die zweite Seite des christlichen Glaubens ist die Art und Weise, wie man glaubt. Der Glaube an Gott ist für die Christen nicht nur eine Theorie, sondern etwas ganz Praktisches; etwas, das ihr ganzes Leben bestimmt und umfasst. Glauben bedeutet hier also: sein Leben auf etwas bauen – das ist die vierte Bedeutung des Wortes glauben, wie wir sie oben beschrieben haben. Natürlich sollte man sein Leben nicht auf etwas bauen, das unvernünftig wäre. Aber sein Leben ganz und gar einer Sache zu verschreiben, ist doch etwas, was über reine Vernunft hinausgeht. Die guten Eigenschaften eines Menschen zu analysieren und zu beschreiben, ist das eine; sich in diesen Menschen zu verlieben und sich auf eine Beziehung mit ihm einzulassen, die mein Leben prägt und verändert, ist etwas anderes. Und genau um so etwas anderes geht es bei dieser zweiten Seite des christlichen Glaubens: Es geht darum, mein Leben ganz auf Gott zu bauen und mich auf eine Beziehung mit Gott einzulassen, die mein Leben prägen und verändern wird.

Herz und Kopf gehören zusammen

Man kann vielleicht sagen: die erste Seite des christlichen Glaubens betrifft eher den Kopf, die zweite eher das Herz und den Bauch und das ganze Leben. Aber diese beiden Seites lassen sich nicht trennen: Wer in seinem Leben ganz auf Gott baut, der kommt nicht darum herum, sich irgendwann auch Gedanken über den Inhalt seines Glaubens zu machen. Und umgekehrt hilft das klügste Nachdenken über christliche Glaubensinhalte nichts, wenn der Glaube dann keine Bedeutung und Auswirkung für mein Leben hat. Kopf und Herz gehören also beim Glauben untrennbar zusammen. Aber wenn man sagen sollte, welche von den beiden Seiten des Glaubens die wichtigere ist, dann wäre die Antwort doch klar: Letztlich kommt es darauf an, mit dem Herzen zu glauben.

Dieser zweiten Seite des christlichen Glaubens, sozusagen der Herzensseite, sind die nachfolgenden Kapitel dieses Teils III gewidmet.

Glauben und Leben

Kein Kopfglaube ohne Herzglaube

Wenn sich ein Gespräch über den christlichen Glauben ergibt, geht es – so ist unsere Erfahrung – in den allermeisten Fällen um die Inhalte des Glaubens. Diese Inhalte sind wichtig; man soll über sie nachdenken, über sie reden und sich den Kopf zerbrechen! Aber wie gesagt: Noch wichtiger als diese Kopfseite des Glaubens ist seine Herzensseite. Und deshalb ist es schade, dass Gespräche über den Glauben so oft bloß an den Glaubensinhalten hängen bleiben. Mehr noch: Es ist nicht nur so, dass eine Hälfte fehlt, wenn die Herzensseite nicht in den Blick kommt! Auch die andere Hälfte, die Kopfseite, kann nämlich nicht recht verstanden werden, wenn man sie für sich alleine betrachtet. Denn der christliche Glaube kommt – wir haben das nun schon ein paar Mal gesagt – nicht aus reinem Nachdenken, sondern aus einer lebendigen Erfahrung!

Wenn mir jemand beweist, dass 5 mal 3 das Gleiche ergibt wie 3 mal 5, oder dass die drei Winkel eines Dreiecks zusammen 180 Grad ergeben, dann kann ich irgendwann sagen: okay, kapiert! Hierzu brauche ich kein Herz, sondern nur meinen Kopf. Aber wenn mir jemand erklärt, dass ich auf immer in unendlicher Liebe geborgen bin, dann reicht es nicht aus, zu sagen: verstanden! Solange ein solches Verstehen nur den Kopf betrifft, ist es kein Glauben. Der Glaube braucht den ganzen Menschen: Kopf und Herz, Verstand und Wille, Geist und Seele, Bauch und Körper. Denn beim Glauben geht es nicht um irgendeine Theorie über den Aufbau der Welt. Es geht um mich. Ganz konkret um mich, mit all meinen Stärken und Schwächen, meinen guten und meinen schlechten Seiten. Deshalb ist das Wichtige nicht, irgendeine Lehre, also einen Glaubensinhalt, auswendig zu wissen oder zu verstehen. Wichtig ist, zu spüren, dass ich beim Glauben selbst gefragt bin. Wichtig ist die lebendige Erfahrung, dass mein Leben in Liebe geborgen ist und dass Gott wirklich mich ganz persönlich meint und anspricht. Wenn ich diese Erfahrung nicht (zumindest ein kleines bisschen) gemacht habe, bleibt alles Reden über Glaubensinhalte hohl. Es ist dann, wie wenn ich einen Satz in einer fremden Sprache vorlese, von der ich vielleicht die Aussprache perfekt beherrsche, von der ich aber nicht weiß, was die Sätze bedeuten, die ich sage. Alles Reden über Glaubensinhalte wird erst dann sinnvoll, wenn es auf einer lebendigen Erfahrung aufbaut.

Glaube prägt das Leben

Und dann geht es weiter: denn der Glaube kommt nicht nur aus einer lebendigen Erfahrung, sondern er drängt auch wieder hin zum wirklichen Leben. Man hört von Christen, die gehen am Sonntag brav in die Kirche und sind eine Stunde lang fromm, aber den Rest der Woche spielt der christliche Glaube für ihr Leben keine Rolle. Wenn es solche Leute wirklich gibt, dann wäre ihr Glaube auch am Sonntag nicht echt! Denn wenn jemand wirklich als Christin oder als Christ glaubt, dann betrifft dieser Glaube jeden Tag und durchdringt das ganze Leben.

Wer schon einmal verliebt war, kennt das: Natürlich sind dann die Momente das Schönste, wenn ich mit dem geliebten Menschen zusammen bin! Aber auch mein ganzes anderes Leben strahlt dann in einem anderen Licht. Das heißt nicht, dass ich andauernd nur an mein Verliebtsein denke – aber es geht mir einfach anders, wenn ich verliebt bin. Ein Regentag bleibt dann zwar ein Regentag, aber ich werde pfeifend durch diesen Tag gehen. Wenn mir ein Missgeschick passiert, bleibt das ärgerlich, aber ich werde es mir nicht allzu sehr zu Herzen nehmen. Wenn mir jemand blöd kommt, werde ich nicht zurückschießen, sondern ihn vielleicht sogar anlächeln. Und wenn mir etwas wirklich Schlimmes widerfahren sollte, werde ich

darüber zwar traurig sein, aber doch Trost finden beim Gedanken an meinen Lieblingsmenschen. Ähnlich ist das, wenn nach einer Weile die große Verliebtheit vorbei ist und ich vielleicht seit Jahren glücklich verheiratet bin. Wenn ich weiß, dass es jemand gibt, mit dem ich schon durch dick und dünn gegangen bin, der mich mit all meinen Gewohnheiten und Launen kennt, und der zu mir hält, egal was kommt, dann schenkt mir das eine Gelassenheit, die mich anders durchs Leben gehen lässt, auch wenn ich nicht ständig mit meinem Ehepartner zusammen bin und, zum Beispiel an meinem Arbeitsplatz, auch nicht ständig an ihn denke. So ähnlich ist das mit dem Glauben: je vertrauter ich mit ihm werde und je länger ich mich in ihn einübe, desto mehr wird er mein ganzes Leben prägen, auch wenn er nicht ständig im Vordergrund steht und ich nicht ständig an ihn denke.
Zugegeben: So ganz gelingt das natürlich nie; auch die (wenn man mal so sagen will) „besten" Christen leben nicht die ganze Zeit so, dass man merkt, dass sie sich bedingungslos angenommen und geliebt fühlen. Aber umgekehrt gilt auch: Wenn man einem Menschen niemals anmerkt, dass er sich geliebt und bei Gott geborgen weiß, und wenn er vor allem selbst es niemals zumindest ein kleines bisschen spürt, dass er geliebt ist und bei Gott geborgen ist – dann kann man kaum sagen, dass dieser Mensch eine gläubige Christin oder ein gläubiger Christ wäre. (Zum Glück dürfte es allerdings höchst selten vorkommen, dass jemand wirklich niemals in seinem Leben zumindest ein wenig Liebe oder zumindest Sehnsucht nach Liebe spürt ...)

Den Glauben empfangen und den Glauben weitergeben

Der Glaube ist ein Geschenk

Gerade sagten wir es noch einmal: Der christliche Glaube kann nur aus einer Erfahrung kommen und muss dann im Leben weiterwachsen. Das bedeutet aber auch: Ich kann mir diesen Glauben nicht selbst verschaffen! Es lohnt sich, über diesen Punkt nachzudenken. In unserer Konsum- und Leistungsgesellschaft scheint nämlich eine andere Regel zu gelten: Alles hat dort seinen Preis, um den es gekauft werden kann. Und wenn mir etwas zu teuer ist, kann ich versuchen, „mehr zu leisten", zu sparen und es mir verdienen. Für den Glauben (und, nebenbei bemerkt, für einige andere wichtige Dinge auch ...) gilt das nicht. Der Glaube kann nicht verdient werden. Er kann nur empfangen werden wie ein Geschenk.

Die Erfahrung, ohne Bedingung angenommen und ohne Vorbehalt geliebt zu sein, verdanke ich immer anderen, in den meisten Fällen wohl meinen Eltern, manchmal guten Freundinnen, vielleicht meinem Partner. Und dass in der Begegnung mit Jesus Christus die Erfahrung geschenkt wird, dass diese Liebe jedes menschliche Maß übersteigt, dass diese Liebe der tiefste Grund des Universums ist und meinem Leben und der ganzen Welt einen „ewigen" Sinn garantiert – das muss mir von anderen bezeugt werden, das kann ich nicht aus mir selbst heraus entdecken. Das heißt: Wenn jemand als Christin oder als Christ glaubt, dann verdankt er das immer anderen. Christin oder Christ zu sein, ist nie eine Leistung, auf die ich stolz sein könnte. Es ist immer ein Geschenk, für das ich dankbar sein darf.

Der Glaube ist eine Aufgabe

Allerdings bekommt niemand den Glauben sozusagen fix und fertig geschenkt. Das geht nicht, weil Glaube etwas Lebendiges ist, und weil lebendige Dinge nie fix und fertig sind, sondern sich immer entwickeln. Weil christlicher Glaube etwas Lebendiges ist, muss er gepflegt werden, damit er wachsen kann.

Vielleicht kann man es so sagen: Das Samenkorn des Glaubens ist immer ein Geschenk, das ich anderen verdanke. Auch wenn das Samenkorn aufgegangen ist, gibt es in den meisten Fällen glücklicherweise andere, die mir helfen, den jungen Keim zu gießen. Aber je weiter die Pflanze wächst, desto mehr werde ich selbst verantwortlich dafür, sie zu pflegen: Ich muss ihr den Boden bereiten und Nährstoffe zukommen lassen, ich muss darauf achten, dass sie genügend Wasser und Sonne abbekommt, ich muss schauen, dass sie nicht von Unkraut überwuchert oder von Schädlingen befallen wird, ich muss vielleicht dürr gewordene Teile entfernen, faule Stellen ausschneiden, Wunden versorgen, Wassertriebe entfernen, und so weiter. Und so ist es beim Glauben auch: ich muss ihn pflegen. Oder in einem anderen Bild: Ich muss mich in den Glauben einüben. Und weil mich das Leben immer vor neue Situationen stellt, ist dieses Einüben auch nie zu Ende. Außerdem sieht es für jeden anders aus, weil jeder im Leben andere Herausforderungen zu meistern hat.

Es gibt Menschen, von denen alle (auch sie selbst vermutlich) gedacht hatten, dass sie „gute Christinnen oder Christen" seien, und die dann in vorgerücktem Alter plötzlich nochmals einen ganz neuen, viel direkteren und tieferen Zugang zum Glauben gefunden haben. Anderen wird ihr Glaube nach vielen Jahren plötzlich fraglich, weil er nicht mehr zu einer neuen Lebenssituation oder Erfahrung zu passen scheint. Oft ist es dann sogar ein gesundes Zeichen, wenn man sich von einem zu eng gewordenen Glauben lossagt, um hoffentlich später zu einer gereifteren, tieferen Form des Glaubens zu finden. Aber natürlich gibt es auch viele, die einfach von Kindesbeinen an in den Glauben hineinwachsen, und deren Glauben mit ihrer geistigen und seelischen Entwicklung mitwächst und reifer wird. Es gibt so viele Glaubenswege, wie es Menschen gibt. Nur ein Stehenbleiben im Glauben kann es eigentlich nicht geben; denn ein festgefahrener Glaube, der sich nicht berühren lässt von dem, was einem Menschen widerfährt, ein Glaube, der immer sofort eine Antwort parat hat und alles in ein vorgegebenes Schema presst, ist ein starrer und toter Glaube – und damit kein christlicher Glaube mehr.

Den Glauben wachsen lassen

Auch wenn also jeder Mensch seine ganz persönliche Glaubensgeschichte hat, gilt doch (fast) immer: Mein Glaube kann nur wachsen, wenn ich ihn wachsen lasse. Ich kann das Geschenk des Samenkorns auch von vornherein ausschlagen, ich kann den jungen Keim mutwillig vertrocknen lassen oder ihm aus Nachlässigkeit nicht genügend Nahrung geben, ich kann das Unkraut ihn ersticken lassen, Schädlinge eindringen lassen oder den notwendigen Pflegeschnitt versäumen. Es gibt viele Möglichkeiten, das Wachsen des Glaubens zu verhindern. Es bleibt eine lebenslange Aufgabe, seinen Glauben zu pflegen und sich ins Christsein einzuüben. Wir kommen später darauf zurück.

Auf eines wollen wir aber jetzt schon hinweisen: Weil es beim Glauben um mich und mein Leben geht, kann ich nicht zur Probe glauben oder unverbindlich testen, wie sich der Glaube so anfühlt. Es ist wie beim Schwimmen: Ich kann das Wasser chemisch analysieren und seine Temperatur messen, ich kann mir Filme über das Schwimmen anschauen, ich kann Schwimmbewegungen auf dem Trocknen üben – das alles ist eine schöne Einstimmung, aber es hilft nicht: Irgendwann muss ich selbst in den See springen, die Arme ausbreiten, spüren, dass das Wasser mich trägt, ein Gefühl entwickeln dafür, wie ich mich bewegen muss. Ich werde auch Wasser schlucken, wenn eine unvermutete Welle kommt, ich werde merken, dass es gefährliche Strömungen gibt, ich werde fühlen, dass es Kraft kostet, vorwärts zu kommen. Aber gleichzeitig werde ich erfahren, wie beglückend es ist, wenn die Bewegungen immer geschmeidiger werden, wenn das Wasser mich trägt und umspült ... Beim Glauben ist es ähnlich: Ich muss mich ganz auf ihn einlassen. Ich muss nichts weniger als mich selbst in die Waagschale legen und mich selbst riskieren. Nur wenn ich mein Leben wirklich ganz auf Gott baue, kann ich erfahren, wie es ist, ganz von Gott getragen zu werden.

Der Glaube ist ein unverdientes Geschenk und gleichzeitig eine lebenslange Aufgabe und ein Abenteuer – so können wir zusammenfassen, was wir gerade gesagt haben.

Empfangen und weiterschenken

Hinzufügen müssen wir noch, dass es beim Glauben nie nur um einen selbst geht. Denn so wie sie selbst den Glauben von anderen geschenkt, vorgelebt und zugesagt bekommen haben, werden Gläubige ihren Glauben immer auch weitergeben. Das bedeutet nicht, dass sie versuchen müssten, andere Leute zu überreden, irgendwelche Lehren für wahr zu halten. Aber wer erfahren hat, dass sein Leben einen Sinn hat, der weiß, dass auch das Leben anderer Menschen einen Sinn hat, und wird diese dementsprechend behandeln. Auf diese Weise schenkt er die Erfahrung eines sinnvollen Lebens weiter – der Samen, aus dem auch bei anderen Menschen der Glaube wachsen kann.

Man kann den christlichen Glauben nicht einfach nur besitzen und ins Regal stellen oder in seinem Herzen vergraben! Glaube muss empfangen, gelebt und weitergereicht werden. Den Glauben empfangen bedeutet schon, ihn zu leben. Ihn zu leben bedeutet, ihn täglich neu zu empfangen. Und wer den Glauben lebt, lebt ihn immer auch anderen vor. Es ist ein gegenseitiges Empfangen und Schenken – so wie alles Leben ein dauerndes Geben und Nehmen ist.

8. Die Gemeinschaft der Gläubigen: die Kirche

Wir haben im vorhergehenden Kapitel versucht, den Unterschied zwischen der Was-Seite und der Wie-Seite des Glaubens zu erklären. Es ist schon angeklungen: Die Wie-Seite des Glaubens ist eine persönliche Sache, aber sie hat auch viel mit anderen zu tun. Jede und jeder muss für sich selbst glauben, aber niemand kann für sich alleine glauben. Deshalb geht es nun in den Kapiteln acht bis zehn zunächst um das gemeinschaftliche Glaubensleben. Im elften Kapitel gehen wir dann auf das persönliche Leben aus dem Glauben ein.

Kein Mensch kann allein leben. Kein Mensch kann allein glauben

Glaube geht nur in Gemeinschaft

In fast allem, was wir Menschen sind und haben, sind wir auf andere angewiesen. Das fängt mit unserem Leben an: Wir verdanken es unseren Eltern. Auch nach der Geburt wären wir schnell zugrunde gegangen, wenn sich niemand um uns gekümmert hätte. Als Jugendliche oder Erwachsene bleiben wir ebenfalls auf andere angewiesen. Die wenigsten von uns könnten auf einer einsamen Insel länger als ein paar Tage oder Wochen überleben. Aber es geht nicht nur ums Überleben: Fast alles, was wir können, haben wir von anderen gelernt: Vieles direkt von Lehrerinnen und Lehrern, anderes indirekt aus Büchern oder auf anderen Wegen. Unser Charakter bildet sich heraus, indem wir uns mit anderen auseinandersetzen. Die meisten unserer Talente können nur zur Geltung kommen, weil es andere Menschen gibt. Ein Fußballstar verdient nur deshalb Millionen, weil andere Menschen ihm beim Fußballspielen zuschauen. Ähnlich gilt das für eine erfolgreiche Geschäftsfrau oder eine gefeierte Sängerin: Ohne andere Menschen könnten ihre Talente sich nicht entfalten. Ohne andere Menschen wären sie nicht, was sie sind, und hätten nicht, was sie haben. Genau wie wir alle. Wir Menschen sind Gemeinschaftswesen. Ohne Gemeinschaft könnten wir nicht sein.

Dies gilt auch für den Bereich des Glaubens – hier vielleicht sogar besonders. Wir bekommen den Glauben immer von anderen Menschen vermittelt. Auch das Klima, in dem unser Glaube wachsen und sich entfalten kann, wird von anderen

Menschen mitbestimmt: Das können Großeltern sein, die mit ihrem Enkelkind beten, eine Mutter, die ihrem Kind von Jesus erzählt, ein Vater, der sein Kind mit in die Kirche nimmt. Aber auch Lehrer, die kritischen Schülern Rede und Antwort stehen; Priester, Klosterfrauen, und andere, die mit einer Lebensentscheidung für ihren Glauben einstehen; Christen, die aus ihrem Glauben heraus anderen Menschen helfen, denen ihr Glaube Kraft gibt, sich für die Rechte anderer einzusetzen; Freundinnen und Freunde, mit denen man Glaubenserfahrungen teilt und darüber diskutiert.

Das Weitergeben des Glaubens ist aber keine Einbahnstraße. Als Eltern haben wir gemerkt, dass wir unseren Glauben selbst viel besser verstanden haben, als wir versucht haben, ihn unseren Kindern zu erklären! Wahrscheinlich wird jeder Lehrer oder Seelsorger das bestätigen: Mein Glaube wird reifer und tiefer, wenn ich ihn mit anderen teile. Glaube ist also zwar eine ganz persönliche Erfahrung und Angelegenheit – gleichzeitig hat Glaube aber immer mit Gemeinschaft zu tun. Ohne Gemeinschaft könnten wir nicht sein, ohne Gemeinschaft könnten wir nicht glauben, ohne Gemeinschaft könnten wir unseren Glauben nicht leben.

Glaube ist eine ganz persönliche Angelegenheit

Religion wird heute oft als Privatsache betrachtet. Richtig daran ist, dass niemand einem anderen vorschreiben darf, was und wie er glauben soll. Aus christlicher Sicht kann das gar nicht anders sein! Etwas glauben bedeutet ja zunächst, fest überzeugt sein von etwas. Eine Überzeugung kann man aber niemandem vorschreiben, selbst wenn man das wollte. Auch die zweite (wichtigere!) Seite des christlichen Glaubens, nämlich die Art und Weise des Glaubens, kann man niemandem befehlen: Glauben heißt sein Leben auf Gott bauen und Gott zu vertrauen – aber Vertrauen lässt sich nicht erzwingen. Niemand kann also zum Glauben gezwungen werden.

Christlich glauben kann man nur mit innerer Zustimmung. Deshalb ist christlicher Glaube immer eine Angelegenheit, die mich als Person betrifft – eine ganz persönliche Angelegenheit also. Von außen erzwingen ließe sich höchstens ein bestimmtes Verhalten: Zum Beispiel könnte es ein Gesetz geben, das die Angehörigen eines Staates zwingt, religiöse Kleidungsgewohnheiten zu beachten. Oder es könnte ein gesellschaftlicher Druck bestehen, sich regelmäßig in der Kirche blicken zu lassen. Beides ist abzulehnen – gerade auch aus christlicher Sicht! Denn jeder äußere Zwang ist schädlich für den Glauben. Innere Zustimmung lässt sich nicht erzwingen. Es ist wahrscheinlich sogar umgekehrt: Wer gezwungen wird, etwas zu tun, dem wird es schwerfallen, dieser Sache auch innerlich zuzustimmen. Man könnte also Menschen zwar dazu zwingen, sich zu einem Gebet zu versammeln – aber ein Gebet, das ohne innere Zustimmung verrichtet wird, ist aus christlicher Sicht nur hohles Geplapper. Für den christlichen Glauben wäre dadurch nichts gewonnen, im Gegenteil. Deshalb ist es gut, dass bei uns in Europa der Staat keine Religion vorgibt und dass es auch nur noch selten einen gesellschaftlichen Druck gibt, sich religiös zu verhalten. Das ist leider nicht in allen Ländern so, und es war auch bei uns früher oft nicht der Fall. Aus christlicher Sicht ist es ein großer Fortschritt, wenn weder der Staat noch sonst jemand versucht, ein bestimmtes religiöses Verhalten vorzuschreiben. In diesem Sinne ist es also gut, dass Religion bei uns heute als Privatsache angesehen wird.

Glaube ist nie ganz privat

Auf der anderen Seite bleibt richtig, was wir oben gesagt haben: Wir Menschen sind Gemeinschaftswesen. Alles, was wir tun, hat Auswirkungen auf andere. Auch wenn ich mir ganz privat eine Tafel Schokolade kaufe, hat das Auswirkungen auf andere: Der Supermarkt verdient Geld, der Bauer, der Milch und Zucker produziert hat, und auch die Firma, die in einem fernen Land eine Kakaoplantage betreibt. Hätte ich statt der Schokolade einen Müsliriegel gekauft, wären diese alle leer ausgegangen und andere hätten daran verdient. So trägt auch meine Tafel Schokolade dazu bei, dass bestimmte Menschen Arbeit haben, andere aber nicht. Auch meine kleine Nascherei betrifft also andere Menschen – sie ist gar nicht ganz privat.

Mit dem Glauben und mit jeder Überzeugung, die jemand hat, ist es genauso. Wenn ich christlich glaube, beeinflusst das ganz unweigerlich meine innere Einstellung und alles, was ich tue. Was ich tue und in welchem Geist ich etwas tue, betrifft aber immer auch andere Menschen, es geht gar nicht anders. In diesem Sinn ist christlicher Glaube niemals reine Privatsache und es kann auch niemand vorschreiben, dass Religion als reine Privatsache anzusehen wäre. Ein Staat könnte höchstens religiöse Verhaltensweisen verbieten. Das wäre allerdings genauso schlimm, wie wenn er versucht, solche Verhaltensweisen vorzuschreiben.

Der christliche Glaube ist also immer etwas ganz Persönliches, aber niemals etwas rein Privates. Kein Christ kann für sich alleine glauben. Der christliche Glaube verdankt sich immer der Begegnung mit anderen Menschen. Nur gemeinsam mit anderen Menschen kann er gelebt werden und nur in der Auseinandersetzung mit anderen Menschen kann er wachsen.

Glauben in Gemeinschaft: Die Kirche

Man kann nur in Gemeinschaft christlich glauben. Die Gemeinschaft der Gläubigen ist es, die den christlichen Glauben mit Leben erfüllt und weitergibt. Diese Gemeinschaft aller christlich Gläubigen nennt man Kirche. (Erst in einer zweiten Bedeutung bezeichnet Kirche auch das Gebäude, in dem sich die Gläubigen versammeln.) Das Wort Kirche geht auf das griechische Wort *küriakon* zurück, welches bedeutet: zum Herrn (also zu Jesus Christus) gehörig. Das passt gut: Zur Kirche gehören alle, die zu Jesus Christus gehören. Aber wer ist das genau?

Wer gehört zur Kirche?

Vergessen wir zunächst mal alles, was wir vielleicht schon mit dem Wort Kirche verbinden – also katholisch, evangelisch und so weiter. Bleiben wir einfach bei dem, was wir gerade gesagt haben: Kirche ist die Gemeinschaft aller christlich Gläubigen. Die Grenzen dieser Kirche zu bestimmen, ist gar nicht so einfach. Es ist ein bisschen, wie wenn man die Waldgrenze im Gebirge bestimmen will. Das ist die Höhe, ab der kein Wald mehr wächst, sondern nur noch Gräser oder ein paar Büsche. In den Alpen verläuft diese Grenze bei ungefähr 1800 bis 2000 Höhenmetern. Bei 1000 Metern steht man jedenfalls noch im dichten Wald und auf 3000 Metern gibt es nur noch Felsen und Schnee. Irgendwo dazwischen muss die Waldgrenze liegen. Aber wo genau? Es gibt Gegenden, wo die Waldgrenze deutlich nach oben oder unten verschoben ist. Noch komplizierter wird es, wenn wir auf andere Gebirge schauen: Im argentinischen Feuerland wächst schon bei 500 Metern kein Baum mehr und im Himalaya streift man noch auf 4000 Metern durch den Wald. Kann man die Waldgrenze also gar nicht so allgemein angeben, sondern muss sie für jeden Ort eigens bestimmen? Aber was macht man, wenn irgendwo über dem eigentlichen Wald noch ein Grüppchen mit ein paar kleinen Bäumen steht? Soll man dann die ganze Waldgrenze höher ansetzen oder erklärt man diese Bäume für eine Ausnahme, also sozusagen für ein Wäldchen jenseits der Waldgrenze? Oder schließt man sie aus und sagt, dass sie nicht mehr dazugehören? Die Waldgrenze allgemein und exakt zu bestimmen, ist jedenfalls nicht einfach! Genauso ist es mit den Grenzen der Kirche. Natürlich gibt es Menschen, die ganz sicher zur Kirche gehören, und andere, die sicher nicht dazugehören wollen. Aber viele stehen vielleicht auch an der Grenze?

In Deutschland könnte man sagen: Zur Kirche gehört, wer die Kirchensteuer bezahlt. Aber so einfach ist das nicht: erstens ist die Kirchensteuer nur eine typisch deutsche Regelung und zweitens kann man sich die Zugehörigkeit zu Jesus Christus ganz sicher nicht kaufen, indem man eine Art Mitgliedsbeitrag bezahlt. Besser wäre es deshalb schon zu sagen: Zur Kirche gehört, wer im Namen von Jesus Christus getauft ist. (Was taufen ist, erklären wir später). Aber auch hier bleiben Fragen offen: Glauben braucht innere Zustimmung. Zur Gemeinschaft der Gläubigen kann deshalb nur gehören, wer diesen Glauben innerlich bejaht, und das tut vielleicht nicht jeder, der äußerlich getauft wurde. Umgekehrt gibt es Menschen, die nicht getauft wurden, die aber sicher dazugehören: Jesus selbst beruft sich zum Beispiel auf den Gott Abrahams, Isaaks und Jakobs; damit gehören diese drei Menschen aus der Geschichte des jüdischen Volkes sicherlich auch zu Jesus, obwohl sie nie getauft worden sind – und auch Maria, die Mutter von Jesus, ist nicht getauft worden, zumindest wird davon nirgends berichtet. Halten wir also fest: So ganz genau wissen wir nicht, wo die Grenze der Kirche verläuft. Aber das ist nicht weiter schlimm. Wir können im Folgenden dennoch einige wichtige Merkmale der Kirche benennen – auch was einen Wald ausmacht, kann man ja beschreiben, selbst wenn man seine Grenze nicht auf den Zentimeter genau bestimmen kann.

Die Kirche ist eine menschliche Gemeinschaft

Die Kirche kommt von Jesus Christus und sie soll die Menschen auf Jesus Christus verweisen. Gleichzeitig aber besteht die Kirche natürlich aus ganz normalen Menschen und ist eine durch und durch menschliche Gemeinschaft. Menschlich bedeutet hier zum einen, dass alle menschlichen Eigenschaften und Eigenarten, auch alle Schwächen und Unzulänglichkeiten (auch alles Böse) in der Kirche vorkommen; zum anderen bedeutet es aber auch, dass die Kirche bestimmte Strukturen braucht, die Aufgaben, Funktionen und Verantwortung beschreiben und regeln. Jede menschliche Gemeinschaft braucht solche Strukturen: Eine WG hängt einen Putzplan auf, ein Verein wählt einen Vorstand, der Staat hat sein Parlament, seine Regierung, seine Gerichte und so weiter. Es muss klar sein, welche Regeln gelten sollen, wer welche Entscheidungen trifft und was passiert, wen jemand sich nicht an die Regeln hält. Das ist in einem Sportverein nicht anders als beim Staat und bei der Kirche.

Überall, wo Menschen zusammen sind, gibt es Regeln und müssen Entscheidungen getroffen werden. Überall, wo Regeln gelten und Entscheidungen getroffen werden, kommt es auch zu Unzufriedenheiten und Konflikten. Wenn ein Fußballtrainer den Lieblingsspieler der Fans nicht aufstellt, buht das Publikum. Wenn der

Stadtrat entscheidet, ob das ersparte Geld dem Schwimmbad, der Schule oder dem Seniorenheim zugutekommt, ist Streit vorprogrammiert. Auch in der Kirche müssen Entscheidungen getroffen werden, und mit keiner Entscheidung werden alle zufrieden sein.

Schwieriger wird das Ganze dadurch, dass die Kirche eben nicht nur ein normaler Verein oder eine normale Organisation ist, sondern auf Jesus Christus verweist. Ein Sportverein kann sich seine Aktivitäten selbst aussuchen: Die Mitgliederversammlung kann jederzeit beschließen, den Schwerpunkt vom Schwimmen aufs Volleyballspielen zu verlegen oder umgekehrt. Demgegenüber kann sich die Kirche nicht aussuchen, was sie zu tun hat. Die Kirche bleibt sich selbst nur treu, wenn sie Jesus Christus treu bleibt. Dies ist eine Spannung, die sie aushalten muss: Als menschliche Gemeinschaft braucht sie Regeln und Strukturen, die fortentwickelt, verändert und verschiedenen Situationen angepasst werden müssen. Gleichzeitig gibt es aber Dinge, die die Kirche nicht ändern kann, weil das nicht mit der Treue zu Jesus Christus vereinbar wäre. Oft ist es schwierig, die Grenze zu bestimmen zwischen dem, was in der Kirche geändert werden darf und geändert werden muss, und dem, was die Kirche nicht ändern kann, ohne Jesus Christus und damit sich selbst untreu zu werden. Hier gibt es immer Meinungsverschiedenheiten, die nicht selten auch zu Streit und Spaltungen führen.

Die Kirche muss von Jesus Christus her verstanden werden

Ohne Jesus Christus gäbe es keine christliche Kirche. Das ist eigentlich klar: Die Kirche ist die Gemeinschaft der christlich Gläubigen. Den christlichen Glauben aber verdanken wir anderen, die ihn im Verlauf der Geschichte bezeugt und bis zu uns weitergegeben haben. Letztlich landen wir so bei Jesus Christus, dem die ersten Christinnen und Christen das verdanken, was den christlichen Glauben ausmacht: Die Erfahrung, dass ich (und jeder Mensch) seit immer und auf ewig geliebt bin, und dass die Liebe der tiefste Grund und der tiefste Sinn des ganzen Universums ist.

Aber nicht nur in einem geschichtlichen Sinn geht die Kirche auf Jesus Christus zurück. Denn die Erfahrung geliebt zu sein, ist nicht nur eine Information, die jemand von Jesus mitgeteilt bekommen und die er dann weitergegeben hat wie eine wissenschaftliche Formel oder ein Buch. Eine Erfahrung kann nur weitergegeben werden, wenn sie gemacht und gelebt wird, und sie kann nur an jemanden weitergegeben werden, der diese Erfahrung selbst macht. Eine Erfahrung ist etwas Lebendiges; der Glaube ist etwas Lebendiges. Die Gemeinschaft der Gläubigen

kann nur deshalb eine Gemeinschaft von Gläubigen sein, weil die Erfahrung der Begegnung mit Jesus Christus in ihr lebendig ist.
Was die Kirche ausmacht, ist also, dass sie nicht nur in einer geschichtlichen, sondern auch in einer aktuellen, lebendigen Beziehung zu Jesus Christus steht. Jesus Christus selbst ist in der Kirche erfahrbar, lebendig und wirksam. Dies muss man ständig im Kopf behalten, wenn man über die Kirche nachdenkt. Man kann die Kirche nur verstehen, wenn man ihre Beziehung zu Jesus Christus mitdenkt. Wenn man die Kirche nur aus sich allein heraus verstehen möchte, wird das schiefgehen. Wer in der Kirche nur eine Nichtregierungsorganisation (NGO), einen traditionsreichen Verein oder ein weltumspannendes Netzwerk sieht, der wird unweigerlich das verfehlen, was die Kirche eigentlich ausmacht. Es wäre, wie wenn man einen toten Körper analysiert – da kann man zwar Interessantes entdecken, aber das, was einen lebendigen Organismus ausmacht, wird man nicht herausfinden.

Die Kirche ist nicht perfekt

Hüten muss man sich allerdings auch vor dem gegenteiligen Fehler! Denn natürlich ist die Kirche auch eine Organisation, eine Vereinigung mit ihren eigenen Regeln und ein Zusammenschluss von Menschen. Dass die Kirche in einer lebendigen Beziehung zu Jesus Christus steht, heißt deshalb auch nicht, dass sie immer alles richtig machen würde oder dass sie so einfach im Namen Gottes sprechen könnte. Man kann auch in enger Beziehung zu jemandem stehen und diesen trotzdem missverstehen oder nicht in seinem Sinn handeln. Leider hat die Kirche das früher (manchmal auch heute noch) oft selbst nicht wahrhaben wollen, sondern sich mitunter als „perfekte Gemeinschaft“ oder gar als direktes Sprachrohr der göttlichen Wahrheit verstanden. Das ist gefährlich, denn es kann zu einer fundamentalistischen Haltung führen, die mit dem christlichen Glauben nichts mehr zu tun hat, auch wenn sie sich wahrscheinlich besonders christlich vorkommt.
In einer lebendigen Beziehung mit Jesus Christus zu stehen, bedeutet aber auch etwas ganz anderes, als „perfekt“ zu sein und immer die perfekte Antwort zu haben! Fast könnte man sagen, dass das Gegenteil richtig ist. Denn perfekt bedeutet ja eigentlich: Jede Veränderung wäre schlecht; alles muss genauso bleiben, wie es ist – sonst wäre es ja nachher nicht mehr perfekt. Eine lebendige Beziehung kann aber niemals in diesem Sinne perfekt sein, denn eine lebendige Beziehung kann nicht bleiben, wie sie ist. Sie muss sich entwickeln – sonst ist sie tot oder schief-

gegangen. Wenn Eltern zu ihrem 30-jährigen Kind noch die gleiche Beziehung haben wie 30 Jahre zuvor zu ihrem Baby, dann ist etwas schiefgelaufen. Dass die Kirche in lebendiger Beziehung zu Jesus Christus steht, heißt also nicht, dass in der Kirche alles perfekt wäre oder sie auf alles eine Antwort hätte.
Ihre Beziehung zu Jesus Christus bewahrt die Kirche nicht davor, mühsam nach Antworten auf neue Fragen suchen zu müssen. Die Kirche macht Fehler; es gibt in ihr auch Falsches und Böses. Sie wird sich immer erneuern und versuchen müssen, besser zu werden. Aber die Kirche darf darauf vertrauen, dass Gott ihr bei ihrem mühsamen und manchmal schmerzlichen Weg mit seinem Heiligen Geist beisteht. Das Empfangen des Heiligen Geistes war ja sozusagen die Geburtsstunde der Kirche, wie wir in Kapitel sechs beschrieben haben.

Die Kirche als Werkzeug und Zeichen

Die Kirche als Werkzeug
Die Kirche kommt nicht von sich selbst; sie kommt von Jesus Christus. Und genauso gilt: Die Kirche ist nicht für sich selbst da. Sie ist dafür da, das weiterzumachen, was Jesus Christus gemacht hat, und das weiterzusagen, was Jesus Christus gesagt und gelebt hat.
So gesehen ist die Kirche zunächst einmal eine Art Werkzeug. Es ist nicht wichtig, dass sie selbst gut dasteht oder schön aussieht. Ein Werkzeug, das allzu sehr auf Hochglanz poliert ist, macht sogar eher misstrauisch. Ein gutes Werkzeug darf vom ständigen Gebrauch ruhig verbeult sein, es muss nur seinen Dienst ordentlich verrichten. Der Dienst der Kirche besteht darin, den Menschen zu verkünden, dass ihr Leben einen Sinn hat, dass das Universum einen Sinn hat, und dass jeder Mensch unendlich geliebt ist. Denn das ist es, was Jesus gesagt hat. Aber Jesus hat nicht nur geredet. Was er getan hat, war mindestens genauso wichtig. Deshalb darf auch die Kirche nicht nur reden; sie muss vor allem auch die Menschen so behandeln, trösten, aufbauen, dass sie nicht nur hören, sondern auch direkt spüren, dass sie angenommen und geliebt sind.
Leider muss man zugeben: oft gelingt der Kirche das nicht. Viele Menschen haben den Eindruck, der Kirche ginge es nur um sich selbst. Und viele haben den Eindruck, dass die Kirche sie vor allem kritisiert und sie erziehen möchte – statt ihnen Gottes unbedingte und bedingungslose Liebe zuzusagen. Nicht alle derartigen

Vorwürfe sind gerechtfertigt: Die Kirche kann und darf es gar nicht allen recht machen. Jesus selbst hat den Leuten unbequeme Wahrheiten zugemutet, und davon fühlten sich viele auf den Fuß getreten – so sehr, dass die Mächtigen ihn am Ende ja sogar umbrachten, unterstützt von den angesehenen Bürgern und unter dem Beifall der Mehrheit des einfachen Volkes. So gesehen ist es nicht verwunderlich, wenn die Gemeinschaft derjenigen, die an Jesus Christus glauben, auch auf Widerstand und auf Unverständnis stößt. Manchmal ist es sogar gut, wenn Leute sich über die Kirche aufregen.

Trotzdem sind viele Vorwürfe gegen die Kirche berechtigt. Christen reden und handeln oft nicht so, dass sie damit den anderen Menschen Gottes Liebe bezeugen würden; allzu oft tun sie sogar glatt das Gegenteil und erwecken so den Eindruck, das Christentum würde Menschen bevormunden, unfrei und kleingeistig machen. Und auch die Kirche als Ganzes erweist sich oft als schlechtes Werkzeug, wenn es darum geht, zu verkünden, dass Gott jedem einzelnen Menschen in Liebe zugewandt ist. Die Kirche verfehlt dann ihren Auftrag, in schlimmen Fällen handelt sie sogar glatt gegen ihren Auftrag.

Aber die Kirche muss sich schon deshalb ständig neu ausrichten und erneuern, weil sich die Zeiten ändern. Ein Werkzeug muss sich anpassen: Ein Gerät, mit dem man früher eine Kutsche repariert hat, taugt nicht mehr, um damit heute ein Auto zu reparieren. Die Sorgen und Freuden der Menschen sind heute anders als vor 100 oder vor 500 Jahren. Deshalb muss die Kirche den Menschen Gottes Liebe heute anders erklären und vorleben als früher. Nur wenn sie sich immer wieder neu ausrichtet, kann die Kirche ihrer Aufgabe als Werkzeug treu bleiben.

Die Kirche als Zeichen

Allerdings ist die Kirche nicht nur Werkzeug. In Kapitel vier sagten wir, dass das Wichtigste an Jesus nicht war, was er gesagt, und auch nicht, was er getan hat, sondern wer er war – nämlich der Sohn Gottes. Mit der Kirche ist es ähnlich: Was sie sagt und was sie tut, soll bezeugen, was Jesus Christus gesagt und getan hat. Noch wichtiger aber ist, dass die Kirche den Menschen die Möglichkeit eröffnet, Jesus Christus selbst zu begegnen und mit ihm in Beziehung zu treten, so wie er ist. Das geht nur, weil die Kirche selbst in Beziehung zu Jesus Christus steht, und wenn sie aus der lebendigen Erfahrung heraus lebt, dass Gott uns liebend zur Seite steht. Diese Erfahrung haben wir als Empfangen des Heiligen Geistes bezeichnet. Die Kirche hat den Heiligen Geist empfangen, und der Heilige Geist ist in ihr (wenn auch manchmal verborgen und an unscheinbarer Stelle) wirksam.

Deshalb wird sie selbst zum lebendigen Zeichen für Gottes Gegenwart in der Welt und für Gottes Liebe zu den Menschen.
Ob man ein Zeichen erkennen und verstehen möchte, liegt natürlich immer auch an einem selbst – ein Zeichen leuchtet nur dem, der bereit ist, es zu sehen. Allerdings müssen wir leider auch hier eingestehen: Oft ist die Kirche nur ein höchst unvollkommenes Zeichen! Nicht selten ist ihre Zeichenkraft so verblasst oder verschmutzt, dass man schon sehr genau hinschauen muss, um in der Kirche zumindest hier oder da das Wirken des Heiligen Geistes durchleuchten zu sehen. Manche Menschen haben mit Vertretern der Kirche gar so schlimme Erfahrungen gemacht, dass sie nicht mehr an einen liebenden Gott glauben können. Für sie wurden Realitäten innerhalb der Kirche also geradezu zu Gegen-Zeichen für einen liebenden Gott. Solche Vorkommnisse sind katastrophal. Die Kirche muss alles daransetzen, solchen Schmutz, der leider in ihr zu finden ist, immer wieder zu entfernen. Nicht um selbst wieder gut dazustehen, muss sie sich reinigen, sondern damit sie Menschen die Begegnung mit Jesus Christus ermöglichen kann und ihnen glaubhaft zusagen kann, dass sie angenommen und geliebt sind.
In jedem Fall gilt: Die Kirche ist nicht für sich selbst da und darf sich nicht in erster Linie um sich selber drehen. Die Kirche ist für die Menschen da. Sie ist ein Werkzeug, um den Menschen das zu verkünden, was Jesus gesagt und getan hat. Und sie ist ein lebendiges Zeichen dafür, dass Gott selbst mit seiner unendlichen Liebe jedem Menschen nahe ist.

9. Die Aufgaben der Kirche

Vier Grundaufgaben der Kirche

Die Kirche ist Werkzeug und Zeichen. Dies beschreibt zunächst, was die Kirche ist. Es besagt aber im Grunde auch schon, wozu die Kirche da ist: nämlich, um Menschen Gottes Liebe zuzusagen und ihnen die Begegnung mit Jesus Christus zu ermöglichen. Schon früh ist man darauf gekommen, dass damit vier Grundaufgaben verbunden sind. Die Kirche ist dazu da

1. ihren Glauben zu feiern, und sich an ihm zu freuen;
2. ihren Glauben zu tun: sich um das Wohlergehen anderer Menschen zu kümmern;
3. ihren Glauben zu vertiefen, weiterzugeben und zu bezeugen;
4. selbst eine möglichst gute Gemeinschaft zu bilden.

Keine dieser Aufgaben ist von der Art, dass man sie irgendwann als erledigt abhaken könnte. Jede bleibt eine ständige Herausforderung. Die Kirche darf sich auch nicht auf eine oder zwei Aufgaben beschränken und darüber die anderen außer Acht lassen. Sie darf sich zum Beispiel nicht nur darauf konzentrieren, ihren Glauben zu feiern, und darüber vergessen, sich um notleidende Menschen zu kümmern. Aber auch umgekehrt: Würde sie nur noch Kindergärten oder Seniorenheime betreiben, ohne immer wieder im Gebet und im gemeinsamen Feiern der Gegenwart Gottes nachzuspüren, würde sie schnell ihr eigenes Fundament verlieren.

Nun kann natürlich niemand alles gleich gut: Dem einen fällt es leicht, stundenlang im Gebet zu verharren, eine andere kann scharfsinnig über den Glauben nachdenken, wieder ein anderer ist gut darin, anderen zu helfen und die vierte hat eine besondere Begabung, mit Menschen umzugehen und Gemeinschaft zu stiften. Schön, wenn diese vier Menschen in einer christlichen Gemeinschaft zusammenfinden und ihre Begabungen sich ergänzen!

Es gibt auch christliche Gemeinschaften, die sich auf eine Aufgabe spezialisiert haben: Zum Beispiel gibt es Klostergemeinschaften, die ihre Zeit überwiegend mit Beten verbringen, und andere, die sich vor allem der Krankenpflege verschrieben haben. Auch so etwas ist in Ordnung, solange diese Gemeinschaften sich als Teil der größeren kirchlichen Gemeinschaft verstehen, in der auch die anderen Aufgaben angegangen werden. Es darf also bei den vier Grundaufgaben der Kirche so etwas wie eine Arbeitsteilung geben – insgesamt gesehen darf aber keine der vier Aufgaben zu kurz kommen.

Die Kirche – alle für einen und einer für alle

Bevor wir die vier Grundaufgaben einzeln anschauen, müssen wir nochmals überlegen, was denn genau die Kirche ist, die sich diesen vier Aufgaben widmen muss. Wir haben bisher immer gesagt: Die Kirche ist die Gemeinschaft aller christlich Gläubigen. Von katholisch, evangelisch, orthodox oder reformiert war bewusst noch nicht die Rede. Natürlich sind auch die katholische Kirche oder die evangelische Kirche Gemeinschaften von christlich Gläubigen. Auch eine Gemeinde, die sich jeden Sonntag versammelt, oder eine christliche Jugendgruppe ist eine solche Gemeinschaft. Aber Kirche, so wie wir dieses Wort gebrauchen, meint die Gemeinschaft aller christlich Gläubigen. Wer da nun im Einzelnen dazugehört, ist schwer zu sagen, weil niemand über den Glauben eines anderen urteilen kann. Klar ist nur: Diese Gemeinschaft aller christlich Gläubigen ist im Zweifelsfall größer, als man denkt, und sie ist für uns nicht so einfach zu greifen.
Greifbar wird diese unsichtbare große Gemeinschaft der Kirche aber im Kleinen: Wenn in einer Gemeinde die Erfahrung der Gegenwart Gottes lebendig ist, dann ist das, was die Kirche als Ganze ausmacht, in dieser kleinen Gemeinschaft erfahrbar. Diese ist dann nicht nur ein kleiner Teil der Kirche, sondern sie vertritt, dort wo sie ist, die ganze Kirche. Eine Gemeinde wird nur dadurch zu einer christlichen Gemeinde, dass sie in Verbindung steht mit der ganzen Kirche; nur so steht sie letztlich auch in Verbindung mit Jesus Christus. Aber umgekehrt wird die ganze Kirche immer nur in konkreten Gruppierungen und Gemeinden überhaupt greifbar. Als Glied einer Gemeinschaft kann ich mich nämlich nur fühlen, wenn ich den Kreis der Menschen, die zu dieser Gemeinschaft gehören, in etwa überschaue. Die Erfahrung, liebgehabt zu sein und in Gottes Gegenwart zu stehen, kann überhaupt nur persönlich von Mensch zu Mensch weitergegeben werden. Auch eine Versammlung von zwei oder drei Christinnen und Christen kann also die ganze Kirche vertreten.
Man kann noch weitergehen und sagen: Jeder Christ vertritt, da, wo er steht, die Kirche. Deshalb muss es Sorge jedes Christen sein, dass die Kirche ihren vier Aufgaben auch gerecht wird. Die Kirche handelt nur durch konkrete Personen. Keine Christin und kein Christ darf die Verantwortung für den eigenen Glauben von sich weisen. Kirchliche Entscheidungsträger und kirchliche Gremien haben Funktionen und Aufgaben, für die sie Verantwortung tragen. Aber bei dem, worauf es beim

christlichen Glauben und beim Kirche-Sein wirklich ankommt, sind jede Christin und jeder Christ genau gleich zuständig. Wenn dort, wo ich gefragt bin, die Kirche versagt, dann heißt das vor allem, dass ich dort als Christ versage.
Gleichzeitig gilt aber, was wir schon gesagt haben: Keiner muss alles können, und ohne Arbeitsteilung geht es nicht. Deshalb darf ich darauf vertrauen, dass dort, wo ich etwas nicht schaffe, die Gemeinschaft der anderen Gläubigen mich tragen und auffangen kann. So gesehen ist es bei der Kirche ein bisschen wie bei einem guten Fußballteam: Einer für alle und alle für einen!

Den Glauben feiern und sich an ihm freuen

Alles in der Welt hängt von Gott ab. Deshalb können wir Gott überall begegnen – zum Beispiel in der Natur oder in der Begegnung mit anderen Menschen. Und doch ist es wichtig, bestimmte Zeiten ausschließlich dafür zu reservieren, der Gegenwart Gottes nachzuspüren. Es ist wie bei einer Liebesbeziehung; auch wenn der geliebte Mensch den ganzen Tag in meiner Nähe ist, braucht es Momente, wo wir uns ganz bewusst Zeit nehmen, um unsere Beziehung zu feiern und zu pflegen. Verliebten braucht man das nicht zu sagen – es drängt sie sowieso, Zeit miteinander zu verbringen und ihre Liebe zu genießen. So ähnlich geht es Christinnen und Christen mit ihrem Glauben.
Je mehr jemand ein Gespür für die Gegenwart Gottes in allen Dingen entwickelt, desto mehr wird es ihn deshalb auch dazu drängen, diese Erfahrung regelmäßig besonders zu feiern. Dies kann in persönlichem Gebet und in Meditation geschehen. Aber letztlich kann der christliche Glaube nur in Gemeinschaft gelebt werden. Deshalb braucht es auch gemeinschaftliche Treffen, um gemeinsam den Glauben zu feiern. Solche gemeinschaftlichen Treffen nennt man Gottesdienste. Es gibt dafür verschiedene Formate. Alle aber dienen dazu, sich gemeinsam in die Gegenwart Gottes zu stellen und dem Glauben nachzuspüren. Damit sind Gottesdienste gleichzeitig Ausgangs- aber auch Höhepunkte für das kirchliche Leben.

Das Brot teilen – ein „Sakrament"

Schon die allerersten Christen trafen sich regelmäßig zum Gottesdienst: Sie beteten gemeinsam, das heißt sie wandten sich an Gott und brachten ihre Bitten und Sorgen, vor allem aber auch ihre Freude und Dankbarkeit vor Gott. Darüber hinaus pflegten sie die Erinnerung an Jesus, indem sie sich von ihm erzählten und vorlasen, was seine Jünger über ihn aufgeschrieben hatten. Vor allem aber teilten sie miteinander das Brot; das heißt sie versammelten sich zu einem gemeinsamen Essen mit Brot und Wein. Damit erinnerten sie sich daran, wie Jesus mit seinen Anhängern am Tag vor seiner Kreuzigung noch einmal festlich zusammen zu Abend gegessen hatte, Brot brach und Wein verteilte, betete, mit ihnen aß und ihnen auftrug, all das immer wieder zu tun, um an ihn zu denken und dies gemeinsam zu feiern.

Das Teilen des Brotes bedeutete aber von Anfang an viel mehr als nur die Pflege einer schönen Erinnerung oder ein gemütliches Beisammensein. Im gemeinsamen Beten, im Hören auf die Berichte über Jesus und vor allem im Teilen des Brotes wird die Gegenwart Gottes auch direkt erfahrbar und greifbar – so wie sie in der Begegnung mit Jesus direkt greifbar geworden war. Mit anderen Worten: Beim Teilen des Brotes wird Jesus selbst in der Versammlung gegenwärtig, und wer von dem geteilten Brot isst, empfängt Jesus leibhaftig bei sich. Man sagt deshalb auch: Das geteilte Brot ist gewandelt in den Leib von Jesus. Natürlich darf man das nicht missverstehen: Das Brot bleibt, chemisch gesehen, normales Brot, und wenn ich es esse, esse ich kein Körperteil von Jesus! (Das ist eigentlich klar. Wir sagen es hier nur, weil es wirklich Leute gibt, die den Christen solch seltsame Vorstellungen unterstellen.) Aber das geteilte Brot ist trotzdem nicht nur ein Zeichen oder ein Symbol für die Gegenwart von Gott und Jesus. Genauer gesagt: es ist schon ein Zeichen, aber eben ein lebendiges Zeichen, also ein Zeichen, das nicht nur (wie ein Wegweiser oder ein Logo) auf etwas anderes hinweist, sondern ein Zeichen, das selbst das darstellt und ins Leben ruft, was es bezeichnet.

Vielleicht kann man das vergleichen mit einem Kuss: Der Kuss ist zunächst ein äußeres Zeichen für die Liebe zwischen zwei Menschen: Wenn zwei Menschen sich küssen, ist das ein Hinweis darauf, dass sie sich wahrscheinlich sehr liebhaben. Gleichzeitig ist der Kuss aber mehr, denn er ist auch direkter Ausdruck der Liebe: Im Kuss findet die Liebe einen leibhaftigen Ausdruck und wird für die beiden, die sich küssen, direkt spürbar und greifbar. Und drittens trägt der Kuss auch dazu bei, dass die Liebe zwischen den beiden weiter wachsen und noch tiefer werden wird. Der Kuss ist also mehr als ein äußeres Zeichen, er ist ein lebendiges Zeichen: Er weist auf die Liebe hin; er stellt die Liebe selbst dar; und er ruft die Liebe hervor, erhält sie am Leben und macht sie wirksam. Lebendige Zeichen, die auf solche Art auf Gottes Gegenwart hinweisen, sie direkt greifbar machen und sie auch wirksam machen, nennt man im christlichen Sprachgebrauch Sakramente.

Das wichtigste Sakrament ist das im gemeinsamen Gottesdienst geteilte Brot.

Dieses Brot ist ein lebendiges Zeichen: Es weist nicht nur auf Jesus hin, sondern es stellt Jesus leibhaftig dar und es ruft den, der es empfängt, in eine lebendige Beziehung mit Jesus. Dies ist ein großes Geschenk, aber gleichzeitig eine große Verantwortung: Ein Geschenk, weil Jesus ja die fleischgewordene Zusage Gottes ist, dass ich von Gott geliebt und bei Gott auf ewig geborgen bin. Eine Verantwortung, weil diese Zusage wirksam werden will, das aber erst kann, wenn ich mich auf sie einlasse. Dazu muss ich loslassen, was dieser Liebe entgegensteht und was meinem Leben nur scheinbar Sicherheit und Sinn verleiht. In letzter Konsequenz muss ich mich selbst loslassen und ganz darauf vertrauen, dass die Liebe Gottes mich und letztlich die ganze Welt tragen wird. So wird das Teilen des Brotes im Gottesdienst gleichzeitig der Ausgangspunkt und der Höhepunkt des christlichen Lebens, weil Gottes Gegenwart hier wirklich und leibhaftig erfahren werden kann.

Taufe und Firmung/Konfirmation

Es gibt weitere lebendige Zeichen für Gottes Gegenwart. Das wichtigste davon ist die Taufe. Die Taufe markiert die Aufnahme eines Menschen in die Kirche. Eine Taufe findet meist im Rahmen eines besonderen Gottesdienstes statt. Die Person, die getauft wird, bekommt dabei Wasser über den Kopf geschüttet – früher wurde sie oft sogar ganz untergetaucht oder durchschritt ein größeres Taufbecken. Das Unter- und Wiederauftauchen oder Durchschreiten des Wassers kann man als symbolisches Sterben und Wiederauferstehen deuten. Die Taufe ist sozusagen ein Jungbrunnen, aber nicht einer, der einen einfach nur für eine gewisse Zeit wieder etwas jünger macht, sondern einer, der ein neues, ganz anderes Leben verschafft, ein Leben in der Liebe Gottes. Die Liebe Gottes aber kennt kein Maß und kein Ende, deshalb ist auch dieses neue Leben ohne Grenze, überbordend und ewig.

Gottes Liebe ist natürlich nicht abhängig von der Taufe. Gott liebt jeden Menschen. Aber wer sich taufen lässt, sagt damit ja zum christlichen Glauben. Er bekennt, dass er auf den liebenden Anruf Gottes Antwort geben will. Er bekundet öffentlich, dass er sein Leben auf Gott bauen möchte und der göttlichen Liebe in seinem Leben Raum zur Entfaltung geben will. So gesehen ist die Taufe ein Lebensentschluss; deshalb kann man auch nur einmal im Leben getauft werden.

Bei uns ist es üblich, Kinder schon kurz nach der Geburt zu taufen. Das kann man kritisch sehen, weil ein Säugling ja noch keinen Lebensentschluss treffen kann. Allerdings treffen Eltern für ihr Kind viele Lebensentscheidungen. Es ist gar nicht möglich, ein Kind „neutral“ zu erziehen. Alles, was Eltern tun und ihrem Kind vorleben, beeinflusst das Kind und stellt Weichen für dessen Zukunft.

Beispielsweise bringen Eltern ihrem Kind eine bestimmte Muttersprache bei – obwohl das Kind, wenn es frei wählen könnte, vielleicht lieber eine andere hätte. Wenn Eltern Gottes Liebe als den tragenden Grund ihres Lebens und der ganzen Welt erleben, dann werden sie gar nicht anders können, als ihrem Kind das vorzuleben; und sie werden das, was ihr Leben trägt, auch vermitteln wollen. Alles andere wäre unehrlich. Dann ist es aber auch verständlich, dass Eltern der göttlichen Liebe mit Blick auf ihr Kind von Anfang Raum zur Entfaltung geben wollen – und dies damit ausdrücken, dass sie ihr Kind taufen lassen. Dazu kommt: Die Taufe betrifft zwar zunächst das Verhältnis zwischen Gott und dem, der getauft wird. Aber keiner kann an der Gemeinschaft der Gläubigen vorbei mit Gott in Beziehung treten. Die Taufe markiert deshalb auch die Aufnahme in die Gemeinschaft der Gläubigen. Und wenn die Eltern in dieser Gemeinschaft zu Hause sind, ist es nur natürlich, dass ihre Kinder dort auch von Anfang an aufgenommen sein sollen. So wie ein Kind in der Regel ja auch automatisch die Staatsangehörigkeit seiner Eltern bekommt. Weiter ist zu bedenken: Sich taufen zu lassen bedeutet, „ja" dazu zu sagen, dass Gott mich liebt. Damit ist ein Anspruch an mein Leben verbunden, vor allem aber ist die Taufe damit die Annahme eines großen Geschenks – des größten Geschenks, das sich denken lässt. Und dass Eltern ein solches Geschenk für ihr Kind annehmen, ist mehr als verständlich. Freilich übernehmen die Eltern damit auch die Verpflichtung, ihrem Kind dieses Geschenk im Verlauf seines Lebens zu zeigen und nahezubringen.
In engem Zusammenhang mit der Taufe steht die Firmung, wie man in der katholischen, beziehungsweise die Konfirmation, wie man in der evangelischen Tradition sagt. Auch dabei wird Gottes liebevoller Beistand lebendig-zeichenhaft zugesprochen. So wie die Gemeinschaft der ersten Christen den Heiligen Geist empfangen hat, so markiert die Firmung/Konfirmation, dass auch heute jede Christin und jeder Christ den Heiligen Geist empfangen soll. Gemeint ist damit – wie wir in Kapitel sechs erläutert haben –, dass Gott uns zur Seite steht und uns anbietet, mit ihm in Gemeinschaft zu leben. Gleichzeitig bekräftigt jemand, der sich firmen/konfirmieren lässt, dass er diese Gemeinschaft mit Gott in seinem Leben deutlich machen möchte. Die Firmung/Konfirmation wird meist im Rahmen eines feierlichen Gottesdienstes gefeiert, und durch Auflegung der Hand auf die Stirn besiegelt. Bei der Firmung wird außerdem mit wohlriechendem Öl ein Kreuz auf die Stirn gezeichnet.

Versöhnung und Krankensalbung

Auch wenn wir uns von Gott abgewandt haben oder mit anderen Menschen oder mit uns selbst über Kreuz liegen, bleibt Gott uns treu und bietet uns seine Gemeinschaft an; dies wird im Sakrament der Versöhnung gefeiert (in der katholischen Kirche spricht man auch von „Beichte"). In der Regel geschieht dies in Form eines gemeinsamen Gebetes, dem ein vertrauliches Gespräch vorausgeht.

Die Krankensalbung soll ebenfalls Gottes Treue und Liebe zusagen und in einem lebendigen Zeichen spürbar machen. Sie wird Schwerkranken gespendet und soll bekräftigen, dass Gott sie auch in Schmerz und Leid nicht allein lässt und aufrichtet, auch und besonders angesichts des bevorstehenden Todes. Bei der Krankensalbung werden dem Kranken die Hände aufgelegt und seine Hände und die Stirn werden mit wohlriechendem Öl gesalbt. Das kann im Rahmen eines längeren Gottesdienstes oder auch in abgekürzter Form direkt am Krankenbett geschehen.

Beide, das Sakrament der Versöhnung und die Krankensalbung, können mehrfach oder auch regelmäßig empfangen werden – so oft es einem guttut, in besonders schweren Situationen Gottes Liebe zugesprochen zu bekommen und wieder neu für das Leben aufgerichtet zu werden.

Ehe und Weihe

Ehe und Weihe gelten in der katholischen und der orthodoxen Tradition ebenfalls als Sakramente. Sie können in der Regel nur einmal im Leben empfangen werden. Es handelt es sich hier um Lebensentscheidungen, die unter den Segen Gottes gestellt werden.

In einer christlichen Ehe erfahren Mann und Frau, dass sie, je für sich genommen, nicht komplett sind, sondern erst gemeinsam mit der Partnerin oder dem Partner auch ganz zu sich selbst kommen – und sogar über sich hinauswachsen können, weil ihre Liebe nicht auf sie beide beschränkt bleibt, sondern auch offen sein soll für Kinder und eine eigene neue Familie. Die Partner werden sich auf diese Weise in ihrer Ehe gegenseitig, und auch für andere, zu lebendigen Zeichen von Gottes liebevoller Gegenwart.

Auch die Weihe führt dem Menschen vor Augen, dass er letztlich bei allem, was er tut, auf Gott angewiesen bleibt; wer Gottes Liebe verkündet, kann das nie nur auf eigene Faust unternehmen, sondern nur, weil er in der Gemeinschaft der Gläubigen Rückhalt hat und weil er auf Gottes liebevollen Beistand vertrauen darf. In der Weihe bekommen geeignete Kandidaten verschiedene Aufgaben für die Gemeinschaft übertragen, mit denen sie ihr dienen sollen. Je nach Aufgabe unterscheidet man Diakon-, Priester- und Bischofsweihe. Die Diakone sollen sich besonders um Arme und Hilfsbedürftige kümmern. Priester leiten Gottesdienste und sollen sich um ihre Gemeinden sorgen. Die Bischöfe tragen als Nachfolger der Apostel, also der zwölf engsten Freunde von Jesus, besondere Verantwortung für die Einheit ihrer Gemeinden, und die Verbidnung zur gesamten Kirche.

Die sieben Sakramente, ihre Wurzel und ihr Grund

Die genannten sieben Sakramente sind, wie gesagt, nicht nur Symbole dafür, dass Gott einem Menschen beisteht, sondern lebendige Zeichen für diesen Beistand: Sie machen das, was sie bezeichnen, auch real greifbar und erfahrbar, und sie bewirken das, was sie bezeichnen. Wirksam können sie allerdings nur werden, wenn sie gläubig empfangen werden. In den Sakramenten klopft Gott sozusagen an unsere Tür – aber zu einer Begegnung kann es nur kommen, wenn ich die Tür auch öffne. Um nochmals zum Beispiel des Kusses zurückzukommen: Nur wenn beide, die sich küssen, mit ihrem Herz dabei sind, kann der Kuss zum lebendigen Zeichen der Liebe werden. Wenn einer beim Küssen sein Herz verschließt, dann kann der Kuss seine Wirksamkeit nicht entfalten. Er sieht dann zwar womöglich genauso aus wie ein richtiger Kuss, aber er wird doch nicht zu einem lebendigen Zeichen der Liebe. Von Küssen, die einem aufgezwungen werden, brauchen wir gar nicht zu reden. Gott zwingt sich niemandem auf. Auch nicht in den Sakramenten.

Ein Zweites ist wichtig: In den Sakramenten geht es immer um die persönliche Begegnung zwischen Gott und einem bestimmten Menschen. Aber so persönlich sie ist, ist diese Begegnung doch nie eine rein private Angelegenheit. Sakramente sind immer rückgebunden an die Gemeinschaft der Gläubigen. So wie niemand alleine glauben kann, kann sich niemand ein Sakrament selbst geben. Auch der persönlichste christliche Glaube ist immer durch die Gemeinschaft der Gläubigen vermittelt – und diese gibt es nur, weil die ersten Christen in Jesus Gott selbst begegnet sind. Weil Jesus Christus in der Gemeinschaft der Gläubigen bleibend gegenwärtig ist, wird die Kirche selbst zum lebendigen Zeichen von Gottes Gegenwart, also zum grundlegenden Sakrament. Und letztlich ist Jesus Christus die Wurzel aller Sakramente, denn er ist das grundlegende lebendige Zeichen dafür, dass Gott uns liebt und uns beisteht.

Weitere Zeichen und Gottesdienste

In der katholischen Tradition legt man besonderen Wert auf die genannten sieben Sakramente. In der evangelischen Tradition lässt man meist nur Taufe und Brotbrechen als Sakrament im strengen Sinn gelten. In der orthodoxen Tradition, die vor allem in östlichen Ländern verbreitet ist, kennt man dagegen auch alle sieben Sakramente, wobei man diese meist nicht so stark von anderen Zeichen unterscheidet, die auch mehr oder weniger direkt Gottes Gegenwart erfahrbar machen. Aber auch in der evangelischen und vor allem in der katholischen Tradition gibt es weitere Zeichen und Situationen, in denen Gottes Gegenwart lebendig erfahrbar wird und zum Ausdruck kommen kann. Das können wichtige Ereignisse sein, beispielsweise wenn ein junger Mensch in ein Kloster eintritt und dies mit besonderen Ritualen markiert wird. Aber es können auch ganz alltägliche Situationen sein. So kann man anderen Menschen jederzeit einen Segen zusprechen, also ihnen zusagen, dass Gott sie liebt, und ihnen zum Zeichen dafür beispielsweise mit dem Daumen ein kleines Kreuz auf die Stirn zeichnen. In ähnlicher Weise können auch Gegenstände gesegnet werden; damit werden sie sozusagen reserviert für einen segensreichen Gebrauch.

Vor allem aber gibt es zahlreiche Gebetsformen und Gottesdienste, in denen keines der sieben Sakramente gefeiert wird, die aber trotzdem tiefe Glaubenserfahrungen ermöglichen und in die Gegenwart Gottes führen können. Jesus selbst wird in der Bibel mit dem Satz zitiert: „Wo zwei oder drei in meinem Namen versammelt sind, da bin ich mitten unter ihnen." Schon wenn drei Freundinnen sich treffen, um gemeinsam ein Glaubensgespräch zu führen, oder wenn ein Vater mit seiner Tochter ein kurzes Abendgebet spricht, findet also ein Mini-Gottesdienst statt. Der Glaube wird gefeiert und die Nähe Gottes kann spürbar werden.

Den Glauben tun

Die Kirche besteht aus vielen Menschen und Gemeinschaften und sie bildet selbst eine Gemeinschaft. Gleichzeitig ist sie eingebettet in die große Menschheitsfamilie, deren gemeinsames Haus unser Planet Erde ist. Damit ist bezeichnet, wo der Glaube der Kirche sich im Leben bewähren muss: im Dienst am einzelnen Menschen, im Streben nach Gerechtigkeit und in der Sorge um die Bewahrung der Schöpfung. Jeder dieser drei Aspekte ist wichtig und alle drei gehören zusammen.

Dienst am einzelnen Menschen

Christen glauben, dass Gott alle Menschen liebt und dass alle Menschen wertvoll sind. Deshalb ist es eigentlich selbstverständlich, dass Christen andere Menschen liebevoll behandeln und versuchen, ihnen Gutes zu tun. Vor allem gilt dies für Menschen, die arm, krank, einsam oder verzweifelt sind oder aus sonst einem Grund leiden. Jesus hat sich solchen Menschen ganz besonders zugewandt, um gerade ihnen Gottes Liebe zuzusprechen. Auch der Kirche muss es deshalb ein besonderes Anliegen sein, sich um Menschen zu kümmern, die Hilfe benötigen. Ob diese Menschen selbst zur Kirche gehören oder nicht, spielt dabei keine Rolle. Die Hilfe darf an keine Bedingungen geknüpft sein. Es geht einfach nur darum, den Menschen beizustehen, ihre Not zu lindern, wo das möglich ist, ihre Freuden zu teilen – und vor allem: ihnen zu zeigen, dass sie wertvoll und liebenswert und liebgehabt sind.

Auf welche Weise man sich um das Wohlergehen anderer Menschen kümmern kann, hängt davon ab, was die Menschen zu einer bestimmten Zeit und an einem bestimmten Ort brauchen, und welche Möglichkeiten es gibt, ihnen zu helfen. Schon früh hat man in der Kirche von sieben Werken der Barmherzigkeit geredet: Essen teilen mit Hungrigen; Durstigen zu trinken geben; jemandem, der nichts zum Anziehen hat, Kleider schenken; Fremde und Obdachlose bei sich aufnehmen; sich um Kranke kümmern; Gefangene besuchen; Toten die letzte Ehre erweisen. Weitere Beispiele kamen dazu: Waisenkindern und Witwen helfen, Menschen von Unterdrückung befreien, von eigenem Wohlstand etwas abgeben. Später sprach man auch von geistlichen Werken der Barmherzigkeit: Unwissenden zu Bildung verhelfen; Ratsuchenden zur Seite stehen; Traurige trösten; Menschen, die etwas falsch machen, Gelegenheit geben, ihre Fehler zu korrigieren; denen verzeihen, die mich beleidigen; diejenigen ertragen, die mir lästig fallen; für andere Menschen beten.

Diese Werke der Barmherzigkeit sind nur Beispiele. Worum es geht, ist: Menschen in schwierigen Situationen tatkräftig zur Seite zu stehen, damit sie spüren, dass sie gewollt und liebgehabt sind, und dass ihr Leben einen Sinn hat.

Die Kirche ist hier seit Anbeginn und teils in großem Maßstab aktiv. Bei uns gibt es beispielsweise christliche Kindergärten und Krankenhäuser, Schulen und Seniorenheime, Sozialstationen und Obdachlosenhilfe und unzählige größere und kleinere Initiativen auf allen Ebenen. Letztlich entscheidend ist nicht der große Maßstab, sondern das persönliche Zeugnis jeder einzelnen Christin und jedes einzelnen Christen. Das beste Kümmern um andere kann auch darin bestehen, einen kranken Angehörigen zu pflegen oder sich Zeit für seine Kinder zu nehmen. Aber auch ein freundliches Wort zu einem Unbekannten, ein Lächeln oder die Bereitschaft, einer Freundin einfach nur zuzuhören, können neue Hoffnung geben – und dem anderen Menschen zeigen, dass er ernst genommen und um seiner selbst willen geschätzt wird.

Streben nach Gerechtigkeit

Manchem Leid, etwa einer unheilbaren Krankheit, steht man machtlos gegenüber. Da kann man dem leidenden Menschen nur die Hand halten und ihm beistehen. Oft hat Leid aber Ursachen, die man nicht einfach hinnehmen muss oder darf. Dies ist beispielsweise der Fall, wenn Menschen unter Krieg oder Ungerechtigkeit leiden oder wenn ihre Rechte oder ihre Menschenwürde nicht geachtet werden. In solchen Fällen muss man nicht nur die Not der Menschen lindern, sondern auch darauf hinwirken, dass die Ursachen für diese Not beseitigt werden.

Gerechtigkeit auf Erden zu schaffen, ist eine Mammutaufgabe! Zum Glück gibt es zahlreiche Menschen und Organisationen, die sich in irgendeiner Form dieser Aufgabe verschrieben haben. Oft werden solche Organisationen von überzeugten Christen mitgetragen. Aber auch wo das nicht der Fall ist, kann man sich aus christlicher Sicht nur über jede Initiative freuen, die die Welt zu einem besseren Ort für jeden Menschen machen möchte.

Man hat der Kirche oft vorgeworfen, dass sie die Menschen lieber auf ein besseres Leben nach dem Tod vertröstet hat, als sich dafür einzusetzen, die Lebensbedingungen auf dieser Welt zu verbessern. Es stimmt, dass man sich nie genug für Gerechtigkeit einsetzen kann. Auch ist unbestritten, dass es innerhalb der Kirche selbst oft alles andere als gerecht zugegangen ist und zugeht – wie überall, wo Menschen zusammenleben. Zum ganzen Bild gehört aber auch, dass aus der Kirche jahrhundertelang zahlreiche Impulse für eine gerechtere Ordnung der Gesellschaft gekommen sind und auch heute kommen. Auf allen Ebenen der Kirche und zu allen möglichen Einzelthemen gibt es dafür Beispiele. Es scheint uns schwer möglich, die Licht- und Schattenseiten des kirchlichen Einsatzes für Gerechtigkeit gegeneinander aufzurechnen.

Klar ist in jedem Fall: Die Kirche hat den Auftrag und den Anspruch, sich dafür einzusetzen, dass es gerecht zugeht und dass die Welt ein besserer und gerechterer Ort wird. Klar ist aber auch: Die perfekte Gesellschaft wird es in unserer Welt niemals geben, und das Paradies auf Erden auch nicht. Aus christlicher Sicht kann man dies nüchtern sehen, ohne deshalb zu verzweifeln. Christinnen und Christen wissen, dass Gott die Welt durch alles Leid und alle Ungerechtigkeit hindurch zum Guten führen wird. Dieses Wissen ist die beste Motivation dafür, sich für eine gerechte Gesellschaft einzusetzen. Denn es gibt einem die Gewissheit, am richtigen Projekt zu arbeiten; der eigene Einsatz ist nicht vergebens, auch wenn das Ziel hier auf Erden nie erreicht werden wird. Christen wissen, dass die Welt ihren Ursprung und ihr Ziel in der Liebe Gottes haben. Die Liebe aber ist die Vollendung jeder Gerechtigkeit. Wer sich für eine bessere und gerechtere Welt einsetzt, macht sich zur Mitarbeiterin oder zum Mitarbeiter Gottes. Er widmet sein Leben dem Einzigen, was zählt und was ewig Bestand haben wird: der Liebe.

Sorge um die Bewahrung der Schöpfung

Heute verstehen wir besser als noch vor wenigen Jahrzehnten, wie sehr wir von einer gesunden Umwelt abhängen und wie verletzlich die uns umgebende Natur ist. Wer auch nur ein Fünkchen Verstand hat, muss einsehen, dass Umwelt- und Klimaschutz von grundlegender Bedeutung für das Leben der Menschheit sind. Sich für Umwelt und Klima einzusetzen, ist deshalb heute genauso wichtig, wie Menschen beizustehen und sich für Gerechtigkeit einzusetzen. Die Aufgabe, die hieraus für die Kirche erwächst, wird meist als Sorge um die Bewahrung der Schöpfung bezeichnet.

Mit diesem Begriff ist schon angedeutet, dass es aus christlicher Sicht nicht nur darum geht, die Natur zu schützen, weil wir selbst sie zum Leben brauchen. Von Schöpfung zu reden bedeutet, die Um- und Mitwelt des Menschen, aber auch die ganze vom Menschen unabhängige Natur und das ganze Universum als Werk Gottes zu verstehen. Ein Werk verweist immer auf seinen Urheber, es ist ein Spiegel dessen, der es geschaffen hat. Christinnen und Christen werden der Schöpfung deshalb nicht nur mit nüchternem Kalkül, sondern mit Respekt und Ehrfurcht begegnen – vielleicht darf man sogar sagen: mit Liebe?

Das bedeutet nicht, dass es ihnen verboten wäre, die Natur zu nutzen und zu gestalten. Aber aus christlicher Sicht tragen Natur und Kosmos in sich selbst einen Wert; einen Wert, der unabhängig ist von einem möglichen Nutzen für die Menschen. Diesen Wert gilt es zu sehen – die Natur ist also um ihrer selbst willen zu achten, auch da, wo wir Menschen sie zu unserem Nutzen gestalten und gebrauchen.

Zugegeben: diese Sichtweise ist einigermaßen neu. Jahrhundertelang hatte man ein anderes Bild von Natur. Wo sie wild und ungezähmt war, empfand man sie als Bedrohung, und wo sie kultiviert war, war man ihren Launen doch hilflos ausgeliefert. Das Bewusstsein, dass die Natur des Schutzes bedarf, und der Sinn für ihre Schönheit haben sich – generell, aber auch in der Kirche – erst spät entwickelt. Heute aber ist unbestritten, dass die Kirche sich auch für die Bewahrung der Schöpfung einsetzen muss, wenn sie ihrem Glauben treu bleiben will. Dieser Einsatz wird in Afrika anders aussehen als in Europa oder Asien; in einer reichen Gemeinde wird es dazu andere Möglichkeiten geben als in einer armen; vieles wird man auf lokaler Ebene unternehmen können, für anderes braucht es Initiativen in größerem Maßstab. Vor allem braucht es neben gutem Willen auch Sachverstand und die Bereitschaft, das eigene Verhalten zu ändern. Um die Schöpfung zu bewahren, wird man jedenfalls fast überall und in jeder Beziehung noch mehr machen und konsequenter handeln müssen als bisher. Es ist eine Aufgabe für jeden einzelnen, für die Kirche und für die ganze Menschheit.

Den Glauben vertiefen, weitergeben und bezeugen

Glauben vertiefen

Christinnen und Christen erfahren, dass ihr Glaube ihr ganzes Leben trägt und sie beglückt. Deshalb ist es nur natürlich, dass sie ihren Glauben auch mit anderen teilen wollen. Oft werden sie ja auch von anderen danach gefragt, was und warum sie glauben. Auf solche Fragen müssen sie Antwort geben können. Sie müssen also versuchen, den eigenen Glauben stets zu vertiefen, ihn besser zu durchdringen, ihm nachzuspüren, ihn ins Gebet zu nehmen, ihn zu hinterfragen und ihn weiterzudenken.

Die Theologie, also das kritische Nachdenken über den eigenen Glauben, hat deshalb im Christentum von Anfang an eine wichtige Rolle gespielt: Denn nur wenn ich selbst meinen Glauben kritisch hinterfragt habe, kann ich anderen – und vor allem auch mir selbst! – auf kritische Fragen Antwort geben. Die ersten Universitäten entwickelten sich im Mittelalter oft aus theologischen Schulen, also aus Stätten, wo über den christlichen Glauben nachgedacht wurde. Auch heute wird Theologie meistens an Universitäten betrieben und folgt einem wissenschaftlichen Anspruch – das heißt, es gibt klare Kriterien, welche Methoden akzeptiert sind, und letztlich müssen alle Positionen mit nachvollziehbaren, vernünftigen Argumenten begründet werden.

Das Ergebnis wissenschaftlicher Debatten ist nicht immer bequem. Das gilt für alle Wissenschaften: Aus wissenschaftlichen Modellen kann sich beispielsweise ergeben, dass in einer Pandemie ein sofortiger Lock-down des gesellschaftlichen Lebens nötig wäre, damit die Krankenhäuser nicht überlastet werden. Eine verantwortungsvolle Politik wird diese wissenschaftliche Empfehlung ernst nehmen – darf sie aber auch nicht einfach nur blind umsetzen; denn sie muss auch andere Gesichtspunkte berücksichtigen: den Widerstand von Wirtschaft und Sportverbänden, die Interessen von Schülern und Studenten, die Haltung der Gesellschaft. All dies muss verantwortungsvoll gegeneinander abgewogen werden, weil die wissenschaftliche Sichtweise eben nur eine von mehreren wichtigen Perspektiven ist. In der Theologie ist das ähnlich. Wissenschaftliche theologische Debatten und Forschungen sind höchst bedeutsam für die Kirche. Ohne geht es auf Dauer nicht! Aber die Ergebnisse theologischer Debatten können oft nicht sofort eins zu eins in das Glaubensleben der Kirche übersetzt werden. Es gibt auch andere Aspekte, die berücksichtigt werden müssen.

Den Glauben zu vertiefen, meint auch keineswegs nur, ihn theologisch zu durchdenken. Noch wichtiger ist es, dem Glauben im Leben – in meinem persönlichen Leben, aber auch im Leben der Kirche – nachzuspüren und ihm dort Raum zur Entfaltung zu geben. Das kann im Gebet und in der Meditation, in einem Bibelgesprächskreis oder bei einem Exerzitienwochenende geschehen, oder indem man sich einfach mit anderen über seinen Glauben austauscht.

Wichtig ist in jedem Fall: Der Glaube ist nie fertig und muss immer weiter und auch immer aufs Neue vertieft werden. Dies ist eine Aufgabe für die ganze Kirche und alle ihre Glieder. Sie kann nicht auf andere abgeschoben werden. Es ist eine Aufgabe für jede Gemeinde und christliche Gruppe, und auch für jede Christin und jeden Christen ganz persönlich.

Glauben anbieten und weitergeben

Zu glauben macht das Leben reicher und tiefer. Der Glaube ist ein großartiges Geschenk. Wer dies für sich selbst entdeckt hat, den wird es drängen, dieses Geschenk auch anderen anzubieten. Dabei geht es nicht darum, anderen Leuten seine Meinung aufzuschwatzen oder sie in den eigenen Verein zu ziehen. Anderen Menschen den christlichen Glauben anbieten heißt zunächst und vor allem: ihnen zu zeigen, dass sie geschätzt werden und liebgehabt werden – mit einer Liebe, die alle Grenzen übersteigt. Das geschieht besser mit Taten als mit Worten. Wenn ein Mensch in der Begegnung mit der Kirche erfährt, dass sich jemand um ihn kümmert und dass er um seiner selbst willen ernst genommen wird, dann hat die Kirche hier ihre Aufgabe bereits erfüllt. Dann ist es gelungen,

diesem Menschen den Kern des christlichen Glaubens zu vermitteln. Das reicht vollkommen aus.
Wenn Menschen den Glauben überzeugend vorgelebt bekommen, ist es allerdings nicht unwahrscheinlich, dass sie beginnen, sich für diesen Glauben zu interessieren. Dann muss die Kirche – und müssen Christinnen und Christen – Rede und Antwort stehen. Natürlich werden sie sich freuen, wenn sie mit anderen Menschen teilen können, was ihr eigenes Leben reich macht. Und noch mehr werden sie sich freuen, wenn jemand für sich den christlichen Glauben neu entdeckt und sich der Gemeinschaft der Gläubigen anschließt.
Häufiger wird es aber darum gehen, den Glauben zunächst innerhalb der eigenen Familie oder der eigenen Gemeinde weiterzugeben – zum Beispiel an Kinder oder an Jugendliche, aber auch an andere Gemeindemitglieder und untereinander. Es ist eine wichtige Aufgabe jeder Gemeinde, sich gegenseitig den Glauben zu bezeugen und sich im Glauben zu bestärken. Auch hier geht es zuallererst darum, den Glauben einander vorzuleben und so miteinander umzugehen, dass alle sich anerkannt und geschätzt fühlen. Der zweite Schritt besteht darin, sich auch aktiv über den Glauben auszutauschen und einander zu helfen, mit dem Glaubensleben noch vertrauter zu werden. Dabei wird man merken: Die Weitergabe des Glaubens ist keine Einbahnstraße. Je mehr ich versuche, anderen meinen Glauben zu erklären, desto besser werde ich ihn auch selbst verstehen. Je mehr ich versuche, meinen Glauben gemeinsam mit anderen zu leben, desto vertrauter werde ich selbst mit ihm werden. Die Weitergabe des Glaubens ist eine Aufgabe für die ganze Kirche – letztlich aber kommt es hier auf jede Einzelne und jeden Einzelnen an. Denn eine Glaubenserfahrung kann nur persönlich, von Mensch zu Mensch weitergegeben werden.

Glauben bezeugen

Den Glauben für sich selbst zu vertiefen und sich immer neu und tiefer anzueignen, ist das Erste. Nur was man sich selbst zu eigen gemacht hat, kann man anderen gegenüber glaubhaft vertreten. Das Zweite ist, den Glauben anderen gegenüber zu leben und ihn anderen anzubieten – vor allem durch das eigene Tun, bei Interesse auch durch Erklärung und indem man Menschen einlädt, sich einer Gemeinde anzuschließen. Ein Drittes schließlich ist es, den Glauben auch dort zu bezeugen, wo Menschen dem Christentum ablehnend begegnen. Solchen Personen wird die Kirche sich und ihren Glauben nicht aufdrängen – aber sie darf auch ihnen gegenüber ihren Glauben nicht verleugnen oder verstecken.

Wenn der Glaube abgelehnt oder angefeindet wird, braucht es Mut, sich zu ihm zu bekennen – mal mehr, mal weniger. Wenn am Wochenende eine Party angesagt ist, wirkt es vielleicht uncool, später zu kommen, weil man zuvor gerne einen Gottesdienst besuchen möchte. Es braucht Mut, in solchen Situationen trotzdem zu seinem Glauben zu stehen und nicht eine Ausrede zu erfinden. In anderen Situationen braucht es mehr Mut. Tausende von Christen haben im Lauf der Geschichte sogar ihr Leben riskiert und den Tod auf sich genommen, weil sie an ihrem Glauben festhalten wollten. Beispielsweise Helmuth von Moltke und Alfred Delp: Beide sind in der Nazizeit in Deutschland getötet worden, weil sie Christen waren – und weil sie als Christen ein lebendes Zeugnis dafür waren, dass es Größeres und Wichtigeres gab als die Nazipartei und den Nazistaat.
Leider gibt es immer noch viele Länder, wo Christen wegen ihres Glaubens verfolgt und sogar ermordet werden. In Europa ist das zum Glück nicht mehr der Fall. Aber auch bei uns ist es für Christinnen und Christen nicht immer leicht, für ihren Glauben einzustehen und ihn mit anderen zu teilen. Natürlich steht die Kirche als Ganze hier in der Verantwortung. Aber letztlich kommt es auch hier auf jeden einzelnen Christen an. Einstehen für den eigenen Glauben kann jede und jeder nur selbst.

Den Glauben in Gemeinschaft leben

Wenn die Kirche die ersten drei Aufgaben erfüllt – wenn also alle sich um das Wohlergehen der anderen kümmern, ihren Glauben miteinander teilen, ihn vertiefen und gemeinsam feiern – dann sollte unter Christen fast automatisch eine gute Gemeinschaft entstehen. Leider ist es in der Praxis oft nicht so. In christlichen Gruppen und Gemeinden herrscht keineswegs immer nur gute Stimmung und schöne Gemeinschaft. Wenn man aber untereinander zerstritten ist, kann man sich kaum mit vollem Einsatz um andere kümmern, man kann seinen Glauben nur noch schwer gemeinsam bezeugen und schon gar nicht miteinander feiern. Die Katze beißt sich also in den Schwanz: ein gemeinschaftlicher Geist ergibt sich, wenn die drei anderen Aufgaben gut erfüllt sind; aber diese können nur gut erfüllt werden, wenn ein gemeinschaftlicher Geist vorhanden ist. Deshalb ist es wichtig, dass die Kirche auch die Pflege ihrer Gemeinschaft als eigene Aufgabe sieht und ernst nimmt.
Sicherlich gibt es viele große und kleine christliche Gruppen, die mit Meinungsverschiedenheiten und Streit gut und konstruktiv umgehen, in denen ein guter Ge-

meinschaftsgeist herrscht, in denen keiner alleingelassen wird und wo sich jeder einzelne von der Gemeinschaft mitgetragen fühlt. Aber in der Kirche gibt es auch Feindseligkeit, Intrigen, Missbrauch und Spaltungen – im Kleinen und Großen, auf jeder Ebene. Ein Stück weit ist das normal, denn so etwas gibt es in jeder menschlichen Gemeinschaft. Aber das darf keine Entschuldigung sein, es nicht besser machen zu wollen!

Es ist schwer, ein allgemeines Rezept für die Überwindung von Missgunst und Konflikten anzugeben. Meinungsverschiedenheiten können gut und wichtig sein. Auch Streit ist manchmal notwendig. Aber Streit sollte so geführt werden, dass er keinen zum Verlierer stempelt. Schon immer haben sich Christinnen und Christen Gedanken gemacht, wie man auch bei Konflikten achtsam und wertschätzend miteinander umgehen kann. Von Jesus selbst kommt folgender Vorschlag: Wenn jemand dir Unrecht tut, dann bringe das auf den Tisch und sprich es aus. Aber zuerst unter vier Augen, damit er sein Gesicht wahren kann. Wenn das nichts hilft, such einen neutralen Vermittler und redet zu dritt oder viert. Wenn auch das nicht hilft, sprich das Problem innerhalb der Gemeinde an. Ähnliche Tipps und Richtlinien gibt es viele; sie klingen schön, sind aber in der Praxis nicht immer umzusetzen.

Der Umgang mit der Macht

Eine besondere Schwierigkeit tritt auf, wenn Menschen sich nicht auf Augenhöhe begegnen, sondern wenn Machtfragen oder gegenseitige Abhängigkeiten im Spiel sind. Im wirklichen Leben kommt das sehr oft vor: Nicht nur im Staat wird Macht ausgeübt, sondern auch in Unternehmen, am Arbeitsplatz, im Verein, in einer Familie, ja in jeder Beziehung. Das lässt sich gar nicht vermeiden, auch in der Kirche nicht. Und es ist auch nichts Schlechtes. Nur braucht es Regeln für den Umgang mit Macht und für die Kontrolle von Macht. Solche Regeln werden nie perfekt sein. Sie dürfen und müssen sich im Laufe der Zeit auch verändern. Deshalb muss man auch bestehende Regeln immer wieder hinterfragen und verbessern.

Wie in jeder Gemeinschaft wird auch in der Kirche Macht ausgeübt – auf verschiedenste Weise: beispielsweise trifft ein Vorgesetzter eine Personalentscheidung; eine Synode legt Schwerpunktthemen für die kommenden Jahre vor; ein Presbyterium oder ein Pfarrgemeinderat gibt der Arbeit für Geflüchtete Vorrang vor der Arbeit mit Jugendlichen; eine Kirchenmusikerin spielt im Gottesdienst nur Lieder, die ihren Vorlieben entsprechen; die Gemeindemitglieder weigern sich, den Gottesdienst zu besuchen, wenn der junge ausländische Pfarrer predigt – in allen diesen Fällen wird Macht ausgeübt. Das ist nicht von vornherein schlecht oder gar böse; es ist einfach unvermeidlich. Problematisch ist allerdings, dass viele es nicht wahrhaben wollen, dass in der Kirche Macht ausgeübt wird und dass es innerhalb der Kirche Menschen gibt, die von anderen abhängig sind.

Kirchlich Verantwortliche (auf allen Ebenen) reden gerne davon, dass sie ihr (großes oder kleines) Führungsamt als Dienstamt begreifen. Zweifellos meinen die meisten das ehrlich und opfern sich nicht selten völlig für den Dienst an der Gemeinschaft auf. Das mag persönlich in höchstem Maße ehrbar sein. Es führt aber leicht dazu, dass man blind dafür wird, dass man, indem man seinen Dienst ausübt, auch Macht ausübt, und dass diese Macht auch kontrolliert werden muss. Sicherlich stellt sich die Problematik in verschiedenen christlichen Gemeinschaften und auf verschiedenen Ebenen unterschiedlich dar. In der katholischen Tradition ist Macht beispielsweise häufig an bestimmte Ämter und damit an Personen gebunden. In der evangelischen Tradition liegt die Macht oft bei Gremien, die aus mehreren Personen bestehen. Wir schreiben „häufig" und „oft", weil es in beiden Fällen auch gegensätzliche Beispiele gibt. Es ist auch nicht so, dass das eine gut und das andere schlecht wäre. Jedes System der Machtverteilung hat seine Vor- und seine Nachteile, seine speziellen Risiken und seine speziellen Chancen.

Man kann es vielleicht allgemein sagen: Der Umgang mit Macht stellt eine wichtige Herausforderung für die meisten christlichen Gruppierungen dar. Die Schwierigkeit entsteht wahrscheinlich dadurch, dass eine christliche Gemeinschaft ja eigentlich durch den gemeinsamen Glauben, durch das Gefühl der Geschwisterlichkeit und die gegenseitige Nächstenliebe zusammengehalten werden soll. Da könnte man meinen, es bräuchte keine formalen Regeln für den Umgang miteinander und die Ausübung von Macht. Ja man könnte es geradezu für kalt und herzlos ansehen, das Gemeinschaftsleben starren Regeln zu unterwerfen, statt auf die Spontaneität der geschwisterlichen Liebe zu vertrauen. Wer wollte schon die Liebe regulieren! – Eine solche Haltung mag verständlich oder gar sympathisch sein. Sie ist aber grundfalsch. Jede Gemeinschaft braucht Regeln, jede Macht braucht Kontrolle, jedes Glied einer Gemeinschaft muss in festgelegter Form seine Meinung und seine Interessen äußern und einbringen können. Das ist unerlässlich, auch in der Kirche. Regeln sorgen für Klarheit und können einen Raum schaffen, in dem sich ein guter gemeinschaftlicher Geist entfalten kann. Das ist von grundlegender Bedeutung.

Gleichzeitig bleiben Regeln und Strukturen etwas Äußerliches. Das, worauf es letztlich ankommt, ist der Geist der Gemeinschaft selbst, der nicht herbeigezwungen werden kann. Er kann letztlich nur als Geschenk empfangen werden – muss aber auch angestrebt, erbeten, gepflegt und kultiviert werden. So wie der Glaube selbst. Das bleibt eine ständige Aufgabe, für die Kirche als Ganzes, aber auch für jede größere oder kleiner christliche Gruppierung.

10. Schwierigkeiten mit der Kirche

Die Kirche ist alles andere als perfekt ...

Es ist schon mehrfach angeklungen: Die Kirche ist nicht perfekt. Für manche wird das zu harmlos klingen. Nicht wenige haben mit der Kirche schlimme Erfahrungen gemacht, die sie ihr Leben lang belasten. Sie wurden von Vertretern der Kirche missbraucht, belogen, eingeschüchtert, verbogen, ausgenutzt. Ein dramatisches Beispiel dafür war in den vergangenen Jahren der Skandal um sexuellen Missbrauch von Kindern und Jugendlichen, der insbesondere die katholische Gemeinschaft weltweit erschüttert hat. Zum Missbrauch selbst kam vielfach noch die Vertuschung oder Verharmlosung des Missbrauchs durch kirchliche Verantwortliche hinzu. Dieser Skandal ist noch weit davon entfernt, genügend aufgearbeitet zu sein.

Leider ist der Missbrauchsskandal aber nur das jüngste Beispiel für furchtbare Verfehlungen, von denen die Kirchengeschichte viele weitere kennt: Kreuzzüge, Hexenverfolgung, Judenfeindlichkeit, Verfolgung Andersgläubiger, „Missionierung" ohne Rücksicht auf indigene Kulturen, Anbiederung an Diktatoren, fundamentalistische Geiferer und so weiter. Die Geschichte des Christentums lässt sich auch als Kriminalgeschichte schreiben, von Anfang an und bis heute. Viele Menschen ziehen daraus die Konsequenz, dass sie von der Kirche nichts mehr wissen wollen. Sie kehren dieser Gemeinschaft der Gläubigen enttäuscht, erbost oder verbittert den Rücken.

Natürlich könnte man, ganz leise, einwenden, dass die Menschheitsgeschichte auch abseits des kirchlichen Einflussbereichs eine Geschichte fortgesetzter Grausamkeit ist; dass man die Geschichte der Kirche auch anders schreiben kann; dass es jedenfalls zu allen Zeiten innerhalb der Kirche hochherzige und integre Menschen gegeben hat, die ihren Glauben ernst genommen und glaubhaft gelebt haben. Aber solche Argumente sind Opfern kirchlichen Missbrauchs gegenüber nicht angebracht. Sie wiegen nicht das Leid auf, das jemand persönlich erfahren hat, und auch nicht die berechtigte Wut, die jemand empfindet, der mit den angedeuteten Abgründen in der Kirche konfrontiert wurde.

Deshalb bleibt der Kirche hier wohl nur zu schweigen, den eigenen Verfehlungen ins Auge zu sehen, das Leid, das sie verursacht hat, mitzutragen (wenn auch verspätet) und zu lindern; und natürlich muss sie ihr Möglichstes tun, solche Verfehlungen für die Zukunft unmöglich zu machen. Erst dann darf sie es wagen, die Menschen, denen gegenüber sie sich ins Unrecht gesetzt hat, um Vergebung zu bitten. Einfordern kann sie solche Vergebung nicht.

Die Kirche als Hindernis für den Glauben

Es ist schlimm, wenn Menschen Leid zugefügt wird. Wenn die Kirche Leid zufügt, ist es doppelt katastrophal, denn die Kirche macht dann obendrein den christlichen Glauben unglaubwürdig. Wenn die Kirche sich übergriffig und missbräuchlich, mafiös und verbrecherisch zeigt, dann wird sie geradezu zu einem Hindernis dafür, christlich zu glauben. Sie wird dann genau zum Gegenteil dessen, was sie sein soll. Wer eine solche pervertierte Kirche erlebt, dem kann man nicht übelnehmen, wenn er auch vom christlichen Glauben nichts mehr wissen möchte.

Aber unendlich traurig ist es doch! Denn der Glaube ist ja das glatte Gegenteil von dem, was hier vermittelt wurde. Der – richtig verstandene und recht gelebte – christliche Glaube zwingt nicht, er engt nicht ein, er verkrümmt nicht, er macht nicht klein und knickrig, nicht furchtsam und ängstlich, nicht liebedienerisch oder skrupulös. Wer christlich glaubt, weiß vielmehr, dass er geliebt und geborgen ist, befreit von allem, was ihn verbiegen und einschüchtern könnte, getröstet und unendlich wertvoll, gut aufgehoben für immer.

Man wird nur hoffen können, dass Menschen, die in der Kirche gedemütigt oder gemobbt worden sind, an anderer Stelle Achtung und Trost, Zuneigung und Liebe erfahren. Vielleicht können auch Christinnen und Christen dazu beitragen? Sie wären dann diesen Menschen gegenüber das andere, bessere Gesicht der Kirche – auch wenn sie kaum als Kirchenvertreter wahrgenommen würden. Aber darauf kommt es auch nicht an.

Auch mit Blick auf die Kirche kommt es nicht in erster Linie darauf an, wie die Menschen sie wahrnehmen und welchen Ruf sie hat. Worauf es ankommt, ist, dass sie ihre Botschaft glaubhaft lebt und verkündet. Es geht nicht um das Image der Kirche, es geht um das, was in ihrem Inneren lebendig ist und gelebt wird. Nur wenn in ihr selbst die frohe Botschaft des Christentums lebendig ist und gelebt wird, kann die Kirche für andere zum lebendigen Zeichen für Gottes Gegenwart in der Welt werden.

... aber ohne Kirche geht es nicht ...

Glaube ja, Kirche nein?

Manche Menschen haben kein Vertrauen zur Kirche, schätzen aber vieles am christlichen Glauben. Sie unterscheiden zwischen der Kirche, mit der sie nichts zu tun haben wollen, und der christlichen Spiritualität, von der sie sich gerne inspirieren lassen. Sie versuchen auf eigene Faust oder im Rahmen einer freien Gruppierung, christlich zu leben.

Das klingt sympathisch: frei zu glauben, ohne sich übergeordneten Regeln zu unterwerfen und ohne sich mehr mit den Unzulänglichkeiten der Kirche auseinandersetzen zu müssen! Es passt auch gut zu einer Gesellschaft, in der man größten Wert auf individuelle Selbstverwirklichung und das Ausleben der eigenen Freiheit legt. Unter Freiheit versteht man dabei, dass man Bindungen möglichst vermeidet und Verbindlichkeiten, die man eingegangen ist, jederzeit auch wieder aufkündigen kann. Für große Organisationen ist ein solches geistiges Klima schwierig. Die politischen Parteien in Deutschland haben zwischen 1990 und 2020 die Hälfte ihrer Mitglieder verloren. Besonders betroffen waren die großen Parteien. Einen ähnlichen Mitgliederschwund erlebten die Gewerkschaften. Für den gesellschaftlichen Zusammenhalt sind das keine guten Nachrichten. Für die organisierte Kirche auch nicht, denn sie ist ebenfalls schwer betroffen: Die Leute kehren ihr reihenweise den Rücken. Und auch von denjenigen, die nicht offiziell austreten, lassen viele den regelmäßigen Kontakt zur Kirche – also zur Gemeinschaft mit anderen Gläubigen – einschlafen.

Glauben ist wie Fußball spielen

Persönliche Freiheit und Individualität sind nichts Schlechtes. Sie stehen auch nicht im Gegensatz zum christlichen Glauben. Im Gegenteil: Der christliche Glaube betont ja, dass jeder Mensch persönlich von Gott geliebt ist und dass jeder Mensch in seiner ganz individuellen Eigenart wertvoll ist. Allerdings ist Individualität aus christlicher Sicht nur die eine Seite der Medaille. Denn kein Mensch steht für sich allein. Jeder ist eingebunden in ein Geflecht von Beziehungen. Niemand kann sich selbst finden und verstehen, ohne auf andere Bezug zu nehmen. Ob ich es will oder nicht: Ich bin das Kind meiner Eltern, die Schwester meines Bruders, der Ehemann meiner Frau, die Freundin meiner Freundin, die Kollegin, der Vereinskamerad, ich bin Vater oder Mutter meiner Kinder. Ohne dieses Geflecht von (guten oder problematischen, lebendigen oder toten) Beziehungen wäre ich nicht die individuelle Person, die ich bin.

Auch vor Gott stehe ich sozusagen nicht für mich allein. Ich stehe vor Gott immer auch als jemand, der von anderen Menschen geprägt worden ist, und der für andere Menschen Verantwortung trägt. Ich stehe vor Gott als jemand, der eingebunden ist in ein Beziehungsgeflecht. Und so sehr ich auch selbst verantwortlich bin, meinen Glauben zu pflegen: auch meinen Glauben verdanke ich letztlich anderen – nämlich der Gemeinschaft der Gläubigen, also der Kirche. Wir wiederholen hier nur, was wir bereits gesagt haben: Niemand kann für sich allein als Christin oder als Christ leben. Christsein geht nur in Gemeinschaft. Das ist wie beim Fußball: es braucht 22 Spieler, vielleicht auch nur 14 oder zur größten Not gar nur zwei; aber alleine ein Fußballspiel zu veranstalten, das geht nicht. Mit dem Glauben ist es genauso. Es braucht die Gemeinschaft. Es gibt zu Gott keinen individualistischen Schleichweg, der an der Gemeinschaft mit anderen Menschen vorbeiführt. Auf eigene Faust christlich glauben zu wollen, wäre ein Widerspruch in sich. Die Kirche verlassen und gleichzeitig Christ bleiben zu wollen – das geht nicht.

Nochmals: Was ist Kirche?

Allerdings haben wir ja bereits gesagt, dass wir mit Kirche bisher immer die Gemeinschaft aller christlich Gläubigen meinen – und die ist sicher etwas anderes und größer als zum Beispiel die Organisation katholische oder evangelische Kirche. Der Heilige Geist wirkt ganz sicherlich auch außerhalb dieser organisierten Kirchen, oft wahrscheinlich ohnehin dort, wo wir das am wenigsten vermuten. Es ist also durchaus denkbar, dass jemand zwar aus der Organisation Kirche austritt, aber vielleicht immer noch zur Kirche, so wie wir sie hier verstehen, gehört. Wer sich, alleine oder in einer Gruppe, von der organisierten Kirche trennt (also zum Beispiel aus der katholischen oder der evangelischen Kirche austritt), verlässt jedenfalls nicht den Raum von Gottes Liebe.

Trotzdem ist auch ein Austritt aus der Organisation Kirche ein sehr ernster Schritt. Denn die Gemeinschaft aller christlich Gläubigen ist schwer greifbar. Greifbar wird sie am ehesten doch in der Organisation Kirche, beziehungsweise in christlichen Gruppen oder Gemeinden, die mit dieser Organisation verbunden sind. Die Organisation Kirche ist nicht perfekt und oft sogar auf schmerzlichste Weise fehlerhaft. Aber sie ist das Band, das uns nicht nur mit anderen Christen in der ganzen Welt verbindet, sondern auch, durch die Geschichte hindurch, mit den Christen früherer Generationen bis hin zu Jesus Christus selbst.

Der organisierten Kirche verdanken wir, dass der Glaube über Jahrhunderte hinweg bis zu uns weitergegeben wurde und dass wir ihn heute in einer weltumspannen-

den Gemeinschaft gemeinsam bekennen und feiern können. Wer sich heute in seinem Leben oder Glauben auf Jesus Christus beruft, kann das nur tun, weil die organisierte Kirche die lebendige Erinnerung an ihn über 2000 Jahre hin überliefert und wachgehalten hat. Auch die Evangelien oder die Bibel allgemein bieten keine Abkürzung, die an der organisierten kirchlichen Gemeinschaft vorbei zu Jesus führen würde; denn die Evangelien verdanken sich der Überlieferung der ersten Christinnen und Christen, sie wurde in der jungen christlichen Gemeinde geschrieben, sie wurde für diese geschrieben und von dieser ausgewählt und weiterüberliefert. Wie man es auch dreht und wendet: ohne organisierte Kirche gäbe es keinen christlichen Glauben. Wer die organisierte Kirche verlässt, verweigert sich damit einer Gemeinschaft, der er letztlich auch seinen eigenen Glauben verdankt, und die ihn in seinem Glaubensleben auch weiter tragen könnte – und zu der er auch etwas beizutragen hätte, und wenn es sein Ringen, seine Kritik und sein Zweifel wären!
Einen weiteren Gesichtspunkt wollen wir an dieser Stelle nur andeuten. Dass der Raum von Gottes Liebe größer ist als die organisierte Kirche, haben wir eben gesagt. Dass kein Fleckchen dieser Welt und erst recht kein Mensch gottverlassen ist, sollte klargeworden sein. Ebenso haben wir bereits geschrieben, dass Gottes Heiliger Geist sich wenig um Grenzen schert; er wirkt innerhalb und außerhalb organisierter Kirchenstrukturen und in Menschen jeglichen Glaubens und Unglaubens. Gottes Gegenwart kann ich deshalb nicht nur innerhalb der organisierten Kirche erfahren, sondern überall; etwa in der Natur, in einer Begegnung, in Not und Bedrängnis, in Freude und Glück. Dennoch tritt Gott uns in der sichtbaren Gestalt der Kirche – also in der Organisation Kirche – in besonderer Weise entgegen. Vor allem gilt dies für die Sakramente, die ja lebendige Zeichen für Gottes Gegenwart sind. Die Sakramente kann aber niemand für sich allein feiern, niemand kann sie sich selbst geben. Feier und Empfang der Sakramente sind gebunden an die organisierte kirchliche Gemeinschaft. Der regelmäßige Empfang der Sakramente ist aber für ein Leben aus dem christlichen Glauben eine ganz entscheidende Hilfe. Auf Dauer darauf zu verzichten und dennoch am christlichen Glauben festhalten zu wollen, würde uns zumindest sehr schwierig erscheinen.

… und Kirche kann auch anders!

Zum Schluss dieses Kapitels wollen wir noch eine andere Blickrichtung aufzeigen. Es war jetzt oft davon die Rede, dass die Kirche (zumindest die organisierte Kirche) viele Fehler hat und dass viele Menschen sogar schlimmstes Unrecht in der Kirche erfahren haben. Daran gibt es nichts zu beschönigen.

Es gibt aber auch andere, gute und sehr schöne Erfahrungen mit der Kirche und mit Vertreterinnen und Vertretern der Kirche! Wir selbst haben viele solche Erfahrungen gemacht. Wir verdanken der Kirche und vielen Menschen in der Kirche unendlich viel. Wir kennen viele Menschen, die in einem Kloster oder Orden leben. Auch viele, die hauptamtlich als Seelsorgerinnen und Seelsorger in der katholischen oder evangelischen Kirche arbeiten. Wir kennen Männer, die als katholische Priester darauf verzichtet haben, zu heiraten und eine Familie zu gründen. Wir kennen auch Frauen, die sich bewusst für ein Leben als Single entschieden haben, um Jesus auf diese Weise nachzufolgen. Vor allem aber kennen wir viele Menschen, die sich als normale Gläubige in christlichen Gemeinden engagieren oder einfach ihren Glauben im Alltag zu leben versuchen.

Nicht alle diese Menschen sind uns sympathisch oder gar enge Freunde. Aber in der Begegnung mit diesen Menschen haben wir erfahren, wie ungeheuer bereichernd es ist, sich über seinen Glauben auszutauschen, miteinander zu beten oder einfach zu wissen, dass man mit dem christlichen Glauben eine große Gemeinsamkeit hat, die einen verbindet und wirklich zu Brüdern und Schwestern macht.

Wir waren auch mehrere Jahre im Ausland und haben es dort als besonders beglückend erfahren, in christlichen Gemeinden auf Menschen zu stoßen, mit denen wir sofort ins Gespräch kamen, weil unser Glaube eine gemeinsame Grundlage war. Dass die Kirche eine weltweite Gemeinschaft ist, merken wir auch jedes Mal, wenn wir auf einer Urlaubsreise in den Gottesdienst gehen; wir verstehen da oft kein Wort, aber das ist nicht so entscheidend – wir wissen, dass weltweit die gleichen Texte aus der Bibel gelesen, die gleichen Gebete gesprochen und das Brot auf gleiche Weise geteilt wird. Vor dem Teilen des Brotes wird in der katholischen Kirche überall auf der Welt bekräftigt, dass die jeweilige Gemeinde nicht nur für sich feiert, sondern dass sie dabei in Gemeinschaft steht mit der Kirche in Rom und damit mit der Kirche in der ganzen Welt. Wenn man dies in einem fremden Land erlebt, fühlt man sich dort gleich ein bisschen zu Hause; man ist nicht mehr nur Tourist oder Gast, sondern gehört in einem tiefen Sinn zur gleichen Gemeinschaft wie die Menschen, die dort leben.

Vor allem aber erfahren wir in der Kirche, dass unser Leben bei Gott aufgehoben ist und dass Gott uns mit seinem Heiligen Geist beisteht. Es ist uns wichtig und es tut uns gut, jeden Sonntag (und manchmal auch unter der Woche) an einem Gottesdienst teilzunehmen und dort das Brot miteinander zu teilen, in dem Jesus Christus selbst uns nahekommt. Auch die anderen Sakramente sind uns in unserem Leben wichtig. Besonders wichtig ist für uns, dass wir auch unsere Ehe als Sakrament sehen dürfen, also als eine Gelegenheit, Gott in unserer Beziehung als gegenwärtig und wirksam zu erfahren, ja als Fundament, das unsere Beziehung trägt und ihr tieferen Halt verleiht, als wir ihr aus eigener Kraft geben könnten.
All das heißt nicht, dass wir das Leben in der Kirche immer nur einfach und rosig fänden. Aber auch das Leben als Ehepaar und in einer Familie ist nicht immer nur einfach und rosig. Da gibt es Probleme und Durststrecken, Streit und Ärger. Vor allem gibt es den Alltag, der oft langweilig und mühsam, beschwerlich und lästig, manchmal von Sorgen überschattet ist. Trotzdem sind wir glücklich, dass wir als Ehepaar und mit unserer Familie leben dürfen. Und irgendwie gehört es sogar dazu, dass es manchmal auch Streit gibt und dass es oft mühselig ist. Genauso erleben wir das in der Kirche auch: Da erleben wir viel Alltag, viel Mühseligkeiten, Missverständnisse, lieblos gestaltete Gottesdienste, Christen, die oft gar nicht christlich miteinander umgehen. Das gehört – leider – dazu. Trotzdem sind wir glücklich, dass wir zur Kirche – auch zur Organisation katholische Kirche – gehören dürfen. Wir stehen damit in Gemeinschaft mit allen christlich Gläubigen. Und wir erfahren uns damit in Gemeinschaft mit Jesus Christus selbst!

11. Das persönliche Leben aus dem Glauben gestalten

Christlich leben kann man nur in Gemeinschaft. Gleichzeitig ist der christliche Glaube eine ganz persönliche Angelegenheit. Er betrifft direkt mein Leben. Wenn ich christlich glaube, werde ich anders leben, als wenn ich nicht christlich glauben würde. Wie anders leben? Darum soll es in diesem Kapitel gehen.

Ein Missverständnis wollen wir von vornherein ausräumen: Manche halten den christlichen Glauben für eine Morallehre, also für eine Sammlung von Vorschriften über das, was man tun darf – und vor allem: über das, was man nicht tun darf. Christen stellt man sich dann oft als ziemlich verklemmte, bestenfalls weltfremde Menschen vor, die überall nur Verbotsschilder sehen oder gar aufstellen wollen. Diese Vorstellung ist verbreitet, aber sie ist grundfalsch. Der christliche Glaube ist erstens keine Morallehre und zweitens geht es ihm deshalb auch nicht darum, irgendwas zu verbieten. So viel vorab zur Klarstellung.

Glaube kommt aus persönlicher Erfahrung

Bis vor nicht allzu langer Zeit war es in vielen Gegenden Europas normal, dass die Mehrheit der Menschen sonntags in die Kirche ging. Wer das nicht tat, wurde schnell zum Außenseiter. Heute ist hierzulande meistens das Gegenteil der Fall: Wenn man als Christ lebt und seinen Glauben ernst nimmt, eckt man an und ist die Ausnahme. Christinnen und Christen sind fast nirgends mehr in der Mehrheit. Das macht es nicht einfacher, christlich zu leben. Aber es hat einen Vorteil: Wer heute zum christlichen Glauben findet, der meint es in der Regel ernst. Wer bei uns versucht, als Christ zu leben, der tut das, weil er das von sich aus tun will, und nicht, weil es irgendjemand so erwartet oder gar vorschreibt. Und das ist gut so. Denn christlich zu glauben heißt ja, persönlich von der Bedeutung der christlichen Botschaft überzeugt zu sein und vor allem: sich persönlich auf Gott einlassen und sein eigenes Leben ganz auf Christus bauen zu wollen. Christliches Glauben und Leben muss deshalb immer eine persönliche Entscheidung sein.

Aber eine solche Entscheidung trifft man in der Regel nicht, indem man nur nachdenkt und Argumente dafür und dagegen abwägt. Um mich für etwas entscheiden zu können, muss ich erst einmal wissen, um was es dabei geht; ich muss den Glauben also erst einmal kennengelernt haben. Der Glaube aber betrifft nicht nur den Kopf, sondern auch das Herz und überhaupt meine ganze Person. Deshalb muss ich ganz persönlich, mit Herz und Kopf und Leib und Seele, erfahren haben, um was es beim christlichen Glauben geht. Nur dann kann ich mich für diesen Glauben entscheiden. Umgekehrt ist es aber immer schon eine kleine Entscheidung, wenn ich mich darauf einlasse, eine Glaubenserfahrung zu vertiefen. Die Entscheidung für den Glauben und die Erfahrung des Glaubens gehören also untrennbar zusammen.

Glaube muss erfahren werden

Bleiben wir zunächst bei der Erfahrung. Dass es Menschen gibt, die es gut mit uns meinen und bei denen wir geborgen sind, erfahren wir – hoffentlich – schon als Babys, wenn unsere Eltern uns liebevoll in den Arm nehmen. Die Erfahrung, von anderen Menschen gemocht zu werden und angenommen zu sein, ist ungeheuer wichtig, um überhaupt Vertrauen zu sich selbst und in sein Leben entwickeln zu können. Gleichzeitig ist sie der erste Schritt hin zu der Erfahrung, die den christlichen Glauben begründet. Diese geht allerdings noch weit über die Erfahrung, gemocht zu werden, hinaus: Sie besagt nicht nur, dass ich geborgen bin, sondern dass ich *auf ewig* geborgen bin; nicht nur, dass ich von einem bestimmten Menschen angenommen bin, sondern dass ich *vorbehaltlos mit unendlicher Liebe* geliebt bin. Aus dieser Erfahrung folgt im Grunde der ganze christliche Glaube. Der Glaube ist nicht das Ergebnis klugen Nachdenkens oder Nachforschens oder sonstiger Anstrengungen. Der Glaube ist letztlich eine lebendige Erfahrung und damit ein Geschenk.

Leider haben nicht alle das Glück, liebevolle Eltern zu haben oder Menschen zu finden, bei denen sie sich angenommen und gut aufgehoben fühlen. Wer nie die Erfahrung gemacht hat, dass er von anderen angenommen ist, der wird sich schwertun, sich selbst anzunehmen und Vertrauen in sich und andere zu entwickeln. Das wird es auch schwierig machen, sich der Erfahrung des christlichen Glaubens zu öffnen. Wenn es aber doch gelingt, wird es eine umso befreiendere Erfahrung sein: Stellen wir uns vor, ein Mensch hat nie erfahren, dass andere ihn respektieren, schätzen und mögen, so wie er ist – und dann kommt eine Person daher, die ihn tief im Innersten spüren lässt, dass er sein darf, wie er ist; dass es gut ist, dass er da ist; dass sein Leben sinnvoll ist und dass er sogar unendlich geliebt und auf immer geborgen ist: Dann kann eine solche Erfahrung diesem Menschen einen grandiosen neuen Anfang schenken und ein ganz neues Leben ermöglichen.

Das war schon zur Zeit von Jesus so: Jesus ging besonders auf die Menschen zu, die am Rand der Gesellschaft standen und die unbeliebt und ungeliebt waren: Ausländer und Behinderte, Prostituierte und Gauner. Diese Menschen erfuhren in der Begegnung mit Jesus, dass ihr Leben wertvoll – unendlich wertvoll – ist und dass sie angenommen und geliebt – mit unendlicher Liebe geliebt – sind. Das war für sie eine ungeahnte Befreiung und ein über alle Maßen beglückendes Geschenk.
Egal aber, ob ich zu den Glücklichen gehöre, die schon in einem liebevollen Umfeld aufgewachsen sind und von klein auf an die christliche Grunderfahrung herangeführt wurden, oder ob diese erst später in mein Leben eingebrochen ist: ohne Erfahrung gibt es keinen christlichen Glauben. Denn der christliche Glaube besteht genau darin: in der überaus beglückenden Erfahrung mit unendlicher Liebe geliebt zu sein; auf ewig geborgen zu sein; ohne jede Bedingung angenommen zu sein, wie ich bin. Weil Christinnen und Christen erfahren haben und wissen, dass sie geliebt sind, können sie sich auch selbst annehmen. Und weil sie mit sich selbst versöhnt sind, können sie auch anderen Menschen Versöhnung anbieten und in Harmonie mit der Umwelt leben.

Glaube drängt zur Entscheidung

Der christliche Glaube ist also ein Geschenk. Ich kann ihn mir nicht erarbeiten oder verdienen oder durch schlaues Nachdenken auf ihn kommen. Gleichzeitig aber ist der christliche Glaube auch eine Aufgabe und eine Herausforderung! Ich kann ein Geschenk, das mir angeboten wird, nämlich auch ablehnen. Oder es zwar annehmen, aber nicht auspacken; oder es auspacken, aber dann in einer Ecke stehen lassen, ohne es zu benutzen; oder es benutzen, aber geringschätzig damit umgehen, sodass es kaputt geht. So ist es auch beim christlichen Glauben. Er ist ein Geschenk, aber kein Automatismus. Seine Quelle ist eine Erfahrung, die ich mir nicht kaufen oder auf eigene Faust beschaffen kann. Aber was ich dann mit dieser Erfahrung mache, das steht in meiner eigenen Verantwortung. Im Idealfall werde ich der Erfahrung nachspüren, ihr Raum zur Entfaltung geben, über sie nachdenken und versuchen, sie besser zu verstehen und besser zu erfassen. Und wenn sie im Laufe der Zeit verblasst oder wenn sie mir zu entgleiten droht, werde ich versuchen, sie festzuhalten oder neu nach ihr zu suchen.
Mit anderen Worten: Der christliche Glaube drängt mich zu einer Entscheidung. Ich kann nicht mit ihm flirten. Ich muss ernst machen mit ihm. Sonst werde ich ihn nie richtig kennenlernen und verstehen. Das ist wie mit der Beziehung zu

einem Menschen: Es ist schön, wenn ich jemandem begegne, der mir sympathisch ist, und ich ein paar schöne Stunden mit ihm verbringe. Aber wenn daraus eine echte Beziehung werden soll, muss ich ernst machen. Ich muss mich dann ganz auf diesen anderen Menschen einlassen – und umgekehrt, diesen anderen Menschen ganz an mich heranlassen. Das erfordert Mut! Ich muss alle Masken ablegen. Ich mache mich verletzlich. Ich werde mich dem anderen anpassen müssen. Eine tiefe Beziehung zu einem anderen Menschen ändert zwangsläufig mein ganzes Leben. Das ist meist anstrengend und nicht nur angenehm. Aber gleichzeitig ist es ungeheuer bereichernd, in eine Beziehung hineinzuwachsen, die mir Halt gibt und die mich trägt.

Genauso ist es beim Glauben! Wenn ich mich auf den Glauben einlasse, ändert das zwangsläufig mein ganzes Leben. Das braucht Mut, ist anstrengend und oft nicht angenehm. Der christliche Glaube ist kein Wellness-Sahnehäubchen auf meinem Leben. Er macht das Leben nicht einfacher! Aber je mehr ich mein Leben aus dem Glauben heraus gestalte, desto mehr werde ich merken, dass mein Leben reicher wird. Ich werde merken, dass der Glaube eine Antwort auf die Frage nach dem Sinn meines Lebens darstellt. Der christliche Glaube wird mein Leben tragen – aber nur wenn und genau in dem Maße, wie ich mein Leben auf diesen Glauben baue.

Die Liebe an mich heranlassen ...

Damit bleibt richtig, was wir gesagt haben: Beim christlichen Glauben geht es nicht darum, irgendetwas zu verbieten. Der christliche Glaube setzt dem, was ich tun und wie ich mich verhalten soll, keine äußere Schranke. Gleichzeitig ist aber auch klar: Wenn ich mich auf den christlichen Glauben einlasse, ändert das mein Leben grundlegend. Ich werde mich und mein Verhalten neu ausrichten müssen. Nicht weil es mir von außen befohlen würde, sondern weil ich es mich dann aus meinem Inneren heraus danach drängt.

Zwei Beispiele zeigen, was damit gemeint ist: Wenn meine Freundin deprimiert ist und sich bei mir ausweinen möchte, werde ich mir die Zeit nehmen und ihr zuhören, auch wenn ich gerade lieber mit einem Kumpel ins Kino gehen würde. Oder wenn mein Baby wegen Ohrenschmerzen schreit, werde ich es in den Arm nehmen und in den Schlaf wiegen, auch wenn ich selbst todmüde und am Ende meiner Kräfte bin.

In beiden Fällen muss mir niemand von außen vorschreiben, was ich tun soll. Ich mache aus eigenem Antrieb viel mehr, als man mir überhaupt vorschreiben

könnte – weil ich meine Freundin mag und weil ich mein Baby liebhabe! Verliebte nehmen die größten Strapazen auf sich, um beieinander zu sein; Freundinnen stehen einander in Schwierigkeiten bei; Eltern opfern sich oft selbst auf für ihre Kinder. In Beziehung zu jemandem stehen und gar jemanden lieb zu haben, macht das Leben nicht einfacher. Im Gegenteil. Aber: Beziehungen zu pflegen und gar jemanden lieb zu haben, macht das Leben unendlich viel reicher und glücklicher! Ganz ähnlich gilt das für die Liebe zu Gott und den christlichen Glauben. Der Glaube schreibt mir nicht äußerlich vor, was ich machen soll. Aber wenn ich Gottes Liebe an mich heranlasse und glaube, werde ich aus eigenem Antrieb viel weiter gehen, als man es mir überhaupt vorschreiben könnte. Augustinus von Hippo hat das zu Beginn des fünften Jahrhunderts etwa so ausgedrückt: Lebe in Gottes Liebe, dann kannst Du machen was Du willst, denn dann wirst Du ganz von selbst das Richtige tun.
Besser kann man das auch 1600 Jahre später nicht sagen. Damit ist eigentlich alles gesagt, was in diesem Kapitel „Das persönliche Leben aus dem Glauben gestalten", zu sagen ist. Wir wollen das im Folgenden aber noch etwas ausbuchstabieren.

Glaube muss gepflegt werden

Für Christen kommt also alles darauf an, in Gottes Liebe zu leben. Das klingt zunächst einfach: Haben wir nicht auf jeder dritten Seite dieses Buches wiederholt, dass Gott jede und jeden von uns schon immer und ohne jede Bedingung liebt? Ja, und es bleibt dabei: auf Gottes Liebe können wir uns verlassen, egal was wir tun. Aber dass ich von Gott geliebt bin, heißt noch nicht, dass ich auch in dieser Liebe lebe! Gottes Liebe zwingt mich nicht und überwältigt mich nicht. Um in ihr zu leben, muss ich sie an mich heranlassen und sie erwidern. Das ist manchmal einfach und wunderschön – manchmal aber auch schwierig und herausfordernd. Vor allem ist man damit nie fertig. In Gottes Liebe zu leben heißt: in Beziehung zu Gott zu treten und mein Leben aus dieser Beziehung heraus zu gestalten. Und eine Beziehung ist etwas Lebendiges. Sie ist nie fertig, sondern sie entwickelt sich stets weiter. Christlich zu glauben heißt deshalb zunächst, ein Leben lang seine Beziehung zu Gott zu pflegen und zu vertiefen. Wie geht das?

Beten

Um meine Beziehung zu Gott zu pflegen, muss ich mit Gott in Kontakt treten und bleiben. Genau das ist es, was Beten bedeutet: Mit Gott in Kontakt treten. Das kann mit Worten geschehen. Es gibt formulierte Gebete – wenn man sich in deren Worten wiederfindet, sind diese sicher nützlich. Andere beten lieber in eigenen, spontanen Sätzen. Bei vielen traditionellen Gebeten kommt es auch weniger auf die Worte selbst an, sondern eher darauf, dass einem das Aufsagen dieser Gebete hilft, sich einzuschwingen auf Gottes Gegenwart. Ähnlich gilt das für gesungene Gebete, also Lieder; hier tritt die Melodie neben den Text und hilft mir, meine Aufmerksamkeit auf Gottes Gegenwart zu lenken. Es geht auch ganz ohne Worte: Eine gesummte oder eine auf einem Instrument gespielte Melodie kann ebenfalls ein Gebet sein. Bewegungen, Gesten und bestimmte Körperhaltungen können ebenfalls das Beten unterstützen oder bereits selbst ein Gebet darstellen.

Auch was ich im Gebet zum Ausdruck bringe, kann verschieden sein: Es gibt Dankgebete oder Lobgebete, wenn ich mein Glück nicht bei mir behalten kann, weil mein Herz sonst zerspringt; es gibt Bittgebete, wenn ich eine Sorge oder ein Anliegen habe; es gibt Klagegebete, wenn ich meinen Frust, meinen Kummer, meine Trauer an jemanden hinschreien muss; es gibt suchende Gebete, wenn ich ratlos bin; es gibt betrachtende Gebete, wenn ich mir über etwas klarer werden möchte; es gibt Gebete, um Trost zu suchen; es gibt Gebete, in denen ich einfach vor Gott da sein möchte; es gibt Gebete, in denen es um mich selbst geht, und solche, in denen es um andere Menschen geht, und auch solche, in denen ich die Welt ins Gebet nehme. Manchmal kann ich vielleicht gar nichts mehr sagen oder ausdrücken, sondern Gott nur noch schweigend und ratlos meine Verzweiflung, meinen Kummer, mein wundes Herz hinhalten; vielleicht sind dies sogar die intensivsten Gebete.

Beten ist also sehr vielfältig. Vor allem ist es mehr als eine äußere Tätigkeit. Beten ist ein innerlicher Vorgang, das heißt ich muss mich dabei selbst einbringen. Worauf es ankommt, ist, dass ich mich auf Gott hin orientiere und versuche, Gottes Gegenwart nachzuspüren. Beten ist Beziehungspflege mit Gott. Wichtig ist deshalb, dass ich beim Beten nicht nur um mich selbst kreise, sondern dass ich Gott Raum gebe. Das kann geschehen, indem ich beispielsweise abends darüber nachdenke, welches Erlebnis des Tages ich als Begegnung mit Gottes Liebe deuten kann. Oder ich versuche, aufmerksam für die Regungen meines Herzens zu werden, durch die Gott zu mir sprechen möchte. Oder ich spüre bewusst den Dingen nach, die mich glücklich machen und aufleben lassen, und danke Gott dafür.

Die Bibel formuliert als Ziel: *Betet andauernd!* Das bedeutet nicht, dass man ständig fromme Formeln vor sich hin murmeln soll. Es bedeutet, dass man den Kontakt zu Gott nie abreißen lassen soll. Gott liebt mich andauernd; Beten bedeutet, diese Liebe an mich heranzulassen und mich in diese Liebe zu stellen.

Hören auf Gott

Eng verwandt mit dem Beten ist das Hören auf Gott. Die einzige Sprache, die Gott spricht, ist die Sprache der Liebe. Auf Gott zu hören heißt deshalb zunächst, Erfahrungen der Liebe – auch der Sehnsucht nach Liebe und der Suche nach Geborgenheit – nachzuspüren. Solche Erfahrungen mache ich jeden Tag; ich kann versuchen, in ihnen auch einen Zuspruch, einen Trost, einen Anruf oder eine Ermunterung Gottes zu hören. Das braucht etwas Übung und manchmal auch jemanden, der mir hilft, meine eigenen Erfahrungen recht zu deuten. In jedem Fall aber ist der wichtigste Kanal, auf dem Gott zu mir sprechen möchte, mein eigenes Leben und das, was mir jeden Tag widerfährt.
Aber ich bin ja nicht der einzige, zu dem Gott spricht. Die Bibel bezeugt in besonderer Weise, wie Gott Menschen angesprochen hat, ihnen Mut zugesprochen hat, ihnen widersprochen hat und sie durch ihr Leben begleitet hat. Die Bibel ist eine großartige Sammlung von Berichten über Begegnungen mit Gott. Sich mit den biblischen Erzählungen auseinanderzusetzen, ist deshalb auch eine hervorragende Weise, auf Gott zu hören. Für Christinnen und Christen haben dabei die Berichte über Jesus eine ganz besondere Bedeutung, denn in Jesus wird Gott ja selbst greifbar. Auf Jesus zu schauen, ist zweifellos eine besonders intensive Weise, auf Gott zu hören.
Hierzu ist die Beschäftigung mit der Bibel unverzichtbar. Wir sagen absichtlich nicht: das Lesen der Bibel; denn zum einen muss ich nicht unbedingt selbst lesen, ich kann mir auch sagen lassen, was in der Bibel steht; zum anderen aber reicht es nicht, nur zu lesen. Lesen ist zunächst nur eine äußere Beschäftigung. Worauf es ankommt, ist aber vor allem, das, was in der Bibel steht, innerlich, also mit Herz und Verstand zu erfassen. Wenn ich mir einen Abschnitt aus der Bibel vornehme, muss ich natürlich zunächst einmal verstehen, was dort überhaupt steht – manchmal kommen Worte vor, die ich nicht kenne, und oft ist es auch nützlich, über den geschichtlichen Hintergrund Bescheid zu wissen. Viel entscheidender ist aber, dass ich mich frage, was Gott mir heute sagen will, wenn ich einen solchen Abschnitt aus der Bibel lese. Ich muss mich bei der Beschäftigung mit der Bibel also auch selbst mit ins Spiel bringen. Ich muss versuchen, das, was ich lese, vor

dem Hintergrund meines persönlichen Lebens zu verstehen – um dann, umgekehrt, mein Leben vor dem Hintergrund der biblischen Erzählung besser deuten zu können. Auch das braucht eine gewisse Übung. Sehr hilfreich kann es sein, die Bibel nicht alleine, sondern gemeinsam zu lesen. Dann bringen auch die anderen ihre Fragen, Ideen und Erfahrungen mit ein, und das gemeinsame Lesen kann zu einem gemeinsamen Austausch und – wenn es gelingt – zu einem gemeinsamen Hören auf Gott werden.

Gottesdienste

Damit sind wir schon fast beim nächsten Punkt, der für die Pflege des Glaubens unerlässlich ist: die regelmäßige Teilnahme an Gottesdiensten. Gottesdienste sind gemeinschaftliche Feiern. Und Gemeinschaft ist für den christlichen Glauben unverzichtbar. Die Gemeinschaft der Gläubigen trägt den Glauben und gibt ihn weiter. In der Gemeinschaft der Gläubigen wird die Gegenwart von Jesus Christus direkt erfahrbar. Diese Gemeinschaft der Gläubigen untereinander und die Gemeinschaft mit Jesus Christus muss gefeiert werden, damit sie lebendig bleiben kann. Deshalb ist eine regelmäßige Teilnahme an Gottesdiensten für Christinnen und Christen unverzichtbar.

Gottesdienste können zu verschiedenen Gelegenheiten gefeiert werden und sehr unterschiedlich aussehen. Im Grunde genommen ist bereits ein gemeinsames Abendgebet in der Familie ein kleiner Gottesdienst. Darüber hinaus gibt es viele Formen gemeinsamen Feierns und Betens, alte und neue, einfache und komplizierte, lange und kurze. Eine zentrale Rolle spielt aber der Sonntagsgottesdienst, zu dem sich schon die ersten Christen jede Woche versammelt haben, um gemeinsam zu beten, Lesungen aus der Bibel zu hören und vor allem miteinander das Brot zu teilen.

Früher hat man, vor allem in der katholischen Tradition, von der Pflicht gesprochen, jeden Sonntag einen solchen Gottesdienst zu besuchen. Dies ist eine sehr unglückliche Formulierung! Denn wenn Christen am Sonntag zur Kirche gehen, tun sie das ja nicht, weil sie einem äußeren Befehl folgen – sondern weil es ihnen ein inneres Anliegen ist, ihren Glauben gemeinschaftlich zu feiern und zu pflegen. Natürlich bedeutet das nicht, dass man nur an Gottesdiensten teilnimmt, wenn man gerade Lust darauf hat. Auch eine Tennisspielerin hat nicht jeden Tag Lust auf ihr Training – aber wenn sie eine gute Tennisspielerin bleiben möchte, wird es ihr ein Anliegen sein, regelmäßig am Training teilzunehmen. So ähnlich ist es mit dem Sonntagsgottesdienst; wer seinen christlichen Glauben ernst nimmt, der weiß, dass dieser Glaube gepflegt werden muss und dass eine regelmäßige Teilnahme am Gottesdienst da in aller Regel dazugehört.

Sakramente

Ein Gottesdienst ist mehr als ein nettes Treffen mit anderen Menschen; er ist etwas anderes als eine Party unter Freunden. Der Gottesdienst ist vor allem eine Gelegenheit, mit Gott in Beziehung zu treten. Im Gottesdienst verbinden sich verschiedene Menschen zur Gemeinschaft der Gläubigen. Und damit wird die Gottesdienstgemeinschaft zum Werkzeug der Begegnung mit Gott und gleichzeitig zum lebendigen Zeichen von Gottes Gegenwart.

Solche lebendigen Zeichen haben wir oben Sakramente genannt. Das grundlegende Sakrament ist die Gemeinschaft der Gläubigen selbst. Aber die Zugehörigkeit zu dieser Gemeinschaft wird in bestimmten Handlungen besonders greifbar. Auch diese Handlungen sind deshalb Sakramente, also lebendige Zeichen.

Wenn ich mich taufen lasse, werde ich in die Gemeinschaft derjenigen, die zu Christus gehören wollen, aufgenommen. Wenn ich vom geteilten Brot esse, drücke ich damit aus, dass ich zu der Gemeinschaft gehöre. Wenn ich mit anderen, mit mir selbst oder mit Gott über Kreuz liege, wird mir im Sakrament der Versöhnung zugesprochen, dass ich nach wie vor dazugehöre und einen neuen Anfang versuchen darf. Wenn ich kirchlich heirate, zeige ich, dass wir als Paar nicht nur auf uns selbst fixiert sind, sondern dass wir zu zweit auf eine größere Gemeinschaft und letztlich auf die Gemeinschaft mit Gott angewiesen sind.

Wir haben Sakramente oben mit einem Kuss verglichen. Der Vergleich hilft auch hier weiter: Wenn ich in einer Liebesbeziehung lebe, wird es mir ein ganz natürliches Anliegen sein, den geliebten Menschen regelmäßig zu umarmen und ihm einen Kuss zu geben. Genauso wird es einer Christin und einem Christen ein Anliegen sein, regelmäßig die Sakramente zu empfangen. Denn die Sakramente sind nicht nur ein äußeres Zeichen meiner Verbundenheit mit der Gemeinschaft der Gläubigen. Sie stellen diese Gemeinschaft auch dar und bewirken diese – und sind damit ein besonderes wichtiges Element für die Pflege meiner Beziehung zu Christus.

Glaube muss gelebt werden

Was bedeutet der christliche Glaube aber nun für den Alltag? Wie muss ich als Christin oder als Christ handeln? Sollten Christen anders leben als andere Menschen? Müssen sie irgendwelchen speziellen Regeln folgen?
Auf die letzte Frage können wir klar antworten: Nein. Es gibt keine besonderen Vorschriften, die man als Christin oder als Christ im Alltag befolgen müsste. Für Christen gelten die gleichen moralischen Vorgaben, an die sich alle Menschen halten sollten: Niemanden umbringen, nicht lügen, gegebene Versprechen einhalten, nicht schlecht über andere reden, sich fair verhalten – und so weiter. Hinter solchen Vorschriften stehen sicherlich auch christliche Werte. Aber dass man nicht lügen oder betrügen soll, lässt sich wohl auch ohne christlichen Glauben begründen. Der christliche Glaube macht jedenfalls keine Vorgaben für das persönliche Verhalten, die sich nicht auch mit gesundem Menschenverstand begründen ließen.
Dennoch aber lautet die Antwort auf die zuvorletzt gestellte Frage: Ja. Ja – wer wirklich christlich glaubt, der wird anders leben, als wenn er nicht glauben würde. Aber nicht, weil ihm das von außen vorgeschrieben wird, sondern weil es ihn innerlich dazu drängt! Wer einen Menschen liebt, dem braucht man nicht zu sagen, dass er diesen Menschen nicht betrügen, ihn nicht hintergehen, ihn nicht für irgendetwas benutzen darf. Er wird dem anderen ohnehin nichts Böses tun. Im Gegenteil und darüber hinaus: es wird ihn innerlich drängen, dem anderen Gutes zu tun; er wird seine ganze Fantasie anstrengen, um den anderen glücklich zu machen; er wird sogar Nachteile für sich selbst in Kauf nehmen, damit es dem anderen gut geht. All das könnte man niemals von außen vorschreiben; man kann es nur freiwillig tun – aus Liebe.
Wie also wird ein Christ leben? Johannes Don Bosco, der sich im 19. Jahrhundert in der italienischen Stadt Turin mit ganzer Kraft für Waisen und Straßenkinder eingesetzt hat, hat die Antwort griffig zusammengefasst: Den Glauben zu leben heißt „fröhlich sein, Gutes tun und die Spatzen pfeifen lassen!" Etwas traditioneller kann man auch sagen: In einem christlichen Leben kommt es auf drei Dinge an: Glaube, Hoffnung und Liebe.

Fröhlich sein – oder: Glaube

Die Grundlage jedes christlichen Lebens ist der Glaube. Und dieser Glaube ist nicht nur für den Sonntag da, sondern vor allem für den Alltag. Glauben heißt –

das kann man nicht oft genug wiederholen – zu wissen, dass ich mit unendlicher Liebe geliebt bin. Wer diese Erfahrung gemacht hat, der braucht vor nichts und niemandem mehr Angst zu haben. Er weiß, dass er aufgehoben ist und in Ewigkeit nicht verloren gehen kann. Nicht einmal mehr vor dem Tod muss er sich fürchten. Leider haben auch die „besten" Christen diese ungeheure Wahrheit höchstens ansatzweise verstanden. Aber stellen wir uns eine Person vor, die wirklich ganz aus diesem christlichen Glauben heraus leben würde: Eine solche Person wäre absolut frei; sie hätte keinerlei Sorge, zu kurz zu kommen. Sie könnte sich – mit allen Fehlern, die sie gewiss immer noch hätte – selbst annehmen; sie stünde mit sich selbst im Einklang. Sie müsste sich nicht ängstlich verkrümmen, sondern könnte sich ohne Komplexe aufrichten. Sie wäre nicht fixiert auf sich selbst, sondern frei, andere in den Mittelpunkt zu stellen. Sie könnte für andere sorgen und in letzter Konsequenz sogar ihr Leben für andere aufopfern. In jedem Fall müssen wir uns eine solche Person als einen zutiefst fröhlichen Menschen vorstellen.
Christliche Fröhlichkeit ist nicht zu verwechseln mit lärmender Ausgelassenheit und übermütigem Zwang zu guter Laune. Christliche Fröhlichkeit ist eine lebensoffene Gelassenheit des Herzens, die auch Schmerz und Traurigkeit nicht ausschließt. Sie hat es nicht nötig, Trauer, Schmerz und Unrecht zu überspielen. Weil sie weiß, dass Gottes Liebe auch das abgrundtief Böse und das schlimmste Elend durchdringt, wird sie im Gegenteil die Kraft haben, auch schlimmstem Unrecht ins Gesicht zu sehen und tiefstes Leid an sich heranzulassen.
Wie gesagt: Eine solche Person, die den christlichen Glauben ganz verinnerlicht hätte, gibt es in der Realität leider nicht (wenn wir mal von Jesus selbst absehen). Aber wir sind sicher, dass zumindest aus einigen Christen ein klein wenig von einer solchen fröhlichen Zuversicht strahlt. Je mehr eine Christin wirklich aus ihrem christlichen Glauben heraus lebt, desto mehr wird sie jedenfalls ein fröhlicher Mensch sein und mit heiterer Gelassenheit (vielleicht auch manchmal laut singend, wenn sie ein entsprechendes Temperament hat) durch ihren Alltag gehen.

Gutes tun – oder: Liebe

Je mehr jemand spürt, dass er selbst geliebt ist, desto mehr wird er von dieser Liebe auch weitergeben können und wollen. Anderen Liebe weiterzugeben heißt: sie gelten lassen und ihnen Gutes wollen. Wer christlich glaubt, wird deshalb versuchen, so zu leben, dass es auch anderen gut geht und dass sie gut leben können. Das klingt zunächst sehr allgemein. Aber aus diesem Grundsatz lassen sich schon einige Folgerungen für das normale Leben ziehen: Christen werden nicht zuerst

auf den eigenen Vorteil schauen; sie werden Partei für Schwache und Benachteiligte ergreifen; sie werden sich für die Bewahrung der Schöpfung einsetzen und natürliche Ressourcen schonen. Diese Liste lässt sich lange fortsetzen. Darin liegt auch ein Problem. Denn niemand kann alles auf einmal tun. Wer sich zum Beispiel mit ganzer Kraft für ein Dritte-Welt-Projekt einsetzt, kann sich nicht gleichzeitig noch um benachteiligte Jugendliche kümmern und darüber hinaus für seine eigenen Kinder und die kranken Eltern da sein – und umgekehrt. Außerdem kann nicht jeder alles gleich gut: Die eine hat das Talent, ein großes Hilfsprojekt zu organisieren, der andere ist gut darin, im persönlichen Gespräch zuzuhören; eine setzt sich für den Umweltschutz ein, der andere hilft alten Menschen in der Nachbarschaft. Worauf es ankommt, ist vor allem, sein Herz zu öffnen, um wahrzunehmen, wo Not herrscht, und die Bereitschaft, sich zu deren Linderung einzusetzen. Und dann ist es in der Regel das Beste, mit dem Gutes tun sofort im Kleinen anzufangen, statt erst große Pläne zu machen, die sich dann doch zerschlagen.
Dieser Satz klingt nach einem etwas billigen Tipp aus einem Lebenshilfe-Ratgeber. Aber er führt uns zu einem interessanten Punkt. Denn natürlich kann man sagen: Gutes tun auch viele Menschen, die nicht christlich glauben; sie führen ein vorbildliches Leben, kümmern sich selbstlos um andere, engagieren sich mit großem Einsatz für humanitäre Zwecke oder andere wohltätige Projekte. Gutes zu tun, ist jedenfalls keineswegs eine Spezialdisziplin nur für Christen. Das ist auch nicht erstaunlich; wir sagten ja bereits, dass der christliche Glaube kein Verhalten fordert, das nicht auch der gesunde Menschenverstand nahelegen würde.
Aber Christinnen und Christen haben doch einen entscheidenden Vorteil: Sie wissen, dass das Gute und alles, was aus Liebe getan wird, nie vergeblich ist und in jedem Fall gültig bleibt. Denn sie wissen, dass die Liebe der Ausgangspunkt, der innerste Kern und das letzte Ziel jeder Wirklichkeit ist. Sie wissen, dass deshalb alles Gute und alles, was aus Liebe getan wird, über das Ende der Welt hinweg Bestand hat – auch wenn es nur eine Kleinigkeit ist, auch wenn es niemand merkt und auch wenn es den Lauf der Welt scheinbar nicht verändert. Wenn ich einen dementen alten Herrn besuche und ihm eine halbe Stunde lang die Hand halte – dann weiß ich als Christin, dass dies sinnvoll war, auch wenn der alte Herr das im Moment danach schon wieder vergessen hat. Wenn ich mir hilflos schweigend die Klagen einer unglücklichen Bekannten anhöre, weiß ich, dass das richtig war, auch wenn dadurch keines ihrer Probleme gelöst ist und sie danach immer noch so ratlos ist wie zuvor. Wenn ich als Einzige am Begräbnis einer alten Nachbarin teilnehme, weiß ich, dass es gut war, ihr diese letzte Ehre erwiesen zu haben, auch wenn das

sonst keinen kümmert. Mit anderen Worten: Auch beim Gutes tun sind Christen frei: frei von jedem Erfolgszwang oder Leistungsdruck. Sie wissen: auch die kleinste gute Tat ist es wert, getan zu werden, denn sie ist nicht vergebens, sondern sie verbindet mich mit dem Anfang und dem Ende, dem Glutkern und dem inneren Sinn der ganzen Wirklichkeit.

Freilich müssen wir auch hier wieder einmal eingestehen: Die wenigsten Christen leben so, dass man ihnen anmerkt, dass sie eine große Liebe weiterzugeben haben und dass sie anderen Gutes tun wollen. Das ist traurig und auch ärgerlich. Aber selbst hier hat der christliche Glaube etwas sehr Tröstendes: Er rechnet nämlich ganz realistisch damit, dass kein Mensch schon ganz gut, sondern dass jeder Mensch auch in Böses verstrickt ist. Aber gleichzeitig denkt er ausgesprochen hoch von uns Menschen und sieht jede und jeden von uns dazu berufen, mitzuwirken dabei, dass die Welt doch ganz gut wird. Der christliche Glaube sagt: Es ist nie zu spät dafür, sich der Liebe zu öffnen. Auch wer bisher alles falsch gemacht hat im Leben, ist nicht verloren. Er kann einen neuen Anfang wagen. Auch wenn wir immer wieder scheitern: Wir dürfen wieder aufstehen. Und selbst wer dazu nicht mehr die Kraft hat, ist nicht verloren; er darf darauf vertrauen, dass Gott auch ihn bei sich bergen wird – dass also alles, was an ihm gut und liebenswert ist, dass all seine unerfüllte Sehnsucht und all sein stocherndes Suchen, dass all seine Schwachheit und Hilflosigkeit für immer in Gottes unendlich barmherziger Liebe angenommen sind und ihr Ziel finden werden.

Und die Spatzen pfeifen lassen – oder: Hoffnung

Fröhlich sein und Gutes tun – damit ist im Grunde alles gesagt. Trotzdem fügt Johannes Don Bosco noch hinzu, man solle die Spatzen pfeifen lassen. Er meint damit wahrscheinlich zweierlei: Zum einen, dass man sich auch über scheinbar kleine Dinge wie einen morgendlichen Vogelgesang freuen darf und soll. Zum anderen, dass man sich nicht von Miesmachern und Unglückspropheten beirren lassen soll. Beides kann man auch so ausdrücken: Wer christlich glaubt, der wird auch in schwierigen und leidvollen Situationen nicht den Lebensmut und die Hoffnung verlieren. Und mit der Hoffnung klingt eine neue Dimension an, die allerdings eng mit dem Glauben und der Liebe verwoben ist.

Natürlich wissen Christen, dass es Böses gibt, dass Unglücke passieren und dass nicht alles gut ausgeht, was in ihrem Leben und auf der Welt passiert. Und Leid und Schmerz treffen sie ebenso hart wie andere Menschen. Aber Christen leben und handeln doch aus der Gewissheit, dass ihr Leben und die Welt als Ganzes sinnvoll sind. Sie wissen, dass die ganze Wirklichkeit letztlich in Gott geborgen und gut aufgehoben ist. Wer im christlichen Glauben verwurzelt ist, bleibt deshalb zwar nicht von Leid, Schmerz und Trauer verschont, aber er wird doch nicht restlos verzweifeln, weil er weiß, dass Gott immer einen neuen Anfang ermöglichen kann – auch wenn alles ausweglos erscheint, selbst über den Tod und über das Ende der Welt hinaus. Christliche Hoffnung baut auf die Zukunft, weil sie weiß, dass Gott selbst die Bestimmung und die letzte Zukunft der Welt ist, auch dann noch, wenn alle menschlichen Zukünfte Vergangenheit sein werden.

Leider hat man oft den Eindruck, christliche Gemeinschaften seien konservativ, verknöchert und wollten am liebsten zurück in die Vergangenheit. Dabei sollte das Gegenteil der Fall sein! Christinnen und Christen sollten auf die Zukunft orientiert sein. Sie sollten Menschen der Hoffnung sein, weil sie darauf vertrauen, dass Gott die ganze Weltgeschichte durch alle Irrungen und Wirrungen hindurch zu einem guten Ende führen wird. Martin Luther, einer der Begründer der evangelischen Kirche, hat diese christliche Haltung der Hoffnung so ausgedrückt: „Wenn ich wüsste, dass morgen die Welt untergeht, so würde ich doch heute noch ein Apfelbäumchen pflanzen!" Auch wenn die Spatzen das Ende der Welt schon von den Dächern pfeifen: Als Christ werde ich nicht damit aufhören, mich um diese Welt zu kümmern und zu ihrer Verbesserung beizutragen. Wenn die Äpfel bis zum Weltuntergang nicht reif werden, war es trotzdem sinnvoll, den Baum gepflanzt zu haben – denn bei Gott ist alles gut aufgehoben und wird zu einem guten Ende geführt werden.

Nochmals: Was müssen Christinnen und Christen tun?

Wie muss ich als Christin oder als Christ handeln? So haben wir zu Beginn dieses Abschnitts gefragt. Und vermutlich hätten viele hier direkte Tipps oder klare Ansagen erwartet. So nach dem Motto: Christen dürfen nicht in der Nase bohren und Christinnen müssen immer knielange Röcke tragen. Es tut uns leid, aber mit solchen Vorschriften können wir nicht dienen. Wir haben es schon gesagt: Der christliche Glaube ist keine Morallehre.

Trotzdem bleibt die Frage, wie ich mich als Christ denn nun in meinem persönlichen Leben verhalten soll? Ob ich zum Beispiel eine Partei wählen darf, die die Todesstrafe einführen möchte? Ob ich ein dickes Auto fahren darf, das der Umwelt besonders schadet? Ob ich mich nicht vegan ernähren müsste? Ob ich der Freundin verzeihen muss, die mich enttäuscht hat? Jeden Tag stehen wir vor vielen kleinen oder großen Fragen. Entscheiden müssen wir uns. Wenn es eine Entschei-

dung zwischen Gut und Böse, zwischen schwarz und weiß ist, ist die Sache einfach. Meistens ist es aber komplizierter: Ich muss zwischen Alternativen wählen, von denen jede gute aber auch schlechte Seiten hat.
Der christliche Glaube gibt hier keine klare Vorgabe, was zu tun ist. Wie könnte er das auch – jede Situation ist verschieden, und immer gilt es, Vor- und Nachteile gegeneinander abzuwägen. Dazu braucht es vor allem Sachverstand und Urteilsvermögen. Bei Rot über die Ampel zu fahren, kann beispielsweise erlaubt sein, wenn ich einen Schwerverletzten ins Krankenhaus bringe – aber nicht, wenn jemand sich nur leicht den Fuß verstaucht hat. Die Entscheidung, ob jemand nun schwer- oder leichtverletzt ist, wird durch den christlichen Glauben nicht einfacher. Es ist auch möglich, dass zwei Christen dieselbe Sache unterschiedlich bewerten. So könnte der eine es für richtig halten, Atomkraftwerke zu betreiben, weil diese kein CO_2 ausstoßen und deshalb klimafreundlich sind; der andere könnte gegen Atomkraftwerke argumentieren, weil das Risiko eines atomaren Unfalls unberechenbar ist. Der christliche Glaube gibt hier keine eindeutige Antwort vor. So ist es bei den meisten Entscheidungen.
Aber auch wenn ihnen ihr Glaube schwierige Entscheidungen nicht abnimmt: Christen haben einen Kompass, der ihnen hilft, weil er zumindest die letzte Richtung vorgibt, in die es gehen muss! Sie wissen, dass bei jeder Handlung nicht der eigene Vorteil, der größte Nutzen oder die Bequemlichkeit im Vordergrund stehen soll – sondern dass das letzte Kriterium bei jeder Entscheidung ist: wie mache ich am besten deutlich, dass jeder Mensch vorbehaltlos geliebt ist, dass die Schöpfung wertvoll ist, dass die ganze Wirklichkeit sich der Liebe verdankt und dass diese Liebe auch der Zielpunkt der ganzen Welt ist. Letztlich landen wir damit wieder bei dem, was Augustinus gesagt hat, und was zwar einfach klingt, was aber doch ein ganzes Leben lang eingeübt werden muss: „Lebe in Gottes Liebe! Dann kannst du machen was du willst, denn dann wirst du ganz von selbst das Richtige tun.“ Oder wie es in der Bibel heißt: „Es bleiben: Glaube, Hoffnung und Liebe, diese drei. Und die Liebe ist die Größte unter ihnen.“ Oder mit Johannes Don Bosco: „Fröhlich sein, Gutes tun und die Spatzen pfeifen lassen!“

Glaube muss bezeugt werden

Der christliche Glaube muss gepflegt und er muss im persönlichen Alltag gelebt werden – aber er muss auch im gesellschaftlichen Zusammenleben bezeugt werden. Wir stoßen hier auf die Frage nach der gesellschaftlichen Verantwortung von Christinnen und Christen. Oft hat man Christen vorgeworfen, sie würden sich nur darauf beschränken, persönlich fromm zu sein und Notleidenden gegenüber mildtätig – aber sich nicht dafür einzusetzen, dass die Zustände in der Welt gerechter würden. Dahinter steht die Vorstellung, Christen würden das Leben hier auf Erden ohnehin nur als Vorbereitung auf ein Leben nach dem Tod ansehen – auf Erden käme es nur darauf an, möglichst viele Pluspunkte für persönliches Gutsein zu sammeln, denn dafür würde man dann nach dem Tod im Himmel belohnt werden. Zweifellos gab (und gibt?) es auch Christen, die so dachten (und denken?). Aber diese Vorstellung ist natürlich Unsinn!

Sie ist, erstens, schon deshalb Unsinn, weil niemand sich durch seine eigene Leistung Gottes Liebe verdienen kann oder verdienen muss. Sie ist, zweitens, auch deshalb falsch, weil man gar nicht trennen kann zwischen persönlichem Gutsein und gesellschaftlicher Verantwortung: Wer seine Verantwortung in der Gesellschaft nicht wahrnimmt, handelt auch persönlich nicht gut; und umgekehrt hat alles, was jemand persönlich tut, Auswirkungen, die auch seine Umwelt und seine Mitmenschen betreffen. Drittens aber ist es völlig klar, dass jemand, der wirklich christlich glaubt, nicht nur versuchen wird, Gutes zu tun und anderen zu helfen, sondern dass er auch versuchen wird, die Welt und die gesellschaftlichen Zustände insgesamt zu verbessern.

Dass die Gesellschaft gerechter, die Natur gesünder und die Welt besser werden sollen, darüber wird man sich unter vernünftigen Leuten schnell einig sein, unabhängig davon, ob es sich dabei um Christinnen und Christen handelt oder nicht. Schwierig wird es, wenn man danach fragt, wie denn zum Beispiel eine gerechte Gesellschaft aussehen soll und vor allem wie man eine solche gerechte Ordnung dann auch umsetzt. Ist es gerecht, wenn alle genau gleich viel Steuern zahlen? Oder sollen Reiche mehr zahlen als Arme? Wie viel mehr? Und wenn man sich einig ist, dass Flugzeuge schlecht für die Umwelt sind: Soll man sie dann verbieten? Oder fliegen nur im Notfall erlauben? Und wie ist das mit dem Autofahren? Um auf solche Fragen Antworten zu finden, braucht es vor allem wissenschaftlichen Sachverstand und politische Urteilskraft. Der christliche Glaube hilft hier erst einmal nicht weiter.

Allerdings haben Christen auch hier einen Kompass, der ihnen bei der Suche nach Lösungen die Richtung vorgibt: Sie wissen, dass Gott jeden Menschen liebt – als ein persönlich unverwechselbares Individuum, das gleichzeitig immer auf Gemeinschaft mit anderen angewiesen ist. Deshalb muss eine gute Gesellschaftsordnung den einzelnen Menschen und sein Bedürfnis nach Gemeinschaft in den Mittelpunkt stellen. Das ist lange nicht so selbstverständlich, wie es klingt! Es gab und gibt Staaten, die nicht so sehr das Wohl der einzelnen Bürger im Blick haben, sondern die stattdessen eine Rasse oder eine Klasse, die Wirtschaft, den Fortschritt oder den Erhalt einer Machtposition zum Ausgangs- und Zielpunkt ihrer Bemühungen machen. Das andere Extrem wäre eine Gesellschaft, in der nur der einzelne zählt und jeder nur auf den eigenen Vorteil bedacht wäre. Aus christlicher Sicht muss man beides klar zurückweisen. Alle gesellschaftlichen Bemühungen und alles staatliche Handeln haben stattdessen den einzelnen Menschen und sein Bedürfnis nach Gemeinschaft im Blick zu behalten. In der Praxis bedeutet dies, dass die Gesellschaft und der Staat dort unterstützen müssen, wo ein einzelner oder eine kleinere Gemeinschaft aus eigenen Kräften nicht weiterkommen. Genauso wichtig ist aber, dass der Staat oder die Gesellschaft niemanden bevormunden darf: Was ein einzelner oder eine kleinere Gemeinschaft selbst tun kann, das muss sie auch selbst tun dürfen, und dafür muss sie auch selbst Verantwortung übernehmen.

Auch für den Umgang mit der Natur und der Umwelt bietet der christliche Glaube einen Kompass; die Natur und der ganze Kosmos sind aus christlicher Sicht nicht nur ein Rohstoffreservoir oder ein Erholungsraum, sondern die Schöpfung Gottes. Das bedeutet, dass die Natur mit ihren Tieren, Pflanzen und unbelebten Gegenständen nicht nur für den Menschen da ist, sondern dass sie auch in sich selbst sinnvoll und schützenswert ist. Es bedeutet aber auf der anderen Seite auch, dass die Natur nicht selbst etwas Göttliches ist, das dem Zugriff der Menschen völlig entzogen wäre. Aus christlicher Sicht darf der Mensch sich deshalb an der Natur freuen und sie auch für sich nutzen – ohne sie allerdings auszubeuten oder zu zerstören. Wo allerdings nun genau die Grenze zwischen Nutzen und Ausbeuten verläuft, lässt sich mit dem christlichen Glauben nicht beantworten; um dies zu entscheiden, braucht es Sachkenntnis und eine mit vernünftigen Argumenten geführte Diskussion.

Der christliche Glaube gibt also zwar keine klare Handlungsanweisungen, wie sich Christen für die Verbesserung der Welt einsetzen sollen, aber er gibt ihnen einen Kompass in die Hand. Dass die Richtung dieses Kompasses vernünftig ist, wird man mit gutem Willen und bei Gebrauch seines Verstandes auch ohne christlichen Glauben einsehen können. Zusätzlich aber schenkt der christliche Glaube eine besondere Motivation, diesem Kompass zu folgen. Christlich glauben heißt: wissen, dass ich geliebt bin, dass jeder Mensch geliebt ist und dass der ganze Kosmos einen Sinn hat. Wer das wirklich verstanden hat – wer also wirklich in christlichem Sinne glaubt –, für den wird es ein inneres Bedürfnis und ein Herzensanliegen sein, dass alle Menschen in einer gerechten Gesellschaft leben können und dass die Schöpfung in ihrer Schönheit und ihrem Reichtum bewahrt bleibt. Und deshalb wird jeder Christ sich dafür einsetzen, dass die Welt besser werde – so gut er das mit seinen persönlichen Begabungen und Beschränkungen und so gut er das an seinem Platz und in seinem Umfeld eben kann.

Zusammenfassung des III. Teils

Christlich Glauben bedeutet zum einen: Von den Inhalten des Glaubens überzeugt sein, von denen im zweiten Teil die Rede war. Zum anderen bedeutet Glauben: Sein Leben ganz auf Gott bauen. Beides ist nicht voneinander zu trennen. Entscheidend ist aber die zweite Bedeutung.

Der christliche Glaube ist nicht eine Theorie, sondern er betrifft und fordert den ganzen Menschen. Er kommt aus der lebendigen Erfahrung, dass mein Leben einen Sinn hat und dass ich mit unendlicher Liebe geliebt bin. Der Glaube ist immer ein Geschenk. Man kann ihn sich nicht verdienen. Allerdings ist der Glaube auch eine lebenslange Aufgabe. Man kann ihn nicht besitzen und aufbewahren wie einen Gegenstand oder eine Information. Wer glaubt, tritt in Beziehung mit Gott. Wie jede Beziehung muss auch die Beziehung zu Gott gepflegt und gelebt werden, wenn sie lebendig bleiben soll. Als Beziehung zu Gott ist der Glaube immer etwas Persönliches. Aber er ist niemals etwas nur Privates. So wie kein Mensch alleine leben kann, kann kein Mensch alleine glauben. Glauben ist nur in Gemeinschaft möglich. In der Gemeinschaft der Gläubigen ist die Erfahrung der Begegnung mit Jesus Christus lebendig. Die Gemeinschaft der Gläubigen ist ein Werkzeug, um weiterzusagen und zu -machen, was Jesus gesagt und getan hat. Sie ist darüber hinaus auch ein lebendiges Zeichen für die Liebe Gottes zur Welt und zu jedem einzelnen Menschen. Sie soll jedem Menschen die Begegnung mit Christus ermöglichen und die Erfahrung vermitteln, dass er und sie von Gott geliebt sind und ihr und sein Leben sinnvoll sind.

Dies geschieht in vierfacher Weise: Die Gemeinschaft der Gläubigen muss ihren Glauben feiern (1), sich um das Wohlergehen anderer Menschen kümmern (2), ihren Glauben mit anderen teilen (3) und sie muss bestrebt sein, selbst eine möglichst gute Gemeinschaft zu sein (4). Ausgangs- und Höhepunkt ist die Feier des Glaubens in gemeinsamen Gottesdiensten. Eine besondere Rolle spielen dabei lebendige Zeichenhandlungen, die die Gegenwart Gottes bezeichnen, ausdrücken und greifbar machen.

Die Gemeinschaft aller Gläubigen ist größer als die organisierte Kirche, wird aber in dieser greifbar. Die Kirche besteht aus Menschen und hat Unzulänglichkeiten und Fehler. Dies ist äußerst schmerzlich für jede Christin und jeden Christen. Denn nur eine Kirche, in der der Glaube auch glaubhaft gelebt wird, kann den Glauben bezeugen und die Erfahrung, geliebt zu sein, weitergeben. Hierfür ist die Kirche da.

Das persönliche Gebet, die Beschäftigung mit der Bibel und das gemeinsame Feiern des Gottesdienstes helfen dabei, die persönliche Beziehung zu Gott zu pflegen und zu vertiefen; sie haben deshalb im Leben eines Christen ihren festen Platz.

Moralische Sonderregeln für Christen gibt es nicht. Es braucht sie auch nicht, denn wenn Menschen wirklich christlich glauben, sind sie völlig befreit von der Sorge um sich selbst; sie werden dann von selbst Gottes Liebe weitertragen, weil es ihnen ein Bedürfnis ist und weil sie gar nicht anders können – das ist mehr als jede Morallehre vorschreiben könnte.

Teil IV

Der eigene Glaube und der Glaube der anderen

In Teil II und Teil III haben wir den christlichen Glauben dargestellt, so wie er sich selbst sieht und aus sich heraus zu verstehen ist. In diesem Teil stellen wir uns die Frage, wie aus christlicher Sicht damit umzugehen ist, dass viele Menschen diesen Glauben nicht teilen.
Kapitel zwölf nimmt zunächst die Vielfalt verschiedener christlicher Gruppierungen in den Blick, Kapitel 13 wirft einen Blick auf die wichtigsten anderen Weltreligionen. Kapitel 14 fragt schließlich danach, wie es zu verstehen ist, wenn Menschen sagen, sie „glaubten nichts".

12. Katholisch, evangelisch und die ganze christliche Familie

Vorbemerkung:
Bisher haben wir mit dem Wort Kirche immer die Gemeinschaft *aller* christlich Gläubigen bezeichnet; so gebraucht ist das Wort Kirche eigentlich nur in der Einzahl sinnvoll.
Ab jetzt gebrauchen wir das Wort Kirche in einem anderen Sinn, der aus dem Alltag vertrauter ist: Mit Kirche meinen wir ab jetzt eine Gemeinschaft von *einigen bestimmten* christlich Gläubigen. In diesem Sinne kann das Wort Kirche auch in der Mehrzahl gebraucht werden, denn es gibt ja verschiedene Gemeinschaften von christlich gläubigen Menschen – einige davon beschreiben wir in diesem Kapitel.

Bereits als Jesus noch lebte, gab es ernste Meinungsverschiedenheiten unter seinen Freunden. Wenig später, unter den ersten Christen, war es nicht anders. Im 5. Jahrhundert führte das zur ersten großen Spaltung der Christenheit: Die Kirche im römischen Reich und die Kirche im Orient waren von da an getrennt. Das Jahr 1054 markiert die zweite große Spaltung: Die Kirche im römischen Reich trennte sich in eine westliche und eine östliche Kirche. Die Reformation im 16. Jahrhundert spaltete dann die westliche Kirche in die römisch-katholische und die evangelische bzw. protestantische Kirche. Damit sind die drei größten Kirchenspaltungen und die vier wichtigsten christlichen Traditionen benannt: die altorientalische, die orthodoxe, die evangelisch-protestantische und die römisch-katholische.

Die altorientalischen Kirchen

Die altorientalischen Kirchen haben wir in Europa leider kaum im Blick. Sie sind weit von uns weg und schon lange von uns getrennt. Grund für die Trennung im 5. Jahrhundert waren Fragen, die uns heute etwas spitzfindig vorkommen, die aber den Kern des christlichen Glaubens betreffen. Es ging darum, wie man am besten ausdrücken konnte, dass Jesus gleichzeitig ein normaler Mensch war, aber auch Gottes Sohn ist. Die verschiedenen Positionen lagen wahrscheinlich gar nicht so weit auseinander; aber weil sich verschiedene theologische Schulen gebildet hatten, die von unterschiedlichen Kulturen geprägt waren und den im Grunde gleichen Glauben in unterschiedlichen Bildern, Worten und Sprachen ausdrückten, die die jeweils andere Seite nicht recht verstand, redete man wohl aneinander vorbei. Jedenfalls scheinen die Unterschiede im Verständnis des Glaubens aus heutiger Sicht nicht mehr so tiefgreifend, dass man sie in Zukunft nicht überwinden könnte.

Zu den altorientalischen Kirchen gehören die armenische Kirche, die koptische Kirche in Ägypten, die Kirche von Äthiopien, die syrische Kirche, einige Kirchen in Indien und einige weitere. Die meisten davon sind recht klein. Obendrein bilden sie auch dort, wo sie seit fast 2000 Jahren vertreten sind, heute meist eine Minderheit in einem muslimisch geprägten Umfeld.

Die altorientalischen Kirchen bewahren einen wichtigen Schatz für die ganze Christenheit. Alle führen sie ihren Ursprung bis in die allererste Zeit des Christentums zurück und nehmen für sich in Anspruch, diesen Ursprüngen bis heute treu geblieben zu sein. Die äthiopische Kirche pflegt beispielsweise noch viele jüdische Bräuche. Sie stellt so eine Brücke zum Judentum dar, der Religion, in der Jesus aufgewachsen ist. Die meisten altorientalischen Kirchen sind zudem in den Regionen beheimatet, in denen das Christentum seinen Anfang nahm. So ist in ihnen sicherlich ein besonderes Gespür für die Kultur und die Lebensweise der Menschen lebendig, an die sich Jesus selbst gewandt hat. Aber auch die Erfahrungen, die sie im Verlauf der Geschichte gemacht haben, sind für die ganze Christenheit wichtig; seit bald 1500 Jahren vertreten sie in ihren Ländern eine religiöse Minderheit. Trotzdem, und obwohl sie oft von der meist islamischen Mehrheit benachteiligt und nicht selten auch unterdrückt und grausam verfolgt wurden, haben sie ihren Glauben an die befreiende und erlösende Liebe Gottes durch die Jahrhunderte hindurch bewahrt.

Die orthodoxe Kirche

Auch die orthodoxe Kirche wirkt aus westeuropäischer Sicht weit weg. Sie ist vor allem in den Ländern vertreten, die einst zum oströmischen Reich gehörten: in Griechenland, Bulgarien, Georgien, aber auch in Russland und anderen, aus westeuropäischer Sicht östlich gelegenen Ländern. Die Kirchen all dieser Länder sind selbstständig; jede wird von einem Bischof oder einem Patriarchen geleitet (was diese Titel bedeuten, ist im Anhang erklärt). Es gibt zwischen ihnen Unterschiede, aber insgesamt gesehen gehören sie doch so eng zusammen, dass man von der orthodoxen Kirche in der Einzahl sprechen kann. Der Patriarch von Konstantinopel (das ist der alte Name der türkischen Stadt Istanbul) ist das Ehrenoberhaupt der orthodoxen Kirche, das heißt er wird von allen diesen Kirchen als Oberhaupt anerkannt, hat aber in den meisten davon nichts zu entscheiden – ein bisschen wie der englische König oder der deutsche Bundespräsident.

Im Jahr 1054 hatte ein schon länger schwelender Streit zur Trennung der weströmischen von der oströmischen (orthodoxen) Kirche geführt. Auch dieses Mal ging es um ein Thema, das einem spitzfindig vorkommen kann, das aber ins Zentrum des christlichen Glaubens führt. Man stritt darüber, wie man von der Drei-Einheit Gottes sprechen sollte, und vor allem, wie man dabei die Rolle des Heiligen Geistes am besten ausdrücken könnte. Wieder beruhten die Meinungsverschiedenheiten aber zu einem großen Teil auf Missverständnissen. Das römische Reich war bereits einige Jahrhunderte vorher in einen westlichen und einen östlichen Teil zerfallen. Beide Teile hatten sich zunehmend voneinander entfremdet, die Kulturen hatten sich auseinanderentwickelt, und so fand man irgendwann auch im Glauben keine gemeinsame Sprache mehr. Auch hier scheint es aus heutiger Sicht durchaus möglich, die damaligen Schwierigkeiten zu überwinden und sich auf eine gemeinsame Formulierung des Glaubens zu einigen. 1000 Jahre Trennung haben allerdings auch dazu geführt, dass die West- und die Ostkirche, jede für sich, viele Gebräuche und Traditionen entwickelt haben, die der jeweils anderen Kirche fremd sind. Dies macht eine Annäherung der beiden Seiten nicht einfacher. Vielleicht wird es aber einmal gelingen, dass jede Seite die Traditionen und Ausdrucksformen der anderen Seite als Bereicherung zu schätzen lernt? Ansätze dazu gibt es jedenfalls: Einige kirchliche Gruppen feiern ihre Gottesdienste nach orthodoxer Tradition und gehören dennoch der katholischen Kirche an.

Auch die orthodoxe Kirche legt großen Wert darauf, dass sie unmittelbar auf die Apostel, also auf die Anhänger von Jesus, zurückgeht und den Glauben seitdem treu durch die Jahrhunderte hindurch weitergegeben hat. Oft waren und sind die einzelnen Kirchen der orthodoxen Tradition eng mit der nationalen Kultur – manchmal auch mit der staatlichen Macht – ihres jeweiligen Landes verbunden. Das kann auch problematisch sein, wenn sich eine Kirche von den Machthabern eines Landes für deren Zwecke enspannen lässt. Charakteristisch für die orthodoxe Tradition ist, dass sie weniger als die westliche Tradition dazu neigt, Dinge stets ganz eindeutig festzulegen. Stattdessen ist sie auch beim Nachdenken über den Glauben oft vielstimmiger und lässt mehr Raum für individuelle Anpassun-

gen. Hervorzuheben ist außerdem, dass die orthodoxe Tradition lange Zeit sehr viel stärker das Wirken des Heiligen Geistes in den Mittelpunkt des kirchlichen Lebens und Nachdenkens gestellt hat als die westlichen Kirchen.
Wichtig in der orthodoxen Kirche ist die reiche Tradition des Klosterlebens und überhaupt die Feier der Gottesdienste, die stark durch Gebete und Gesänge geprägt sind und mehrere Stunden dauern können – ohne dass allerdings alle Gläubigen die ganze Zeit dabei bleiben müssten. Wer eine orthodoxe Kirche betritt, dem werden zunächst die Ikonen ins Auge fallen. Ikonen sind besondere, nach komplizierten Regeln gefertigte Bilder von Christus oder wichtigen christlichen Figuren. Sie werden nicht gemalt, sondern – so wird das genannt – geschrieben. Sie gelten als eine Art Fenster, durch die hindurch man tatsächlich auf die abgebildete Figur blicken kann. Wenn sich die westliche Tradition, vor allem die protestantische, also sehr stark auf das Wort Gottes bezieht, in dem Gott uns entgegentritt, erinnert uns die orthodoxe Tradition daran, dass es neben der Sprache der Wörter auch eine Sprache der Bilder gibt, in der Gott sich an uns wendet, und die uns manchmal vielleicht noch tiefer berühren kann.

Die evangelischen Kirchen

Im 16. Jahrhundert zerfiel die westliche Christenheit in die katholische Kirche auf der einen und die evangelisch-protestantischen Kirchen auf der anderen Seite. Europa war damals in einer Umbruchsituation; das Mittelalter war zu Ende, es gab einen geistigen und kulturellen Neuaufbruch. Das Bürgertum wurde selbstbewusster, der Adel kämpfte um seine Vormachtstellung, die Bevölkerung litt Not. Die bisherige Ordnung war ins Wanken geraten. Vor allem befand sich die Kirche in einer Krise: Viele Kirchenführer lebten wie Fürsten, kümmerten sich wenig um Glaubensfragen und noch weniger um ihre Mitchristen. Das Geld, das sie für ihren Lebensstil brauchten, holten sie sich von den Gläubigen, indem sie den Zugang zu kirchlichen Ämtern und vor allem indem sie Ablässe verkauften. Dahinter stand die etwas seltsame Vorstellung, dass man nach dem Tod eine bestimmte Zeit lang bestraft würde für das, was man zu Lebzeiten Schlechtes getan hatte, und dass man etwas von dieser Strafzeit erlassen bekomme, wenn man für teures Geld einen Ablass kaufte.
Kein Wunder, dass sich in einer solchen Situation überall Protest regte und viele Menschen Reformen forderten. Die bekanntesten darunter sind Martin Luther, Jo-

hannes Calvin und Ulrich Zwingli, aber es gab viele weitere. Sie wollten ursprünglich keine neue Kirche gründen, sondern die unübersehbaren Missstände in der bestehenden Kirche überwinden und diese erneuern. Damit stießen sie bei vielen Kirchenführern auf Widerstand. Der Streit betraf bald auch die Politik, weil einige dieser Kirchenführer gleichzeitig hohe politische Positionen innehatten oder anstrebten, andere Politiker wiederum schlugen sich auf die Seite der Reformatoren, weil sie sich von einer Schwächung der Kirche eine Stärkung der eigenen Macht erwarteten. Kurzum: Der Streit um die Reformation spitzte sich zu und wurde immer grundsätzlicher. Beide Seiten verhärteten sich und eine Lösung wurde unmöglich. Es kam zur Trennung. Auf der einen Seite blieb die römisch-katholische Kirche, auf der anderen Seite entstanden mehrere protestantische – im Deutschen sagt man meist: evangelische – Kirchen.

Die vielen aus der Reformation hervorgegangenen Kirchen auf einen Nenner zu bringen, ist kaum möglich. Alle aber betonen, dass Gott jedem Menschen direkt nahe ist, ohne dass es dazu die Vermittlung durch andere, insbesondere durch Kirchenfunktionäre bräuchte. Als alleinige Quelle für ihr religiöses Leben gilt ihnen Jesus Christus und das Wort Gottes, so wie die Bibel es übermittelt. Ihren Ursprung auf die ersten Christen zurückzuführen, ist diesen Kirchen dagegen weniger wichtig. Natürlich wissen sie, dass auch sie durch die Geschichte hindurch mit Jesus Christus verbunden sind; aber sie halten es nicht für so entscheidend, dass sie mit den ersten Christen in einer ungebrochenen Tradition stehen und auch auf diese Weise direkt mit allen anderen christlich Gläubigen verbunden sind. Protestantische Kirchen sind in einem gewissen Sinne meist auch lockerer und demokratischer organisiert als andere Kirchen.

In besonderer Weise betont die protestantische Tradition, dass der Glaube immer ein Geschenk ist, welches der Mensch sich nicht verdienen kann, sondern welches sich allein der Gnade Gottes verdankt – dass aber umgekehrt dieser Glaube allein es ist, der den Menschen gerecht macht, also erlöst und sein ewiges Heil bewirkt. In manchen protestantischen Richtungen geht diese Betonung des allein von Gott bewirkten Glaubens einher mit einer etwas pessimistischen Sicht des Menschen, der nämlich aus sich heraus gar nichts Gutes bewirken könne.

Eine eigene Gruppe innerhalb der protestantischen Kirchen stellen die sogenannten Pfingstkirchen dar, die sich seit Beginn des 20. Jahrhunderts stark ausbreiten und heute in vielen Ländern großen Zulauf haben. Die Pfingstkirchen legen besonderen Wert darauf, sich dem Wirken des Heiligen Geistes zu öffnen, wobei sie dieses Wirken meist sehr direkt verstehen: etwa als Heilungen von Krankheiten,

als direktes Ergriffenwerden von Gott, oder als Zungenreden, bei dem jemand in einer für andere oft nicht verständlichen, dafür aber sehr direkten und ausdrucksstarken Weise zu Gott betet oder umgekehrt zum Sprachrohr des Heiligen Geistes wird.
Die vielen Kirchen der protestantischen Tradition sind, wie schon gesagt, sehr unterschiedlich. Der streng auf Bibellesungen und Predigt konzentrierte Gottesdienst einer reformierten Kirche calvinistischer Prägung hat einen völlig anderen Charakter als der bunte, von scheinbar regellos durcheinandergehendem Lobgesang geprägte Gottesdienst einer Pfingstkirche. Aber nicht nur bei den Ausdrucksformen des Glaubens, auch bei den Glaubensinhalten gibt es erhebliche Unterschiede zwischen den Kirchen der protestantischen Tradition. Diese Unterschiede sind teilweise viel größer als die Unterschiede zur katholischen oder auch zur orthodoxen Tradition. Bei einem gewissen Teil der aus der Reformation hervorgegangenen Glaubensgemeinschaften muss man wohl auch sagen, dass sie nicht mehr viel mit dem zu tun haben, was wir in diesem Buch als den christlichen Glauben beschrieben haben. Sicherlich gilt das für die sogenannten Zeugen Jehovas oder die Mormonen, auch wenn diese sich selbst als Anhänger von Jesus Christus beschreiben.

Die katholische Kirche

Der zweite Teil der seit der Reformation in zwei Teile getrennten westlichen Christenheit ist die katholische Kirche – genauer gesagt die römisch-katholische Kirche. Tatsächlich ist die Stadt Rom so etwas wie das Zentrum dieser Kirche. In Rom wirkten Petrus, der unter den Anhängern von Jesus der Anführer war, und Paulus, der Jesus zwar nicht selbst gekannt hat, der aber sehr früh zur jungen Kirche gestoßen war und am meisten dazu beigetragen hat, dass diese sich schnell in viele Länder ausbreitete. Weil diese beiden in Rom wegen ihres Glaubens ermordet worden waren, hatte die christliche Gemeinde in Rom von Anfang an eine besondere Bedeutung. Ihr Leiter, der römische Bischof, hatte deshalb auch schon sehr früh eine Vorrangstellung unter allen Bischöfen. Von Seiten der orthodoxen Kirchen wird ihm dieser Vorrang trotz Kirchentrennung sogar teilweise bis heute zugestanden – freilich nur theoretisch und auf jeden Fall nur im Sinne eines Ehrentitels.
Innerhalb der heutigen katholischen Kirche ist die Vorrangstellung des Bischofs von Rom, der auch als Papst bezeichnet wird, dagegen sehr weitreichend: Er ist

den anderen katholischen Bischöfen in gewisser Weise übergeordnet, er kann diese auch ein- oder absetzen und hat auch sonst in vielem das letzte Wort. Zudem ist die katholische Kirche gut organisiert und wirkt deshalb sehr straff und zentral geleitet. Allerdings ist dies nur die eine Seite der Wahrheit. Die katholische Kirche ist nämlich gleichzeitig die bei Weitem vielfältigste und bunteste von allen einzelnen christlichen Kirchen. Das liegt auch daran, dass sie mit Abstand die größte Einzelkirche ist – sie ist vertreten auf fünf Kontinenten und in unterschiedlichen Kulturkreisen, zu ihr gehören Menschen, die die verschiedensten Sprachen sprechen und völlig verschiedene Mentalitäten haben. Aber die katholische Kirche umfasst nicht nur räumlich einen sehr großen Bereich. Auch zeitlich versteht sie sich, ähnlich wie die orthodoxen und altorientalischen Kirchen, als eine Gemeinschaft, zu der auch frühere christliche Generationen gehören und die bis zu den Anfängen des Christentums zurückreicht.

Innerhalb dieses großen räumlichen und zeitlichen Bereichs gibt es sehr vielfältige Ausdrucksformen des Glaubens. Deutlich wird das an den verschiedenen Ordensgemeinschaften, die in der katholischen Kirche eine wichtige Rolle spielen: die Mönche und Nonnen des Kartäuserordens etwa ziehen sich völlig von der Welt zurück und suchen Gott in der Abgeschiedenheit ihrer Klöster, wo sie in einzelnen Zellen die meiste Zeit ganz für sich alleine leben. Die Angehörigen des Jesuitenordens machen es exakt umgekehrt und stürzen sich sozusagen mit Fleiß in das Getümmel der Welt, um Gott in allen Dingen zu finden, wie ihr Gründer das formuliert hat. Die Benediktinerinnen und Benediktiner binden sich ihr Leben lang an ein bestimmtes Kloster, während die sogenannten Bettelorden von festen Klöstern nichts wissen wollen. Manche Orden konzentrieren sich ganz auf soziale Tätigkeiten wie die Krankenpflege, andere haben sich ganz dem Predigen und der Gelehrsamkeit verschrieben. Und neben den Orden gibt es zahlreiche weitere Gruppen, Vereinigungen und Organisationen in der katholischen Kirche, die ebenfalls alle ihr eigenes Profil haben und teilweise völlig voneinander verschieden sind – und doch gehören sie alle zur selben Kirche.

Dies führt dazu, dass die Suche nach einem guten Gleichgewicht zwischen Vielfalt und Einheit die katholische Kirche seit Jahrhunderten beschäftigt. Immer gibt es Versuche, die eine Seite auf Kosten der anderen in den Vordergrund zu stellen. Das ständige Bemühen um ein solches Gleichgewicht scheint uns typisch katholisch. Katholisch denken heißt immer sowohl-als-auch zu denken: Sowohl der Glaube ist wichtig als auch die Vernunft; sowohl das, was in der Bibel steht, als auch das, was die Kirche lehrt; sowohl das gnadenhafte Wirken Gottes als auch

die Antwort und das Mitwirken des von Gott angesprochenen Menschen; sowohl die Orientierung an Jesus Christus als auch das Vertrauen auf das Wirken des Heiligen Geistes; sowohl das, was der Papst sagt, als auch das, was eine Bischofsversammlung sagt; sowohl die einzelne Christin oder der einzelne Christ als auch die kirchliche Gemeinschaft als Ganzes; sowohl – und so weiter. Überflüssig zu sagen, dass es auch in der katholischen Kirche viele Menschen gibt, denen ein solches ständiges sowohl-als-auch zu mühsam ist; sie hätten es gerne eindeutig und fallen dann leicht in einseitige Extreme.
Typisch katholisch, aber auch in der orthodoxen Tradition verbreitet, ist weiterhin die Vorstellung, dass insbesondere die Kirche, im Grunde aber die ganze Wirklichkeit direkt oder indirekt als lebendige Zeichen für Gottes Gegenwart und Zuwendung gedeutet und verstanden werden können. In katholischem Verständnis tritt Christus den Menschen in der Kirche wirklich selbst entgegen und wendet sich diesen insbesondere im Teilen des Brotes auch leibhaftig zu. Aber auch die ganze Wirklichkeit verweist aus katholischer Sicht direkt auf ihren Schöpfer und ist durchsichtig auf Gott hin – und die katholische Tradition ist überzeugt, dass dies jedem, der sich unvoreingenommen damit beschäftigt auch mit vernünftigen Gründen nahegebracht werden kann.

Ökumene: der gemeinsame Weg nach vorn

Von der Trennung zur Suche nach neuer Einheit
Die Einteilung des Christentums in vier große Traditionslinien – die altorientalische, die orthodoxe, die protestantische und die katholische – gibt eine erste Orientierung, ist aber sehr grob. Man könnte hier noch viel weiter untergliedern. Je näher man hinschaut, desto bunter und vielfältiger werden die Ausdrucksformen des christlichen Glaubens.
In der Tat war die Geschichte des Christentums von Anfang an auch eine Geschichte der Spaltungen und Trennungen. Zwar gab es immer schon einzelne Personen, die sich bemühten, solche Spaltungen zu überwinden. Aber erst seit etwa hundert Jahren unterstützen die wichtigsten Kirchen offiziell solche Bemühungen und treiben sie systematisch voran. Begonnen hat es Mitte des 19. Jahrhunderts in England, als einige protestantische Kirchen eine evangelische Allianz gründeten. 1920 schlug der Patriarch von Konstantinopel (das Ehrenoberhaupt der ortho-

doxen Kirche) vor, einen weltweiten christlichen Kirchenbund zu schließen. Im Grunde war es aber dann erst die furchtbare Erfahrung des 2. Weltkriegs, die den Christen vor Augen geführt hat, dass Dialog und Versöhnung entscheidend für die Zukunft sind – auch auf der Ebene ihres Glaubens. Seitdem hat die sogenannte ökumenische Bewegung weltweit an Fahrt aufgenommen, und Kirchen aller Traditionen sind mit im Boot. Das Wort Ökumene kommt aus dem Griechischen und bedeutet eigentlich die ganze bewohnte Erde; in unserem Zusammenhang meint es die ganze Christenheit beziehungsweise das Streben danach, dass die in verschiedene Kirchen zerbrochene Christenheit wieder zusammenwachsen soll.
Das klingt zweifellos gut! Für Außenstehende ist es ohnehin kaum verständlich, warum es verschiedene christliche Kirchen geben soll und worin diese sich unterscheiden. Christinnen und Christen geht es selbst oft nicht anders, und manche von ihnen leiden sehr darunter, dass die Kirchen getrennt sind – zum Beispiel, wenn sie mit jemandem aus einer anderen Kirche verheiratet sind. Als wir gerade die vier großen christlichen Traditionslinien beschrieben haben, haben wir betont, dass jeder der drei großen Kirchenspaltungen Missverständnisse und Missstände zugrunde lagen, die aus heutiger Sicht weitgehend ausgeräumt sind oder zumindest überwunden werden könnten. Warum geht es also mit der ökumenischen Kircheneinheit nicht schneller voran?

Gemeinsam unterwegs ...

Die Antwort darauf lautet wohl vor allem: so eine Wieder-Annäherung der Kirchen braucht Zeit. Seit den drei großen Kirchenspaltungen sind 500, 1000 und 1500 Jahre vergangen. Um ökumenische Annäherung bemüht man sich so richtig erst seit fünfzig Jahren. Für einen Menschen ist das eine lange Zeit, und es ist frustrierend, wenn man jahrzehntelang auf eine Kircheneinheit wartet oder hinarbeitet und am Ende seines Lebens das Ziel immer noch nicht erreicht sieht. Geschichtlich gesehen ist das aber doch nur ein vergleichsweise kurzer Zeitraum – zumindest wenn man sich davor 500 Jahre oder länger auseinandergelebt hat. Auch wenn am Anfang nur ein Missverständnis stand oder ein Missstand, den man beheben wollte: In der Folge hat jede Kirchenspaltung zu handfestem Streit, oft zu Krieg und Verwüstung geführt und dazu, dass man sich immer mehr voneinander abgewandt hat. Jede Seite entwickelte sich getrennt von der anderen weiter, fand neue Gebräuche und setzte eigene Schwerpunkte – nicht selten, um die eigene Identität zu betonen und sich bewusst von der anderen Seite abzugrenzen. So wurde man einander immer fremder.

Wenn man nun, endlich, nach mehreren Jahrhunderten, wieder aufeinander zugeht, braucht es auch bei viel gutem Willen Zeit, miteinander ins Gespräch zu kommen und einander zu verstehen. Oft muss man überhaupt erst eine gemeinsame Sprache finden, um sich dann über inhaltliche Fragen auszutauschen. Auf diesem Weg zueinander sind die Kirchen in den vergangenen Jahrzehnten schon erheblich vorangekommen! In praktischen Fragen arbeiten sie oft Hand in Hand, Gespräche und Freundschaften gibt es auf allen Ebenen, und auch bei wichtigen inhaltlichen Fragen hat man sich schon einigen können. Aber was sich jahrhundertelang auseinanderentwickelt hat, braucht eben Zeit, bis es nicht nur wieder zueinander findet, sondern bis es gemeinsam weiterwächst oder bis es gar wieder zusammenwächst.

... aber zu welchem Ziel?

Mit den beiden Alternativen *gemeinsam weiterwachsen* oder *wieder zusammenwachsen* ist bereits die schwierigste inhaltliche Frage der ökumenischen Bemühungen angedeutet. Sie besteht darin, was eigentlich genau das Ziel dieser Bemühungen sein soll?

Dass man miteinander redet und sich nicht mehr – wie das jahrhundertelang oft genug geschehen ist – die Köpfe einschlägt, ist ein enormer Fortschritt, den man keinesfalls geringschätzen darf! Aber wie soll es weitergehen? Ist es das Ziel, dass alle Kirchen, die an den drei-einen Gott glauben, sich gegenseitig anerkennen und akzeptieren, ansonsten aber einander nicht dreinreden und getrennt voneinander bleiben? Oder ist es das Ziel, dass die heute noch getrennten Kirchen und Traditionen weiter zusammenwachsen und immer deutlicher zum Bild einer in sich vereinten Christenheit werden soll? Sehr grob vereinfacht sind dies die zwei Möglichkeiten, die heute im Raum stehen. Die protestantischen Kirchen neigen eher zu der ersten Zielbeschreibung einer versöhnten Verschiedenheit der christlichen Kirchen. Die altorientalischen Kirchen, die orthodoxe und die katholische Kirche sehen das Ziel der ökumenischen Bemühungen dagegen eher in einer auch sichtbaren Einheit der Christenheit.

Ist diese Unterscheidung nicht wieder einmal ziemlich spitzfindig? Schließlich ist eine Form von Einheit ja schon sichtbar, wenn man miteinander versöhnt ist, und umgekehrt wird es in jeder noch so einheitlichen menschlichen Gemeinschaft immer Verschiedenheiten geben. Dann kann der Unterschied zwischen einer versöhnten Verschiedenheit und einer sichtbaren Einheit doch gar nicht so groß sein, oder? Sollte man sich dann nicht einfach irgendwo in der Mitte einigen können?

Den Reichtum der Vielfalt in größerer Einheit entfalten

So dringend wir hoffen, dass der ökumenische Weg mit zügigen Schritten weitergeht – auf einen Kompromiss dieser Art hoffen wir nicht. Wir glauben nicht, dass man die Spannung zwischen den beiden Polen Einheit und Verschiedenheit auflösen sollte, indem man sich auf eine Mittelposition einigt. Im Alltag oder auch in der Politik sind solche Kompromisse gut: jeder gibt ein bisschen nach und man einigt sich auf eine Position, die beiden Seiten ein Zugeständnis abverlangt, aber die beide Seiten gerade noch vertreten können. Im Bereich des Glaubens scheint uns ein Kompromiss dieser Art jedoch nicht weiterzuführen – zumindest nicht, wenn es um grundsätzliche Glaubensfragen geht, denn dort kann ich keine Zugeständnisse machen, ohne mir selbst und dem, was mein Leben trägt, untreu zu werden. Wir hoffen deshalb, dass die Ökumene nicht dazu führt, dass die einen ihre Idee einer wirklichen Verschiedenheit und die anderen ihre Idee einer wirklichen Einheit abschwächen müssen. Wir wollen im Gegenteil beide Ideen stark machen. Denn wir hoffen, dass die Spannung zwischen diesen beiden Polen sich gerade dann als fruchtbar erweisen wird. Wir hoffen, dass beide Seiten sich und ihrer Tradition treu bleiben werden und diese in den ökumenischen Austausch einbringen – und dass daraus etwas Neues entsteht, sodass der Reichtum der Vielfalt sich in einer größeren Einheit entfalten wird.

Das klingt schwer zu verstehen, lässt sich aber an einem einfachen Beispiel erklären: Liebespaare empfinden ihr Zusammensein nicht als Kompromiss, der ihnen Zugeständnisse abnötigt, sondern als eine Bereicherung, die jeden der beiden beflügelt. Wenn man sich wirklich liebt, wird man den anderen gerade deshalb lieben, weil er der Andere ist und weil er anders ist als man selbst. In einer Liebesbeziehung sind beide Partner also gerade in ihrer Verschiedenheit gefragt. Gleichzeitig bildet ein Liebespaar in einem sehr tiefen und weitreichenden Sinn eine Einheit: Alles, was den einen Partner betrifft, betrifft auch den anderen, jedem der beiden würde ein Stück von sich selbst fehlen, wenn der andere nicht da wäre. Beide spüren: Wenn ich bei dir bin, bin ich mehr bei mir, als wenn ich mit mir allein bin. Weil du ganz du bist, möchte ich mit dir ganz eins sein. Erst wenn ich mit dir ganz eins bin, kann ich ganz ich selbst sein. Einheit und Verschiedenheit behalten in einer Liebesbeziehung als gegensätzliche Pole also ihre volle Bedeutung – aber sie bilden keinen Gegensatz mehr!

Natürlich ist eine Beziehung zwischen zwei Personen etwas anderes als die Beziehung zwischen verschiedenen Kirchen. Aber vielleicht zeigt das Beispiel, in welche Richtung wir uns die Zukunft der Ökumene erhoffen. Wir hoffen, dass die einzelnen Kirchen und Gemeinschaften weiter aufeinander zugehen und zu einer tiefgehenden Einheit finden, bei der ihre Verschiedenheiten voll zur Entfaltung kommen können. Eine solche Christenheit, die den Reichtum ihrer Vielfalt in einer größeren Einheit entfaltet, wird wohl anders aussehen, als wir uns das ausmalen könnten, auch wenn wir kühn zu träumen wagen. Aber wir hoffen, dass es eher wenige Jahrzehnte als viele Jahrhunderte dauert, bis wir zumindest ihre Umrisse erahnen können.

13. Das Christentum und die anderen Religionen

Die Welt ist in den letzten Jahrzehnten enger zusammengewachsen und unsere Gesellschaft ist bunter geworden; wir haben Nachbarn, die in anderen Ländern aufgewachsen sind, und Kollegen, die von anderen Kulturkreisen geprägt sind. Damit sind uns auch andere Religionen nähergekommen. In dieser Situation treten Fragen in den Vordergrund, die früher nicht so drängend waren.
Zum einen stellt sich die Frage, wie man mit Menschen umgeht, die eine andere Religion haben? Die grundsätzliche Antwort auf diese Frage ist klar: Gottes Liebe gilt ohne jeden Unterschied und in absolut gleicher Weise allen Menschen, egal welche Religion sie haben oder nicht haben. Deshalb werden Christinnen und Christen Menschen mit anderer Religion mit dem gleichen Respekt und dem gleichen Wohlwollen begegnen, den sie sich auch einander entgegenbringen. So weit so einfach, auch wenn es im Alltag natürlich Schwierigkeiten und Missverständnisse geben kann.
Die andere Frage, die sich stellt, ist schwieriger: Wenn ich sehe, dass meine Art zu glauben nicht die einzige ist, woher weiß ich dann, dass meine Religion richtig ist? Gibt es richtige und falsche Religionen? Sind alle Religionen falsch? Oder haben umgekehrt alle Religionen in gleicher Weise ihre Berechtigung? Gerade für gläubige Menschen sind das gewichtige Fragen. Sie können in diesem Buch nicht ausführlich besprochen werden. Wir werden am Ende dieses Kapitels und auch im folgenden Kapitel aber knapp andeuten, in welcher Richtung eine Antwort darauf zu suchen sein könnte.

Die Religion von Jesus: Das Judentum

Aus christlicher Sicht ist das Judentum, also die Religion des Volkes Israel, nicht einfach eine andere Religion. Vielmehr ist der jüdische Glaube sozusagen im christlichen Glauben enthalten. Jesus wurde als Jude geboren, er lebte und glaubte als Jude, er starb als Jude. Und auch wenn schon die ersten Christen auch Nichtjuden in ihre Gemeinschaft aufnahmen, lebten viele von ihnen noch mehrere Jahrzehnte lang ganz nach jüdischer Tradition und verstanden sich selbst auch weiterhin als Jüdinnen und Juden.

Später hat sich das auf dramatische Weise geändert. Die christlichen Kirchen grenzten sich immer schärfer vom Judentum ab und stellten sich sogar feindlich dagegen. Besonders perfide war, dass man den Juden zum Vorwurf machte, sie hätten Jesus umgebracht – und dass man diesen Vorwurf obendrein einfach allen Jüdinnen und Juden machte, auch wenn diese viele Jahrhunderte nach Jesus lebten. Als ob das nicht absurd genug gewesen wäre, erfand man noch allerlei weitere Verschwörungstheorien und schob den Juden die bizarrsten Dinge in die Schuhe. So wurden auch die christlichen Kirchen und viele Christen schuld daran, dass das jüdische Volk in der Geschichte immer wieder zum Sündenbock gemacht und auf furchtbarste Weise verfolgt wurde – bis hin zur systematisch geplanten Ermordung von mehreren Millionen Jüdinnen und Juden in Deutschland in den Jahren 1933–1945. Das furchtbarste und unfassbarste Verbrechen in der Geschichte der Menschheit.

Die beiden großen Entdeckungen des Volks Israel

Aber es wäre verkehrt, das Judentum vor allem mit Blick auf seine Verfolgung oder nur durch die christliche Brille zu sehen. Die Anfänge des Judentums liegen 3000 Jahre zurück, und es ist eine ungemein reiche und tiefe Religion, von der seit Jahrhunderten wichtige Impulse ausgegangen sind, die die Menschheit geprägt haben und prägen. Die vielleicht wichtigste Entdeckung des Judentums ist der Monotheismus, also der Glaube, dass es nur einen Gott geben kann. Diese Vorstellung war in anderen frühen Kulturen bereits aufgeblitzt: Im alten Ägypten hatte Pharao Echnaton versucht, eine Ein-Gott-Religion einzuführen, und auch die antiken griechischen Philosophen hatten sich überlegt, dass eine Welt, die im Letzten nicht chaotisch, sondern sinnvoll geordnet ist, aus einem einheitlichen und einzigen Ursprung kommen müsse. Aber erst im Volk Israel fiel diese Idee auch auf fruchtbaren Boden. Denn dort wurde diese Idee nicht nur gedacht, sondern erlebt und als wirksam erfahren.

Das geschah nicht von einem Tag auf den anderen. Die alten Israeliten rechneten noch damit, dass es mehrere Götter geben könnte, die in widersprüchlicher Weise die Natur beherrschten und Einfluss auf das menschliche Leben nehmen würden. Erst nach und nach gelangten sie zu der Gewissheit, dass es nur einen einzigen und einheitlichen Ursprung aller Wirklichkeit, also nur einen Gott geben könne. Diese „Entdeckung Gottes" zog sich über einen langen Zeitraum hin. Sie verdankte sich nicht so sehr einem plötzlichen Geistesblitz, den ein kluger König oder Philosoph gehabt hätte. Nicht das abstrakte Denken war die große Stärke der alten Israeliten, sondern ein besonderes Gespür für das Drama des Lebens und der Geschichte. Der Gedanke, dass die ganze Wirklichkeit einheitlich und sinnvoll geordnet sein müsse, ließ sich deshalb für sie nicht trennen von der Erfahrung, dass das eigene Leben und der Weg des eigenen Volkes nicht einfach plan- und ziellos verliefen, sondern als sinnvolle Geschichte gelesen werden konnten. Dabei verkannten die Israeliten keineswegs, dass es in ihrer Geschichte viele Irr- und Umwege und auch viel Leid und Böses gab. Aber dennoch, oder vielleicht umso mehr, erfassten sie, dass jedes Element und jeder Moment ihrer Geschichte unendlich bedeutsam waren, und dass diese durch alle Irrungen und Wirrungen hindurch zu einem guten Ende bestimmt waren. Dies war die zweite, ebenso wichtige Entdeckung des Judentums: Gott ist nicht ein blutarmes philosophisches Prinzip, um die Welt zu erklären, sondern Gott zeigt sich in der Geschichte und Gott zeigt sich als lebendiger Gott, dem sein Volk am Herzen liegt.

Die Gestalt des Judentums

Um das Verhältnis Gottes zu seinem Volk zu beschreiben, wird deshalb schon im frühen Israel oft das Beispiel eines Liebespaares herangezogen. Das Volk Israel erfährt sich als von Gott auserwählt und geliebt. Um diese Liebe zu erwidern, will Israel sich seinerseits treu gegenüber Gott erweisen. Von daher ist zu verstehen, dass das Judentum eine Vielzahl von Regeln kennt, die im täglichen Leben zu beachten sind. In der Erfüllung dieser Regeln erweist sich die Treue zu Gott. Die Gebote finden sich niedergeschrieben in der Tora – der Heiligen Schrift der Juden. Neben der Tora gibt es weitere Schriften, die für das Judentum eine wichtige Rolle spielen. Durch die Jahrhunderte hindurch wurden diese Schriften immer wieder neu meditiert und kommentiert, und die Kommentare selbst wurden auch wieder kommentiert. Natürlich waren und sind diese Kommentare verschieden. Und weil es im Judentum keine zentrale Stelle gibt, die einheitlich festlegen würde, was als jüdische Lehre gelten soll, gibt es innerhalb des Judentums heute zahlreiche Strömungen, die sich erheblich voneinander unterscheiden. Dies darzustellen, ist nicht Aufgabe dieses Buches. Auch der Frage, was aus christlicher Sicht zum Judentum zu sagen ist, können wir hier nicht auf den Grund gehen. Zumindest einige Gesichtspunkte wollen wir aber kurz andeuten:

Christentum und Judentum

Zunächst steht das Verhältnis zwischen Christentum und Judentum unter dem Eindruck einer langen und furchtbaren Unrechtsgeschichte. Die christlichen Kirchen haben sich fast 2000 Jahre lang gegen das Judentum gestellt, und Christinnen und Christen haben durch Jahrhunderte hindurch schlimmstes Unrecht und unsagbare Gräuel gegenüber Menschen jüdischen Glaubens und jüdischer Herkunft verübt. Seit dem 2. Weltkrieg haben die Kirchen endlich begonnen, radikal umzudenken, und gehen heute meist sehr wohlwollend auf das Judentum zu. Auch setzen sich heute viele Christen für christlich-jüdische Begegnungen und Freundschaft ein. Trotzdem kann man nicht einfach sagen: Schwamm über die Vergangenheit, schauen wir nun lieber nach vorne. Das geht nicht. Die Schrecken sitzen zu tief. Sie können – und dürfen – nicht vergessen werden. Hoffentlich gelingt es aber, die lähmende Macht dieser Vergangenheit zu brechen und sich nicht länger von ihr bestimmen zu lassen. Ansätze dazu gibt es, und das ist ein Grund zur Hoffnung. Vielleicht können Christen und Juden eines Tages die Vergangenheit auch gemeinsam in den Blick nehmen. Sowohl für das Christentum als auch für das Judentum kommt der Glaube nicht aus reinem Denken, sondern aus einer lebendigen, persönlichen und geschichtlichen Erfahrung. Deshalb kann die Erfahrung von Schuld und Unrecht, von Bösem und Leid in der Geschichte den Glauben nicht unberührt lassen. Hier stellen sich sehr schwere Fragen sowohl für diejenigen, die Unrecht verübt haben, als auch für diejenigen, die es erlitten haben. Wenn es gelänge, dass Christen und Juden sich diese Fragen gemeinsam stellen, dann könnten sie womöglich sogar auch einen Weg hin zu einem gemeinsamen Verständnis ihres Glaubens an Gott finden und einschlagen.

Die Frage, wie weit ein solcher Weg führen kann, wäre der zweite Punkt, den wir kurz andeuten möchten. Wie gesagt, das Christentum kommt aus dem Judentum und verdankt sich ihm in fast allem. Mit seinem Bekenntnis zu dem einen, lebendigen Gott, der den Menschen mit unendlicher Liebe zugetan ist, führt das Christentum eine Linie aus, die im Judentum grundgelegt ist. Die ersten Christen kamen aus dem Volk Israel und sie verstanden sich weiterhin als Jüdinnen und Juden, auch wenn sie Jesus nachfolgten. Jesus selbst war Jude. Wenn er gebetet und sich an Gott gewandt hat, hat er das als Jude getan und selbstverständlich auch gemeinsam mit anderen Juden. Aus christlicher Sicht sollte es deshalb möglich sein, dass Christen und Juden sich auch heute – oder zumindest in Zukunft – gemeinsam vor Gott stellen könnten, also sich als eine Gemeinschaft auch im Glauben verstehen und miteinander zu Gott beten.

Aus jüdischer Sicht ist das sicherlich problematischer. Dass Jesus im Christentum als Sohn Gottes bezeichnet wird, stellt einen Stolperstein dar, der aus jüdischer Sicht den Glauben an den einen und einzigen Gott verwässert – während

aus christlicher Sicht erst die Vorstellung der Drei-Einheit Gottes es erlaubt, Gott gleichzeitig als einen einzigen Gott, aber auch als einen den Menschen in Liebe zugewandten Gott zu denken. Das Verständnis der Einheit, beziehungsweise der Drei-Einheit Gottes, und die Rolle von Jesus Christus zählen im christlich-jüdischen Glaubensgespräch jedenfalls sicherlich zu den schwierigen Kapiteln.
In vielen anderen Bereichen gibt es dagegen – zumindest aus christlicher Sicht – viele Gemeinsamkeiten. Vor allem sind hier die Heiligen Schriften zu nennen. Der Tanach (hebräische Bibel), der neben der Tora noch Prophetenbücher und weitere Schriften umfasst, ist komplett in die christliche Bibel übernommen worden und bildet also auch für Christen eine Grundlage ihres Glaubens. Deshalb zählen Christen die wichtigen Gestalten aus der jüdischen Geschichte auch zu ihren Vorfahren: Abraham und Sara, Isaak und Rebekka, Jakob und Rahel, Moses, König David, Rut, die Propheten Jesaja und Jeremia und viele andere. Begebenheiten aus der Geschichte des Volkes Israel spielen auch in der christlichen Überlieferung und für den christlichen Glauben eine bedeutende Rolle, und viele Gebete, die im Tanach überliefert sind, werden täglich in christlichen Gottesdiensten gesprochen. Auch wenn das Christentum solche alten Texte häufig anders deutet als das Judentum, bleibt dies doch eine wichtige Gemeinsamkeit, die einen Boden für den gegenseitigen Austausch und Annäherungen darstellt.
Insgesamt bleibt festzuhalten: Die Wurzeln des Christentums sind jüdisch. Das Christentum kann deshalb seine Beziehung zum Judentum nicht kappen, ohne sich den eigenen Lebensnerv abzuschneiden. Glücklicherweise ist dies – nach viel zu langer Zeit – heute auch den christlichen Kirchen wieder bewusst geworden. Für das Christentum kann es nur gut sein, wenn es den Kontakt zur jüdischen Welt pflegt und weiter vertieft.

Der Islam aus christlicher Sicht

Judentum, Christentum und Islam werden häufig in einem Atemzug als die drei großen monotheistischen oder auch abrahamitischen Religionen genannt, weil sie sich auf Abraham als Stammvater des Volkes Israel zurückführen. Der historische Begründer des Islams ist aber Mohammed, der Anfang des 7. Jahrhunderts nach Christus im Westen der arabischen Halbinsel lebte. Dort glaubten damals die meisten Menschen, dass mehrere Götter die Welt beherrschten und lenkten. Man darf annehmen, dass auch die dortigen Juden und Christen von dieser Umwelt geprägt waren und in ihrem Glauben an den einen und einzigen Gott nicht immer konsequent waren. Daran nahm Mohammed Anstoß. Er hatte ein ausgesprochenes Gespür für die große Bedeutung und die faszinierende Schönheit des Glaubens an den einen und einzigen Gott, von dem alles in der Welt abhing. Und weil er offenbar über eine mitreißende Persönlichkeit verfügte und es auch verstand, sich einflussreiche gesellschaftliche Positionen zu sichern, schlossen sich ihm zunächst einige, dann immer mehr Menschen an. Er sah sich als Propheten, also als Gesandten Gottes, der in Gottes Namen die Wahrheit verkündete. Kurz nach Mohammeds Tod wurde diese Verkündigung aufgeschrieben und bildet seitdem die wichtigste Grundlage und die Heilige Schrift des Islam, den sogenannten Koran.

Der Koran

Der Koran greift viele Begebenheiten auf, die auch im jüdischen Tanach oder der christlichen Bibel berichtet werden. Auch viele Personen, die dort erwähnt sind, tauchen im Koran auf, allen voran Abraham, der als der Erste gilt, der sich zu dem einen und einzigen Gott bekannt hat. Aber der Koran erwähnt auch Jesus und seine Mutter Maria. Jesus wird als letzter Prophet vor Mohammed beschrieben und sogar als Messias – also als Gesalbter beziehungsweise als Christus – bezeichnet. Gleichzeitig wird scharf zurückgewiesen, dass man ihn Sohn Gottes nennen oder von einer Drei-Einheit Gottes sprechen dürfe. Überhaupt war Mohammed der Meinung, dass Juden und Christen einiges missverstanden oder sogar mutwillig verdreht hätten, was Gott durch frühere Propheten geoffenbart habe. Mohammed selbst gilt im Islam als der letzte Prophet, durch den Gott endgültig gesprochen habe.

Mohammed ist damit zwar eine zentrale Figur im Islam, aber doch nur sozusagen ein Sprachrohr. Die eigentliche Offenbarung Gottes ist für Muslime der Koran selbst. Dies ist ein wichtiger Unterschied zum Christentum. Dort ist das Verhältnis von Heiliger Schrift und Gründerfigur genau umgekehrt: Aus christlicher Sicht hat Gott sich in Jesus Christus gezeigt und offenbar gemacht, aus islamischer Sicht im Koran. Die Überbringer dieser Botschaft sind aus christlicher Sicht dann die Bibel, aus islamischer Sicht ist es Mohammed.

Weil der Koran, so wie er auf Arabisch aufgeschrieben ist, unmittelbar als wörtliche Offenbarung Gottes gilt, kann man ihn aus muslimischer Sicht im Grunde auch nicht in andere Sprachen übersetzen. Aber auch aus rein sprachlicher Sicht ist die Übersetzung des Korans anspruchsvoll, weil er über weite Strecken ein sehr poetischer Text ist, dessen sprachliche Gestaltung fast ebenso wichtig ist wie sein

Inhalt. Zumindest versichern Leute, die den Koran im Original verstehen, dass der Koran in einem außerordentlich eleganten Arabisch geschrieben ist, das nur schwierig angemessen in andere Sprachen zu übertragen sei. Letztlich gilt natürlich für jeden Text, dass eine Übersetzung nie exakt das Original widerspiegelt, sondern immer auch eine Interpretation darstellt. Trotzdem hatten die Christen von Anfang an keine Hemmung, ihre Berichte über Jesus auch in andere Sprachen zu übersetzen. Schon die Originale dieser Berichte sind nicht in der Sprache verfasst, in der Jesus geredet hatte. Dies zeigt deutlich, dass die Bibel im Christentum von Anfang an eine andere Bedeutung hat als der Koran im Islam.

Die Gestalt des Islam

Neben dem Koran stehen im Islam weitere Schriften in hohem Ansehen, weil sie Aussprüche oder Gewohnheiten von Mohammed überliefern. Wie im Judentum und im Christentum ist man sich aber auch im Islam bei der Interpretation dieser grundlegenden Texte keinesfalls einig. Schon früh haben sich deshalb verschiedene Richtungen im Islam herausgebildet, die sich nicht immer friedlich zueinander verhalten haben und verhalten. Wichtig für alle Muslime ist aber der Glaube an den einen und einzigen Gott, wie er von Mohammed dargelegt worden ist, und von dem vor allem der Koran als heilige Schrift Zeugnis gibt. Aber der Islam kennt auch Engel und andere Gesandte Gottes. In islamischem Verständnis beherrscht Gott die Welt souverän und leitet ihr Geschick. Trotzdem gehört zum Islam auch der Glaube daran, dass die Menschen sich am Ende der Zeiten vor Gott für ihre Taten werden verantworten müssen.

Neben solchen Glaubensinhalten spielt jedoch im Islam vor allem die gelebte Glaubenspraxis eine überaus wichtige Rolle. Fünf Verhaltensweisen werden als die Säulen des Islam bezeichnet, nämlich das Bekenntnis zu dem einzigen Gott und seinem Propheten Mohammed (1); das regelmäßige Gebet, das fünf Mal am Tag zu verrichten ist (2); das jährliche Fasten zur Zeit des Fastenmonats Ramadan (3); die Almosensteuer, die von jedem, der es sich leisten kann, zu entrichten ist (4); und schließlich die Wallfahrt nach Mekka, der Stadt Mohammeds, die wenigstens einmal im Leben gemacht werden sollte (5). Als guter Muslim oder gute Muslimin gilt vor allem, wer sein Leben nach diesen Regeln ausrichtet.

Religion und Politik

Mit seinem Ansehen als Prophet war auch der politische Einfluss Mohammeds gewachsen. Er wurde zu einem Anführer, der auch Schlachten schlug, bei denen

es mehrere Dutzend Tote gab. Als er starb, hatten fast alle Stämme der arabischen Halbinsel seinen Führungsanspruch anerkannt. Die meisten hatten dabei auch gleich den Islam als Religion übernommen. Hier besteht wieder ein markanter Gegensatz zur Frühgeschichte des Christentums. Jesus strebte nie politische Macht an und sprach sich mehrfach gegen die Anwendung von Gewalt aus; er starb als verachteter Verbrecher, von fast allen seinen Anhängern verlassen. Auch das junge Christentum wurde von den Herrschenden kritisch beobachtet und oft blutig unterdrückt. Es breitete sich zunächst vor allem in der einfachen Bevölkerung aus. Erst mehr als 300 Jahre nach dem Tod von Jesus verband sich das Christentum mit politischer Macht und wurde im römischen Reich zur Staatsreligion (– in Armenien, Georgien und Äthiopien einige Jahre früher).
Der Islam stand dagegen von Anfang seiner Geschichte an auch in enger Verbindung zur politischen Macht. Ein Jahrhundert nach Mohammeds Tod hatten muslimische Herrscher den ganzen östlichen Mittelmeerraum, weite Teile Nordafrikas, Zentralasiens und auch das heutige Spanien erobert. Damit stieg auf die dort lebende, oft christliche Bevölkerung der Druck, den Islam als Religion anzunehmen. In den folgenden Jahrhunderten kam es zu vielen Begegnungen und Zusammenstößen zwischen Christentum und Islam. In günstigen Fällen führte das zu einem kulturellen Austausch und einem religiösen Dialog, der beide Seiten bereicherte. Stärker in Erinnerung sind leider die Konflikte. Sie reichten von alltäglichen Diskriminierungen über Unterdrückungen bis hin zu großen kriegerischen Auseinandersetzungen.

Christentum und Islam

Christentum und Islam haben also eine lange und wechselvolle gemeinsame Geschichte. Für Westeuropa ist es trotzdem eine neue Situation, dass Muslime heute stark in der Gesellschaft vertreten sind. Damit stellen sich neue Fragen, die das tägliche Zusammenleben aber auch den Glauben betreffen. Das ist nicht immer bequem, bietet aber Chancen. Geht man den Fragen nach, lernt man nicht nur etwas über die je andere Religion, sondern muss vor allem auch über den eigenen Glauben neu nachdenken und wird ihn dadurch hoffentlich besser und tiefer verstehen.
Vor allem das kompromisslose Bekenntnis des Islam zu dem einen und einzigen Gott, der für uns Menschen nie einzuholen aber auch nicht einzuordnen ist, könnte für uns Christen eine heilsame Provokation darstellen. Denn auch wir bekennen uns zu Gott als dem absolut Anderen, über den wir nie verfügen und dessen wir

nicht habhaft werden können; allerdings haben wir Gott in der Praxis doch oft zu einem bloß noch *lieben Gott* verharmlost, der wie ein netter Teddybär niemandem weh tut, aber den man letztlich auch nicht mehr recht ernst nimmt. Wohlgemerkt: Gott ist aus christlicher Sicht wirklich ein lieber Gott! Aber das hat nichts kuscheltierartiges. Gott ist die Liebe selbst, und die Liebe ist nichts Harmloses, sondern etwas, das uns unbedingt fordert und in die Pflicht nimmt, und über das man nicht verfügen kann. Der Ernst des islamischen Bekenntnisses zu dem letztlich unbegreiflichen Gott kann uns Christen dies vor Augen führen.

Eine zweite Anfrage ergibt sich aus der Selbstverständlichkeit, mit der der islamische Glaube dem Alltag oft seinen Stempel aufdrückt – auch wenn längst nicht alle Muslime sich jeden Tag fünf Mal zum Gebet zurückziehen. Im Christentum haben wir viele Bräuche aufgegeben, die in der Vergangenheit das Leben geprägt und strukturiert haben. Wo solche Bräuche hohl oder gar missverständlich geworden waren, ist das eher zu begrüßen als zu bedauern. Aber allzu oft haben wir damit doch auch den Anspruch aufgegeben, Tag für Tag und Stunde für Stunde unseres Lebens aus dem Glauben heraus zu leben, dass jede Minute unseres Lebens unendlich kostbar ist, weil sie in die ewige Herrlichkeit Gottes hineinragt.

Die Herrlichkeit Gottes bezeichnet schließlich einen dritten Punkt, wo der Blick auf den Islam für das Christentum anregend sein könnte. Wir haben oben schon einmal bedauert, dass der christliche Glaube oft als Morallehre gesehen wird oder gar einen moralinsauren Charakter annimmt. Aber selbst wo das nicht der Fall ist, neigen wir zumindest im westlichen Christentum dazu, den Glauben als eine Art Welterklärungssystem zu verstehen und ihn vorwiegend in philosophischen Begriffen zu denken. Das hat seine Berechtigung und auch seine Notwendigkeit, geht aber mit der Gefahr einher, den Glauben auf bloß begriffliche Formeln zu bringen und einzuengen. Im Islam kommt dagegen immer wieder die Schönheit Gottes und des Glaubens in den Blick. Die Schönheit aber sprengt Formeln und Begriffe, sie lädt stattdessen zum Staunen, Bewundern, Verkosten und Schwelgen ein. Diese Dimension gibt es auch im Christentum, aber sie scheint dort manchmal etwas verkümmert. Wenn das Gespräch mit Muslimen dazu führen könnte, die Schönheit Gottes und des Glaubens neu zu entdecken und zu erkunden, wäre das sicherlich ein Gewinn.

Es gibt aber wohl auch viele Punkte, wo man bleibende Unterschiede zwischen christlichem und islamischem Glauben wird feststellen können. Sicher gilt das für das Verständnis des Korans auf der einen und der Rolle von Jesus Christus auf der anderen Seite. Wie hier nicht nur ein Austausch und eine gegenseitige Bereicherung, sondern auch eine echte Annäherung hin zu einer „Gemeinschaft im Glauben“ möglich sein könnte, ist für uns momentan schwer zu sehen.

Hinduismus

Der Hinduismus ist vor allem in Indien verbreitet. Seine Ursprünge verlieren sich im Dunkel der Geschichte; es gibt hier keinen Gründer und auch keine einheitliche Lehre. Vielleicht sollte man den Hinduismus überhaupt nicht als einheitliche Religion bezeichnen, sondern besser von einer Religionsfamilie sprechen, die verschiedene, wenn auch miteinander verwandte Formen des religiösen Ausdrucks umfasst. Grundlegend sind die *Veden*, eine Sammlung religiöser Gesänge, die von allen Hindus als maßgeblich anerkannt werden. Auch die *Upanishaden* und die *Bhagavad Gita* sind wichtige schriftlichen Quellen, daneben spielen viele weitere Überlieferungen in verschiedenen Richtungen des Hinduismus wichtige Rollen. Der Hinduismus kennt eine Vielfalt verschiedener Gottheiten, allen voran *Brahma*, den Erschaffer der Welt, *Vishnu*, den Erhalter und Bewahrer, und *Shiva*, den Zerstörer, der aber gleichzeitig zum Vollender des Alten und zum Wegbereiter des Neuen wird. Daneben tritt *Shakti*, die als weibliche Gottheit sowohl mütterliche Güte als auch die Grausamkeit des Lebens verkörpern kann. Zahlreiche weitere Gottheiten tauchen in Neben- und Hauptrollen auf. Außerdem verkörpern sich Gottheiten auch in anderen Gestalten und werden unter verschiedenen Namen verehrt. Zumindest einige Strömungen des Hinduismus führen die mannigfachen Erscheinungen des Göttlichen auf diese Weise im Grunde auf ein einheitliches Prinzip zurück. Sie stehen dem Monotheismus damit möglicherweise viel näher, als es von außen zunächst den Anschein hat.
Bei uns begannen sich Ende des 19. Jahrhunderts zunächst einige Philosophen für den Hinduismus zu interessieren. Später, in den 1960er Jahren, als es einfach wurde, nach Indien zu reisen, begeisterten sich viele Europäer für hinduistische Meditationstechniken und religiöse Führer aus Indien. Heute betreiben nicht wenige Menschen bei uns Yoga, meist zur Entspannung oder als eine Art Gymnastik. Yogaübungen sind Ausdruck einer alten philosophisch-religiösen hinduistischen Tradition. Offenbar verhelfen sie auch Menschen, die diese Tradition nicht kennen und die keine gläubigen Hindus sind, zu innerem Gleichgewicht. Grundsätzlich bleibt aber doch die Frage, wie weit man Praktiken und Rituale, die aus einer bestimmten religiösen Tradition kommen, völlig aus diesem Zusammenhang lösen

und ohne inneren Bezug zu ihrer ursprünglichen religiösen Bedeutung nachahmen kann (und darf?). Aus Respekt vor Gläubigen, denen die Gebräuche ihres Glaubens meist viel bedeuten, sollte man dabei jedenfalls vorsichtig sein.
Anders als mit dem Judentum und dem Islam steckt der Austausch über Glaubensfragen zwischen Christen und Hindus bei uns noch in den Kinderschuhen. Ein solcher Austausch könnte aber sicherlich beide Seiten bereichern. Die Schriften und Überlieferungen des Hinduismus bergen große Schätze an Weisheit, die auch Christen inspirieren können, ebenso wie die reiche Erfahrung mit verschiedenen Formen von Meditation und religiösen Übungen. Aus christlicher Sicht bedenkenswert scheint auch, dass im Hinduismus nicht alles auf einen Nenner gebracht wird, sondern dass verschiedene Ausdrucksformen derselben religiösen Grunderfahrung nebeneinander existieren und sich gegenseitig überlagern und durchdringen können.
Insgesamt bleiben die Unterschiede zwischen Hinduismus und Christentum aber groß. Vielleicht sind unsere Begriffe und Kategorien und unsere Art, religiöse Formen zu denken, auch nicht recht geeignet, die Art, wie Hindus ihre Religion erleben, auf den Punkt zu bringen? Um sich einander anzunähern, müsste man sich wahrscheinlich zunächst ganz auf das Lebensgefühl und die Weltwahrnehmung der je anderen Religion einlassen; vielleicht fände man in einem zweiten Schritt dann auch eine gemeinsame Sprache, mit der man über die Inhalte des Glaubens miteinander ins Gespräch kommen könnte.

Buddhismus

Auch der Buddhismus hat seinen Ursprung in Indien. Heute ist er aber vor allem in anderen asiatischen Ländern verbreitet. Wie alle großen Religionen kennt er verschiedene Strömungen, die sich teilweise erheblich voneinander unterscheiden. Bekannt bei uns ist der Dalai Lama, ein buddhistischer Mönch und religiöses Oberhaupt für Tibet. Große Verbreitung gefunden haben bei uns auch Techniken der Zen-Meditation, die ebenfalls buddhistischen Ursprungs ist. Beide – der tibetanische und der Zen-Buddhismus – spielen aber innerhalb des Buddhismus insgesamt nur vergleichsweise untergeordnete Rollen.
Der Buddhismus geht zurück auf Siddhartha Gautama, einen nordindischen Prinzen, der ungefähr 500 Jahre vor Christus, also vor etwa 2500 Jahren lebte. Bereits in jungen Jahren, kurz nach der Geburt seines Sohnes, wandte er sich von sei-

nem fürstlichen Leben ab und widmete sich ganz der Meditation und religiösen Übungen. So „erwachte er“, wie das genannt wird, und gelangte zur Erkenntnis, dass alles Leben von Leid geprägt sei, weil überall Gier, Hass und Unwissenheit herrschten. Damit das Leid aufhöre, müssten deshalb Gier, Hass und Unwissenheit aufhören. Da aber im buddhistischen Verständnis alles in der Welt unauflöslich miteinander verwoben ist und sich gegenseitig bedingt, ist ein Überwinden von Gier, Hass und Unwissenheit nur durch ein Überwinden der Welt, also des ewigen Kreislaufs von Werden und Vergehen, von Geburt und Tod, von Tun und Erleiden denkbar.

Der Weg, der dorthin führt, wird als achtfacher Pfad beschrieben. Er umfasst Weisheit, sittliches Verhalten und eine vertiefte Einübung in eine entsprechende Geisteshaltung. Das Ziel dieses Weges ist das Nirwana. Dieses Wort bezeichnet einen Zustand, in dem alle Begierden und Wünsche erloschen, aber in dem auch alle sonstigen inneren Regungen und Impulse zur Ruhe gekommen sind, und in der selbst das Bewusstsein des eigenen Ichs überwunden ist und keine Rolle mehr spielt. Wer in seinem Leben nicht zu diesem Zustand gelangt, muss nach dem Tod wiedergeboren werden. Allerdings wird die dahinterstehende Idee bei uns oft missverstanden. Gemeint ist damit nämlich nicht, dass eine bestimmte Person oder das, was diese Person ausmacht, in einen neuen Körper schlüpft und dort weiterlebt. In buddhistischem Verständnis gibt es nämlich gar keine fest umrissene Person oder etwas, was ein Ich ausmacht. Deshalb kann ein Ich auch nicht wiedergeboren werden. Und Wiedergeburt ist auch nichts Erstrebenswertes, denn das Ziel ist ja das Ausbrechen aus dem Weltkreislauf. Vielleicht kann man den Gedanken hinter der Idee der Wiedergeburt so beschreiben: Wenn es nicht gelingt, die Vorstellung meines Ichs zu überwinden und die Handlungsimpulse, die ich verspüre, zum Verlöschen zu bringen, dann bleiben diese Handlungsimpulse nach meinem Tod erhalten und versuchen, in anderer Form und in anderer körperlicher Gestalt zur Geltung zu kommen – und halten so, wiedergeboren, den Kreislauf des Tuns und Leidens am Laufen.

Schon diese sehr knappe Darstellung buddhistischer Grundideen zeigt, dass es große Unterschiede zu christlichen Glaubensvorstellungen gibt. Dass es nach buddhistischem Verständnis im Grunde kein persönliches Ich gibt, steht in krassem Gegensatz zu der christlichen Grunderfahrung, dass jeder Mensch als unverwechselbare Person wertvoll und von Gott geliebt ist. Einig sind sich Buddhismus und Christentum darin, dass Leid überwunden werden soll – aber während der Buddhismus dafür den ganzen Kreislauf von Werden und Vergehen zum Stillstand bringen möchte, vertraut das Christentum darauf, dass auch trotz des Leids und letztlich durch das Leid der Welt hindurch eine Erlösung möglich ist. Diese Erlösung kann allerdings in christlichem Verständnis nie von Menschen oder von irgendetwas sonst in der Welt bewerkstelligt werden; sie kann nur von Gott bewirkt werden: Der unendlich liebende Gott birgt mich ganz persönlich und endgültig in seiner alles umfassenden Liebe. Der Buddhismus dagegen kennt keinen Gott, von dem die Welt abhängt, und der den Sinn der Welt und des Lebens garantieren würde. Letztlich liegt es deshalb an jedem Einzelnen, durch Meditation und religiöse Übung zu einem Zustand zu erwachen, in dem alles Leid, aber auch jede sonstige Gefühlsregung und sogar das Bewusstsein, eine Person zu sein, überwunden ist. Dies klingt, als gebe es nicht nur große Unterschiede zwischen christlichem Glauben und dem Buddhismus, sondern als seien beide einander geradezu entgegengesetzt. Aber vielleicht können Christen und Buddhisten gerade deshalb viel voneinander lernen? Womöglich sind die Gegensätze auch nur das, was sofort ins Auge sticht, während es in größerer Tiefe doch Gemeinsamkeiten gibt, die nur auf verschiedene Weise zum Ausdruck kommen? Vielleicht ist es auch gar nicht angebracht, Christentum und Buddhismus als „konkurrierende Religionen" zu betrachten? Weil er keinen Gott kennt, halten manche den Buddhismus gar nicht für eine Religion, sondern eher für eine Weisheitslehre und Schule der Lebenskunst. Das Entscheidende am christlichen Glauben wiederum ist nicht irgendeine Art der Lebensführung und noch nicht einmal eine bestimmte Lehre, sondern die Erfahrung, von Gott geliebt und bedingungslos angenommen zu sein. Womöglich – aber wir wollen hier sehr vorsichtig formulieren – lässt sich zwischen christlicher Erfahrung und buddhistischer Lebenskunst doch eine Brücke schlagen? Zumindest gibt es zu denken, dass nicht wenige Christen intensiv auf buddhistische Weise meditieren und berichten, dass sie so auch ihren christlichen Glauben neu oder tiefer erfasst haben.

Welche Religion hat recht?

Neben den genannten Religionen gibt und gab es viele weitere. Auf diese können wir hier nicht näher eingehen. Auch eine allgemeine Definition, was eine Religion sei, was dagegen eine Weltanschauung oder eine Philosophie, brauchen wir hier nicht zu geben. Klar ist: Es gibt verschiedene Religionen, und damit stellt sich die Frage, wie sich diese verschiedenen Religionen zueinander verhalten.

Wenn ich ein religiöser Mensch bin, bin ich natürlich von der Richtigkeit meiner Religion überzeugt. Heißt das, dass ich dann automatisch alle anderen Religionen für falsch halten muss? Zunächst scheint es so, denn von zwei Sätzen, die sich widersprechen, kann bekanntlich nur einer richtig sein (oder es sind beide falsch). Der Satz, dass Jesus Gottes Sohn ist, drückt beispielsweise einen wichtigen christlichen Glaubensinhalt aus. Eine Jüdin würde ihn so nicht formulieren. Christentum und Judentum widersprechen sich hier also. Dann kann aber – streng logisch gedacht – höchstens eine der beiden Religionen recht haben, die andere muss falsch sein. Wenn ich selbst Christin bin, muss ich also das Judentum für eine falsche Religion halten, und für meine jüdische Freundin ist das Christentum falsch. Oder?

Eine Frage der Logik

Überlegen wir uns, welche logischen Möglichkeiten es gibt, mit der geschilderten Situation umzugehen:

Eine erste Möglichkeit wäre zu prüfen, ob nicht vielleicht ein Missverständnis vorliegt. Womöglich denkt meine jüdische Freundin, wenn sie mich von Gott und dem Sohn Gottes reden hört, ich glaubte nicht an einen einzigen Gott, sondern an zwei verschiedene Göttergestalten, die eine Art göttliche Familiendynastie begründen. Da würde ich protestieren und erklären, dass ich überhaupt nicht daran zweifele, dass es nur einen einzigen Gott geben kann, und deshalb hier aus meiner Sicht kein Widerspruch zu ihrem jüdischen Glauben vorliegt. Ob sie das auch so sehen kann, ist eine andere Frage. Manchmal wird es jedenfalls so sein, dass man merkt, dass zwei Religionen zwar eine Sache in verschiedenen Worten und Bildern ausdrücken, im Grunde aber das Gleiche oder etwas Ähnliches meinen. In vielen Fällen wird man sich so verständigen können. – Aber leider kaum in allen. Manche Unterschiede liegen nicht nur an der Formulierung.

Eine zweite Möglichkeit wäre, Glaubensinhalte abzuschwächen, etwa indem man sagt: „Na ja, diese Sätze sind ja nur irgendwie symbolisch gemeint", oder indem man den Geltungsbereich von religiösen Sätzen einschränkt. Das führt dann zu Formulierungen wie: „Ach, im Grunde glauben wir ja alle an den gleichen Gott. Ob ich in die Kirche oder in die Moschee gehe, ist deshalb egal." Solche Formulierungen zeugen von dem guten Willen, Brücken zu schlagen und andere Menschen und Religionen zu akzeptieren. Trotzdem führen sie nicht zur Lösung unseres Problems. Die Unterschiede zwischen Religionen verschwinden nämlich nicht, wenn man sie nicht ernst nimmt; meistens tauchen sie dann später oder an anderer, in der Regel unpassender Stelle wieder auf. Aber schlimmer noch: Wenn man Unterschiede so hemdsärmelig beiseiteschiebt, nimmt man den Glauben selbst nicht ernst – weder den eigenen noch den fremden. Natürlich ist es wichtig, religiöse Sprache immer wieder zu hinterfragen und die Bedeutung und die Reichweite von Glaubenssätzen zu überprüfen. Aber eine solche Überprüfung ist das Gegenteil einer unkritischen Abschwächung. Wenn man seinen Glauben ernst nimmt, darf man jedenfalls bei der Formulierung der Glaubensinhalte nicht schlampig sein. Und dann muss man die Sätze, die den eigenen und den fremden Glauben beschreiben, auch ernst nehmen – auch wenn man auf Widersprüche stößt.

Eine dritte, sehr verbreitete Möglichkeit besteht darin zu sagen: „Welche Religion richtig ist, kann man ohnehin nicht wissen. Deshalb sind alle Religionen irgendwie gleichwertig und gleich zu behandeln." Das hört sich wunderbar tolerant an und richtig daran ist, dass man die Überzeugungen anderer Menschen zu akzeptieren hat. Trotzdem ist auch diese Möglichkeit unbefriedigend. Für einen gläubigen Menschen sowieso, denn dieser ist ja in der Regel in einer bestimmten Religion beheimatet, und die Religionen sind ihm keineswegs einerlei. Aber auch sonst wird eine solche Haltung keiner Religion gerecht, denn sie nimmt keine Religion ernst. Was sich tolerant anhört, ist also im Grunde respektlos – denn das Minimum an Respekt bestünde darin, jemanden überhaupt ernst zu nehmen.

Eine vierte, ebenfalls verbreitete Möglichkeit besteht darin, Kriterien zu suchen, nach denen ich Religionen bewerte. Zum Beispiel könnte ich sagen: Religion A ist gut, weil sie ihre Angehörigen dazu anhält, Geld für Bedürftige zu spenden; Religion B dagegen ist schlecht, weil ihre Angehörigen die Demokratie ablehnen. Auch ein solcher Umgang mit Religion ist problematisch. Religionen haben nämlich zunächst meist gar nicht den Anspruch, irgendwelchen äußeren Kriterien zu entsprechen, also zum Beispiel nützlich für den Staat zu sein oder die Menschen gut zu machen. Jedenfalls entscheidet sich die Frage, ob eine Religion richtig oder falsch ist, nicht an irgendwelchen Kriterien, die ich von außen an sie anlege.

Die fünfte Möglichkeit besteht darin zu sagen: „Dass meine Religion richtig ist, weiß ich. Wenn andere Religionen nicht mit ihr übereinstimmen, müssen sie deshalb logischerweise falsch sein." Eine besondere Spielart dieser Möglichkeit besteht darin zu sagen: „Alle Religionen sind falsch", denn auch diese Formulierung läuft darauf hinaus, zu sagen: „Ich habe recht und alle anderen haben unrecht." Die Logik hinter einer solchen Haltung ist messerscharf. Aber Brücken zu anderen zu schlagen, wird damit unmöglich.

Wo ist das Problem?

Damit haben wir fünf Möglichkeiten beschrieben, wie wir damit umgehen können, dass verschiedene Religionen verschiedene Glaubensinhalte formulieren, die einander oft widersprechen. Eine Lösung für unser Problem haben wir damit nicht gefunden. „Aber welches Problem eigentlich?“, könnte man an dieser Stelle fragen. Dass Leute verschiedene Vorlieben haben und verschiedener Meinung sind, kommt doch überall vor. Warum soll es dann nicht auch verschiedene religiöse Überzeugungen geben? „Soll doch jeder glauben, was er will!“ Allerdings wird man religiösen Überzeugungen nicht gerecht, wenn man sie in diesem Sinne als Vorlieben oder als Meinungen abtut. Religiöser Glaube zielt nämlich auf Wahrheit und hat den Anspruch wahr zu sein. Zwei einander widerstreitende Wahrheiten kann es aber logischerweise nicht geben.

Zum Problem wird das spätestens dann, wenn zwei Wahrheitsansprüche aufeinanderstoßen. Genau genommen kommt es dann zu zwei Problemen: Das erste taucht auf, weil religiöse Wahrheiten ja nicht nur Gedankengebäude sind, die im luftleeren Raum schweben, sondern weil sie für das Denken, Fühlen und Handeln von Menschen wichtig sind und damit einen handfesten Einfluss auf das praktische Leben und Zusammenleben haben. Deshalb kann es schnell zu Konflikten kommen, wenn Menschen verschiedener Religion aufeinandertreffen. Das bedeutet nicht, dass diese sich die Köpfe einschlagen müssten (obwohl auch das oft genug passiert ist und passiert). Das Zusammenleben aber wird meist nicht leichter, wenn man sich in grundsätzlichen, das Leben bestimmenden Fragen nicht einig ist, und wenn einem fremd ist, was für den anderen wichtig ist. Dazu kommt das zweite Problem, das zunächst nicht das Miteinander mit anderen, sondern mich selbst betrifft: Wenn ich sehe, dass meine Religion nicht die einzige ist, sondern dass es Menschen gibt, die mit einer anderen Religion glücklich und gut leben, stellt das auch meinen eigenen Glauben infrage. Gerade wenn mir mein Glaube wichtig ist, kann mich das in eine Krise stürzen. Manche Menschen reagieren darauf mit Selbstzweifeln, andere, indem sie ihren Glauben besonders lautstark verteidigen und die Ohren vor jeder kritischen Anfrage verschließen. Beide Reaktionen führen in Sackgassen.

Aber welchen Ausweg könnte es geben? Solange ich irgendetwas für wahr halte, werde ich immer vor der Situation stehen, dass andere Menschen anderes für wahr halten. Das betrifft im Übrigen nicht nur religiöse Menschen und religiösen Glauben. Auch wer beispielsweise sagt, dass es keinen Gott gebe und alle Religionen falsch seien, hält dann diese Sätze für wahr und muss damit umgehen, dass andere Leute anderes für wahr halten. Das gilt auch für jemanden, der nur die Erkenntnisse der Naturwissenschaft für wahr hält. Sogar wenn jemand sagen würde: „Es gibt gar keine Wahrheit", entkommt er der Zwickmühle nicht. Denn er hielte ja dann den Satz für wahr, dass es keine Wahrheit gibt, und damit würde er sich logisch im Kreis drehen.

Es scheint also nichts zu helfen. Religionen, die verschiedene Dinge für wahr halten, können nicht beide richtig sein. Gegen diese Logik ist kein Kraut gewachsen.

Eine Frage des Herzens

Aufgrund einer solchen Logik sind im Namen der Wahrheit viele Kriege geführt worden und wurde vielen Menschen unendliches Leid zugefügt. Leider haben Religionen dabei oft eine üble Rolle gespielt, sei es, weil sie selbst im Namen der Wahrheit andere unterdrückt haben, sei es, weil sie missbraucht wurden oder sich instrumentalisieren ließen. Aber es gibt auch eine andere Seite, und diese andere Seite lässt hoffen, dass der messerscharfe Logiker, der nur seine eigene, logische Wahrheit gelten lassen kann, nicht das letzte Wort haben muss.

Wir möchten ausgehen von der Beobachtung, dass gerade Menschen, die ihren eigenen Glauben sehr bewusst leben, oft mit besonderer Offenheit und Wertschätzung, freimütig und wohlwollend auf Menschen mit anderem Glauben oder anderer Überzeugung zugehen. Ein Beispiel sind die Mönche von Tibhirine, die als überzeugte Christen in einem muslimischen Umfeld lebten – und die den muslimischen Glauben ihrer Nachbarn respektiert, studiert und hochgeschätzt haben. Dass sie ihre muslimischen Freunde nicht allein lassen wollten, hat sie letztlich das Leben gekostet, weil sie 1996 von religiösen Fundamentalisten umgebracht wurden. Ihr Leben wurde unter dem Titel „Von Menschen und Göttern" verfilmt. Es gibt viele weitere Beispiele von Menschen, die nicht obwohl, sondern gerade weil sie selbst tiefgläubige Menschen sind, anderen Religionen mit großer Hochachtung begegnen. Solche Beispiele zeigen: Jemand, der fest in seiner eigenen Religion verankert ist, muss keineswegs andere Religionen ablehnen. Vielmehr ist es offenbar möglich, selbst fest zu seinem Glauben zu stehen und gleichzeitig den Glauben von anderen Menschen nicht nur zu tolerieren, sondern zu akzeptieren und sogar hochzuschätzen. Wie passt diese Beobachtung zu unserer Feststellung, dass ich einen anderen Glauben doch logischerweise für falsch halten müsste, wenn er nicht mit meinem Glauben übereinstimmt?

Die Antwort ist wohl nur mit der Logik des Herzens zu erfassen. Wie wir schon mehrfach betont haben, ist der christliche Glauben nicht ein bloßes Gedankengebäude und auch nicht vorrangig ein System von Glaubenssätzen. Der Glaube kommt vielmehr aus einer lebendigen Erfahrung und er zielt auf das Leben. Sicher: schon den ersten Christen war es wichtig, sich und anderen auch vernunftgemäße Rechenschaft über ihren Glauben abzulegen. Deshalb kamen sie nicht umhin, die Inhalte ihres Glaubens in Worte zu fassen und ein System von Glaubenssätzen auszubilden. Diese Glaubenssätze haben natürlich den Anspruch, wahr zu sein, also die ursprüngliche Glaubenserfahrung getreu wiederzugeben; zumindest so getreu, wie das mit unserer Sprache möglich ist. Die Glaubenssätze haben darüber hinaus den Anspruch, auch in dem Sinne wahr zu sein, dass sie eine Wirklichkeit beschreiben, die unabhängig von uns Menschen gegeben ist und gilt.

Aber zu glauben ist für einen gläubigen Menschen unendlich viel mehr, als bestimmte Glaubenssätze für wahr zu halten! An Gott zu glauben, bedeutet für einen Christ zuerst und vor allem anderen, sich selbst vorbehaltlos mit unendlicher Liebe geliebt zu wissen.

Weil ein Buch nun einmal aus Sätzen besteht, müssen wir auch diese Erfahrung hier als Glaubenssatz aufschreiben – anders geht es nicht. Aber jeder, der schon mal verliebt war, weiß, dass die mageren drei Worte: *Ich liebe dich*, so auf dem Papier gelesen, nicht ansatzweise erahnen lassen, welchen neuen Horizont dieser Satz aufreißen und welch funkelndes Universum er erschließen kann, wenn er mir schüchtern ins Ohr geflüstert wird. Den Satz: *ich liebe dich* kann man logisch analysieren. Aber Verliebte werden über ein solches Vorhaben nur den Kopf schütteln. Natürlich werden sie den Satz für wahr halten, ist doch logisch. Und der Satz ist ja auch wahr, so wahr, dass Verliebte ihr ganzes Leben danach ausrichten. Aber die Wahrheit dieses Satzes mit messerscharfer Logik zu beweisen, wird nicht das wichtigste Anliegen der Verliebten sein. Im Vordergrund steht für sie nicht die abstrakte Wahrheit des Satzes über Verliebtheit, sondern die konkrete Wahrhaftigkeit ihres Verliebtseins und die Gestaltung ihrer persönlichen Liebesbeziehung.

Was wir hiermit sagen wollen: Solange man Religionen in erster Linie als Systeme von Glaubenssätzen versteht, bleibt als Werkzeug für ihre Analyse nur die abstrakte Logik, die den Inhalt von Sätzen miteinander vergleichen kann. Dass man dabei auf Unterschiede zwischen zwei Religionen stößt, ist unvermeidlich, und auch, dass es angesichts größerer Unterschiede dann unmöglich erscheint, Brücken zwischen diesen Religionen zu schlagen. Wenn man nur die Glaubenssätze von Religionen sieht, dann wird ein Widerspruch zwischen diesen Sätzen schnell zum Totschlagargument.

Aber auf diese Weise verfehlt man den Glutkern und das Wesen von Religionen! Gläubige Menschen erleben ihre Religion nicht in erster Linie als ein System von Glaubenssätzen. Zumindest gilt das für den christlichen Glauben. Christinnen und Christen werden die christlichen Glaubensinhalte für wahr halten, logisch. Sie werden sie sogar für so wahr halten, dass sie ihr Leben danach ausrichten. Aber im Vordergrund wird für sie die Wahrhaftigkeit ihrer Beziehung zu Gott stehen. Worum es für sie geht, das sind:

Das Einüben in die Beziehung mit Gott; die Suche nach dem Sinn in ihrem Leben; das Nachspüren ihrer Sehnsucht; das Zu-sich-finden, indem man sich ganz von sich weggibt; das Verkosten der göttlichen Gegenwart in Momenten des Glücks; das Durchstehen von Leere und innerer Ödnis; der Schmerz über die noch in Wehen liegende Schöpfung; der Trost in der Begegnung mit Gott, der einem aus allen Poren der Welt gleichsam entgegenquillt; die Verzweiflung über das Böse in der Welt und in sich selbst; die Verzückung über den Vorgeschmack der göttlichen Liebe; die unvermutet aufblitzende, den Atem verschlagende Gewissheit, geliebt zu sein, geborgen, auf ewig aufgehoben in Gottes unendlicher Liebe, die den Grund und das Ziel des Universums ausmacht; – solche Erfahrungen sind es, die einen Christen und eine Christin tragen und beflügeln und ihren Glauben ausmachen.

Alfred Delp schrieb aus dem Gefängnis, kurz vor seiner Ermordung durch die Nazis, dass den Menschen der Glaube oft deshalb so schwerfalle, „weil sie die unendlichen Gluten und die schimmernde Bläue und die grenzenlosen Weiten des göttlichen Wesens nicht mehr kennen, denen man sich überantworten muss. Man muss die Segel in den unendlichen Wind stellen, dann erst werden wir spüren, welcher Fahrt wir fähig sind." Diese Worte kommen tief aus dem Glauben.

Der christliche Glaube ist nichts für Krämerseelen, die nur Worte auf die Goldwaage legen und Sätze miteinander vergleichen. Der christliche Glaube ist etwas für Menschen, die sich dem Strom des Lebens anvertrauen, auch wenn sie nicht schon wissen, wohin dieser sie tragen wird, weil sie darauf bauen, dass sie niemals verloren gehen und nie tiefer fallen können als in Gottes Hand. Christen, die aus der Tiefe ihres Glaubens leben, sind freie Menschen. Freie Menschen können frei auf andere Menschen zugehen. Sie haben keine Angst davor, dass andere anders sind. Sie müssen sich und andren nichts beweisen – auch nicht, dass sie besser sind oder ihr Glaube wahrer ist als die Überzeugung anderer.

Das Problem ist nicht gelöst – aber es ist kein Problem mehr.

Das alles bedeutet nicht, dass das oben geschilderte Problem gelöst wäre. Es bleibt dabei, dass die Glaubensinhalte verschiedener Religionen oft im Widerspruch zueinander stehen. Aus Sicht der abstrakten Logik lässt sich da schwer eine Brücke schlagen. Im konkreten Leben sieht es allerdings anders aus. Christinnen und Christen sind natürlich überzeugt davon, dass ihr Glaube richtig ist und der Wahrheit entspricht. Auf die Wahrheit dieses Glaubens bauen sie ihr ganzes Leben. Aber gerade weil der Glaube an den liebenden Gott die Grundlage ihres Lebens ist, werden sie der Logik des Herzens folgen. Sie werden den Überzeugungen anderer Religionen mit Respekt und Wertschätzung begegnen, auch wenn sie sie nicht teilen. Kritische Anfragen an ihren eigenen Glauben werden sie nicht abblocken, sondern im Gegenteil zum Anlass nehmen, diesen selbst besser zu durchdringen und weiter zu vertiefen. Wenn sich ein Gespräch über Unterschiede zwischen Religionen ergibt, werden sie ihren Glauben erklären, dafür einstehen und auch dafür werben – aber sie wissen, dass man anderen den christlichen Glauben niemals „anbeweisen" kann, sondern dass das beste Glaubenszeugnis darin besteht, sich selbst immer mehr von Gottes Liebe durchdringen zu lassen. Vor allem wissen sie, dass diese Liebe Gottes ihrem nichtchristlichen Gesprächspartner immer schon in genau gleicher Weise gilt wie ihnen selbst. Wir Menschen sind alle geliebte Geschöpfe Gottes. Das verbindet uns so stark, dass Unterschiede in den Glaubensinhalten uns im Tiefsten nicht trennen können.

14. Die Sache mit dem Nicht-Glauben

Im vorangegangenen Kapitel war ausführlich davon die Rede, wie Christinnen und Christen auf Angehörige anderer Religionen zugehen und was sie von ihnen lernen können. So interessant das ist – fast wichtiger scheint heute die Frage, wie sie damit umgehen, dass viele Menschen gar nichts zu glauben scheinen. An nichts zu glauben, scheint heute der Normalfall zu sein. Wer dagegen sagt, dass er an etwas glaubt, muss das anderen gegenüber oft rechtfertigen oder zumindest erklären.

Aber ist eine solche Gegenüberstellung von „Etwas-Glaubenden" und „Nichts-Glaubenden" überhaupt sinnvoll? Gibt es „100-%-Gläubige"? Gibt es „0-%-Gläubige"? Wir wollen in den folgenden Abschnitten zunächst diese beiden Seiten betrachten, bevor wir im dritten Abschnitt danach fragen, worin sich Christen denn von anderen Menschen unterscheiden.

Von ungläubigen Gläubigen

Erinnern wir uns daran, was christlich glauben überhaupt bedeutet. Wir sagten: In christlicher Weise an Gott zu glauben, bedeutet vor allem, darauf zu vertrauen, dass die Welt einen Sinn hat, und dass ich (und jeder Mensch) mit unendlicher Liebe geliebt bin. Dieses Vertrauen verdankt sich einer Erfahrung und die macht den eigentlichen christlichen Glauben aus. Das ist das Erste und Wichtigste, und danach kommt erst einmal lange nichts. Aber natürlich muss diese Erfahrung dann zweitens auch in Worte gebracht und begründet werden. Drittens wird sie auch Einfluss darauf haben, wie ich lebe. Hier sind wir bei dem, was christlich glauben dann auch – aber eben doch nachrangig – bedeutet: christlich glauben heißt auch, gewisse Glaubensinhalte als wahr zu bekennen; diese stellen ja gerade den Versuch dar, die ursprüngliche Glaubenserfahrung in Worte zu fassen und auf Begriffe zu bringen. Und christlich glauben heißt auch, sein Leben so zu gestalten, dass es der ursprünglichen Glaubenserfahrung entspricht und diese widerspiegelt.

Leider müssen wir jetzt wiederholen, was wir schon einige Male gesagt haben: Es gibt keine „perfekten" Christen. Niemand lebt so, dass sein Leben immer und überall spüren lässt, dass es von einer großen Liebe und einem großen Vertrauen durchdrungen ist. Niemand kann die Erfahrung, grenzenlos geliebt zu sein, ganz in Worte bringen und in Sätze fassen. Kein Christ wird alle christlichen Glaubensinhalte auf dieselbe Art verstehen wie andere Christen. Schließlich aber – und hier sind wir beim Kern – kennt jeder Mensch, auch jeder Christ, die Momente, wo man sich allein und verlassen fühlt, wo einem alles sinnlos erscheint oder wo man angesichts großen Leids oder himmelschreienden Unrechts buchstäblich an der Welt verzweifelt. Müssten einem „perfekten" Christen solche Momente der Verzweiflung nicht erspart bleiben? Müsste eine „perfekte" Christin allem Leid und allem Unrecht nicht doch einen irgendwie tieferen Sinn abgewinnen können? Wüsste sie nicht Gott immer an ihrer Seite, sodass sie sich überhaupt nie allein und verlassen fühlen dürfte?

Zweiflerinnen und Zweifler – harmlose Fälle

Hier rühren wir an einen schwierigen Punkt. Letztlich geht es um die Frage, ob Christen auch an ihrem Glauben zweifeln oder gar verzweifeln dürfen. Leider stellt man diese Frage oft nur sehr oberflächlich. Man nennt es dann Zweifel, wenn jemand einen Glaubenssatz nicht einfach akzeptiert, sondern hinterfragt oder in Frage stellt. Zu dieser ersten Art von Zweifel nur so viel:

Erst wenn ich einen Satz über den Glauben richtig verstehe, kann ich überhaupt davon reden, dass ich das, was mit diesem Satz ausgedrückt ist, auch glaube. Alles, was mir dabei hilft, einen Glaubenssatz besser zu verstehen, ist deshalb gut! Der erste Schritt zu einem besseren Verständnis ist, dass ich Sätze, die mir nicht einleuchten, hinterfrage. Wenn man dies Zweifel nennen mag, dann ist dieser Zweifel also sogar etwas Gutes und Wichtiges – ja etwas, ohne das der Glaube gar nicht auskommt oder zumindest nicht wachsen kann.

Dumm wäre es freilich, einen Satz zurückzuweisen, bevor ich ihn überhaupt verstanden habe. Wenn jemand mir etwas auf Ungarisch erklärt, werde ich ihm nicht vorhalten, dass er Unsinn redet, sondern erst einmal versuchen, zu verstehen, was er eigentlich meint. So ähnlich ist es mit Sätzen, hinter denen eine lange theologische oder philosophische Tradition steht. Auch wenn sie einfach klingen, ist das, was sie meinen, manchmal schwer verständlich. Bevor man sie zurückweist, sollte man sich deshalb erst einmal die Mühe machen, sie richtig zu verstehen.

Natürlich kann es vorkommen, dass ich auch nach reiflicher Überlegung einem Satz nicht zustimme, der in der christlichen Tradition für wahr gilt. Damit stelle ich mich noch lange nicht an den Rand (oder gar außerhalb) der christlichen Gemein-

schaft! Zum einen sind es nämlich nur ganz wenige Sätze, die für den christlichen Glauben wirklich entscheidend sind. Zum anderen ist das, was für den christlichen Glauben grundlegend ist, die in der Begegnung mit Jesus Christus gemachte Erfahrung, von Gott geliebt zu sein. Diese Erfahrung ist aber mit Sätzen immer nur unvollkommen wiederzugeben. Der Glaube lässt sich nicht in ein Gerüst aus Sätzen sperren. Kein Satz kann den Glauben völlig einfangen. Deshalb dürfen selbst die wichtigsten christlichen Glaubenssätze immer wieder neu befragt werden: Kann das, was sie ausdrücken sollen, nicht noch besser gesagt werden?
Freilich muss man, je grundsätzlicher man hinterfragt und in Frage stellt, desto sorgfältiger nachdenken und auch im Gebet um die rechten Fragen und Antworten ringen. Dennoch können wir festhalten: Wenn man es Zweifel nennen will, dass man Glaubenssätze hinterfragt, dann ist dieser Zweifel kein ernstes Problem. Umso bedauernswerter ist es, wenn manche Christen sich Sorgen machen oder sich gar schuldig fühlen, wenn sie nicht alle Nebensätze für richtig halten, mit denen man in vergangenen Jahrhunderten christliche Glaubensinhalte beschrieben hat.
Eine ernstere Art von Zweifel wird dagegen meistens gar nicht Zweifel genannt. Sie betrifft das Tun: Wenn ich beispielsweise engherzig, überängstlich oder nur auf mich selbst bezogen lebe, steht das im Widerspruch zum christlichen Glauben. Auch wenn ich vielleicht alle christlichen Glaubenssätze unterschreibe und täglich in die Kirche gehe, ist mein Lebenswandel dann sozusagen ein gelebter Zweifel an meinem Glauben. Wenn wir ehrlich sind, betrifft das alle Christen. Niemand ist ganz frei von der Sorge, selbst zu kurz zu kommen, niemand tut stets nur Gutes. Je nachdem, wie mein Lebenswandel aussieht, kann das tatsächlich sehr problematisch sein. Aber der christliche Glaube ist auch dann tröstlich: Er besagt, dass es nie zu spät ist, sein Leben neu auszurichten, und dass selbst in der verfahrensten Situation immer ein neuer Anfang möglich ist.

Zweiflerinnen und Zweifler – abgründige Fälle

Kommen wir zu einer Form des Zweifels, die nun allerdings wirklich ernst und abgründig ist. Sie ist abgründig, weil sie den Kern des Glaubens, den eigentlichen Glauben infrage stellt und damit vor einen bodenlosen Abgrund führt. Der christliche Glaube besteht im Vertrauen auf die Erfahrung, dass die Welt einen Sinn hat und ich geliebt bin. Aber dieses Vertrauen kann mir verlorengehen und diese Erfahrung kann mir abhandenkommen. Mehr noch: Schlimme Erfahrungen können mein Vertrauen, dass die Welt sinnvoll sei, grundlegend erschüttern und

mir die Gewissheit, geliebt zu sein, in Trümmer schlagen. Damit steht dann wirklich mein Christ-sein infrage, ja es steht infrage, ob es überhaupt möglich ist, Christ oder Christin zu sein? Der christliche Glaube selbst steht dann infrage und droht, in einem klaffenden Abgrund der Sinnlosigkeit zu versinken. Dieser grundsätzliche Zweifel ist also ernst, todernst sogar. Müssen Christen ihm deshalb um jeden Preis aus dem Weg gehen? Ist jemand als Christ abgeschrieben, wenn er so grundsätzlich zweifelt, dass er am Sinn der Welt und der Liebe Gottes verzweifelt? Was soll man darauf sagen? So gewichtig die Frage ist, so schwer fällt die Antwort. Schauen wir in unserer Ratlosigkeit auf Jesus. Überraschenderweise zeigt sich: auch Jesus kannte den Abgrund der Verzweiflung und der Gottverlassenheit. Zwei der vier Evangelien berichten, dass Jesus am Kreuz, unmittelbar vor seinem Tod aufgeschrien hat: „Mein Gott, warum hast Du mich verlassen!" Jesus, der Mensch, in dem nach christlichem Glauben Gott selbst greifbar wurde, und der deshalb Sohn Gottes genannt wird – er fühlte sich am Ende seines Lebens ganz und gar von Gott alleingelassen! Und es kommt noch schlimmer: Der Schrei von Jesus ist nämlich ein Zitat aus Psalm 22, also aus einem alten jüdischen Gebet, das zum ersten Teil der Bibel gehört. Offenbar kannten also schon die Beter aus dem alten Judentum die Erfahrung, ganz und gar verlassen und der Sinnlosigkeit preisgegeben zu sein. Gottverlassenheit und Verzweiflung mitten in der Bibel, mitten im Herz des jüdischen und des christlichen Glaubens also!
Und doch öffnet sich gerade an dieser Stelle direkt am Abgrund ein neuer Blickwinkel. Der Psalm, den Jesus am Kreuz aufgreift, geht nämlich weiter: Die verzweifelte Klage des alten jüdischen Beters markiert nicht einen Endpunkt, sondern mündet in ein Lob Gottes und der göttlichen Herrlichkeit und Gerechtigkeit. Für den christlichen Glauben und gerade für den Tod von Jesus am Kreuz gilt dies auch: es ist ein echter Tod, nicht gespielt, nicht halb so schlimm, ein furchtbarer Tod, der einen bodenlosen Abgrund der Sinnlosigkeit und Verzweiflung aufreißt – aber er ist nicht der Endpunkt.
Schon in seinem Leben ist Jesus dem Leid und dem Unrecht nicht aus dem Weg gegangen; er hat das Böse allerdings nicht so sehr von außen bekämpft, sondern es vielmehr von innen her ausgehebelt. Er hat sich konsequent geweigert, eine Logik der Macht und Stärke anzuerkennen. Er hat diese negative Logik durch seine positive Logik der bedingungslosen Liebe ersetzt. Damit war dem Bösen jede Grundlage entzogen. Es fand sozusagen keinen Halt mehr und konnte sich nicht mehr wehren. Angesichts einer bedingungslosen Liebe kann das Böse keinen Bestand haben; gewiss kann es sich nochmals aufblähen und im Todeskampf wild

um sich schlagen – aber letztlich muss es in sich zusammenfallen, weil es hohl ist und der sich verströmenden Liebe nichts entgegensetzen kann.
Das Kreuz beschreibt den Gipfelpunkt dieses Weges, den Jesus gegangen ist. Auch an dieser äußersten Schranke des Lebens, wo er dem Tod und dem Nichts sozusagen Auge in Auge gegenübersteht, kapituliert Jesus nicht vor der Macht des Bösen. Selbst jetzt akzeptiert er nicht die Logik der Macht und weigert sich, das Böse mit dessen eigenen Waffen zu bekämpfen. Aber er findet sich auch nicht damit ab. Jesus geht der Verzweiflung nicht aus dem Weg, er wirft sich sozusagen direkt in den dunklen Abgrund der Sinnlosigkeit. Bis ins Todesröcheln hinein verweigert Jesus sich der Logik des Todes und des Nichts. Sein Schrei nach Gott in der äußersten Verlassenheit ist gleichzeitig eine Anklage des Bösen, aber auch ein Bekenntnis dazu, dass dieses Böse nicht die letzte, nicht die letztlich gültige Macht ist.
Die Macht des Bösen und des Todes ist stärker als jede andere Macht. Aber sie vermag nichts, rein gar nichts gegen die offen eingestandene Machtlosigkeit der bedingungslosen Liebe. Der wehrlose Schrei nach Liebe reicht weiter als die Macht des Bösen. Damit entlarvt Jesus das Böse auch an diesem äußersten Punkt als haltlos und hohl. Mit dem Schrei nach dem liebenden Gott auf den Lippen kann er sich sogar in den Abgrund des Todes stürzen – um durch diesen Abgrund hindurch zu einem Leben durchzustoßen, in dem nur noch die Logik der Liebe Bestand haben kann. Endgültig beglaubigt wird dies durch die Auferweckung von Jesus aus dem Tod. Die Begegnungen des auferweckten Jesus mit seinen Anhängern zeigen: Der Tod, die Gottverlassenheit und Sinnlosigkeit sind tatsächlich nicht der Endpunkt. Gott lässt nichts in der Sinnlosigkeit. Das letzte Wort behält die Liebe, denn die Liebe ist Grund und Ziel des Universums.
Nun können wir den Bogen zurückschlagen zu uns: Dürfen wir als Christinnen und Christen am Sinn des Lebens verzweifeln? Entfernen wir uns damit nicht von unserem Glauben und von Gott? Der Blick auf Jesus lässt uns erahnen, in welcher Richtung die Antwort auf diese Frage zu suchen ist: Auch wenn wir uns gottverlassen fühlen und verzweifeln, sind wir in guter Gesellschaft, nämlich bei Jesus. Selbst der bodenlose Abgrund des Bösen ist Gott nicht fremd; Jesus war schon vor uns in diesem Abgrund, hat ihn durchlitten und durchstoßen und ihn überwunden.
Das bedeutet nicht, dass Christinnen und Christen diesen Abgrund suchen und sich in die Verzweiflung stürzen sollen! Aber Christen, die sich ganz auf sich selbst, auf andere Menschen und auf die Welt einlassen, können gerade deshalb nah an einen Abgrund des Bösen und der Sinnlosigkeit gelangen, der sich in ihnen selbst, in anderen oder in der Welt auftut. Und je bedingungsloser sie auf die

Logik der Liebe vertrauen, desto machtloser werden sie dem Bösen gegenüberstehen. Die Geschichte des Christentums kennt viele Frauen und Männer, die zutiefst gläubig waren, und irgendwann in ihrem Leben vor einem solchen Abgrund standen: Johannes vom Kreuz ist wohl das bekannteste, Mutter Theresa von Kalkutta vielleicht das jüngste prominente Beispiel. Wir können nicht in die Seele anderer Menschen hineinschauen; es scheint aber gut möglich, dass gerade Menschen, die sich besonders tief und radikal auf den christlichen Glauben einlassen, manchmal nur noch schreien können: „Gott, warum hast Du mich verlassen?" Aber wir dürfen – und sie dürfen – darauf vertrauen, dass sie beim Sturz in den Abgrund geradewegs auf Jesus zustürzen werden, und dass sie mit ihm auferweckt werden zu der einzigen Wirklichkeit, die ohne Ende Bestand haben kann: zur Liebe.
In jedem Fall können wir sagen: Zweifelnde Christen sind keine „schlechteren" Christen. Eher könnte das Gegenteil der Fall sein. Ernstlich auf die Liebe zu setzen, macht das Leben in einer Welt, in der Unrecht und Böses oft die Übermacht haben, nicht einfacher. Wer seinen Glauben ernst nimmt, der wird deshalb immer wieder auch mit ihm ringen müssen – gedanklich, im täglichen Leben und vielleicht auch ganz grundsätzlich, nah am Abgrund.

Taufscheinchristen, Gewohnheitschristen und andere Normalgläubige

Die Suchenden, Ringenden und Zweifelnden machen aber nicht den Großteil unter den christlich Gläubigen aus. Die meisten Christinnen und Christen leben ihren Glauben deutlich unspektakulärer. Natürlich gibt es auch bei diesen normalen Gläubigen große Unterschiede. Eine erste Art von Gläubigen könnte man so beschreiben: Sie sind als Kinder getauft und mehr oder weniger christlich erzogen worden, beten aber nur selten und gehen nur selten in den Gottesdienst – vielleicht an Weihnachten, vielleicht auch nur, wenn es etwas besonders zu feiern gibt. Zur Kirche haben sie nur eine lose Beziehung und mit den Inhalten des christlichen Glaubens haben sie sich oft schon lange nicht mehr auseinandergesetzt. Sie würden aber meist doch sagen, dass sie ihr Leben an „christlichen Werten" ausrichten und dass Jesus für sie als Vorbild eine gewisse Rolle spielt. Etwas abwertend werden diese Gläubigen manchmal Taufscheinchristen genannt.
Eine zweite Art von Gläubigen war früher weiter verbreitet als heute, es gibt sie aber nach wie vor. Sie gehen regelmäßig zum Gottesdienst und sind auch sonst gut ins kirchliche Leben eingebunden, vielleicht auch Mitglied in einem kirchlichen Verein oder Verband. Die Kirche und der christliche Glaube gehören gewohnheitsmäßig zu ihrem Leben, ohne dass sie groß darüber nachdenken. Ihr Leben ist von christli-

chen Ideen und kirchlichen Bräuchen bestimmt, aber weniger, weil sie das bewusst so halten, sondern eher, weil man eben gewisse Dinge tut und andere nicht tut. Man könnte sie deshalb, wieder stark vereinfachend, Gewohnheitschristen nennen. Eine dritte Art von Gläubigen versucht, sich aktiv in eine christliche Gemeinde einzubringen, sei es als Vorleser im Gottesdienst, sei es als Verantwortliche für einen Seniorenkreis oder als Mitglied in kirchlichen Gremien. An vielen Orten sind solche Gläubigen die Stützen ihrer Gemeinden und halten deren Aktivitäten aufrecht. Auch für sie ist es oft mehr oder weniger selbstverständlich, ihr Leben nach ihrem Glauben auszurichten, oder das zumindest zu versuchen. Darüber hinaus setzen sich viele von ihnen aber auch aktiv mit Fragen des Glaubens und des kirchlichen Lebens auseinander und versuchen, ihren Glaubensweg bewusst zu gestalten. Nicht selten stehen sie gerade deshalb vielen Aspekten des kirchlichen Lebens kritisch gegenüber.

Diese Einteilung der Gläubigen ist natürlich sehr grob. Im Grunde gibt es so viele Arten Christ oder Christin zu sein, wie es Christen gibt. Jeder Mensch glaubt auf seine persönliche Weise und hat seine persönliche Beziehung zu Gott. Was wir hier zeigen wollten, ist: Die allermeisten – um nicht zu sagen (fast) alle – Christen sind ganz normale Menschen. Es gelingt ihnen mal besser und mal schlechter, ihren Glauben zu leben. Sie sind alles andere als perfekt – als Menschen nicht und als Gläubige nicht. Sie sind sozusagen ganz normale Durchschnittschristen. Das klingt etwas traurig, und natürlich sollte sich niemand damit zufriedengeben, sein Christ-Sein nur halb zu leben. Und doch ... – und doch wäre es ein schlimmes Missverständnis, zu meinen, beim christlichen Glauben käme es auf Leistung, auf Exzellenz oder gar auf Perfektion an. „Gott hat eine Vorliebe für normale Menschen, sonst hätte er nicht so viele davon gemacht." Dieser Spruch klingt flapsig, drückt aber eine tiefe christliche Wahrheit aus: Gott sucht keine High-Performer. Vor Gott muss niemand perfekt sein. Es kommt einzig und allein darauf an, Gottes Liebe an sich heranzulassen. Und das gelingt sogar meist besser, wenn man weiß, dass man nicht perfekt ist. Durchschnittschristen sind also keineswegs Christen zweiter Klasse oder „schlechtere" Christen, sondern genau diejenigen, die Gott am Herzen liegen ...

Heuchler und Heilige. Und ein Fazit

Eine Art von Christen müssen wir noch erwähnen, obwohl wir sie gerne übergehen würden: Es sind diejenigen, die sich besonders fromm geben, um sich dadurch Vorteile zu verschaffen. Im besten Fall ist das unehrlich, im schlimmsten

Fall nutzt so jemand sein Ansehen oder seine kirchliche Position, um schmierige Geschäfte oder gar Verbrechen zu begehen. Man kann solche Menschen als Mitläufer, Opportunisten, Scheinheilige, Schwindler oder Heuchler bezeichnen und sich angewidert von ihnen abwenden. Aber Vorsicht: wahrscheinlich steckt in allen Menschen ein bisschen Opportunismus, und vermutlich sind wir alle auch manchmal Mitläufer. Umgekehrt ist kaum jemand in allem, was er tut, ein Heuchler oder falsch und durchtrieben. Auch Schwindler und Hochstapler können sich bessern, jedenfalls steht das aus christlicher Sicht immer zu hoffen.

Und dann gibt es noch eine Art von Christinnen und Christen, wie könnten wir sie vergessen: die Heiligen! Nur leider denken wir bei dieser Bezeichnung allzu leicht an pastellfarbene Figuren, die milde lächelnd durchs Leben schweben, gerne mit gefalteten Händen und allem entrückt, was uns normale Menschen Tag für Tag beschäftigt und belastet. Solche Gestalten finden sich auf vielen Bildern und als Figuren in vielen Kirchen. Aber nein! Heilige sind nicht blutleer und weltentrückt. Schauen wir nur auf zwei der ersten und wichtigsten Heiligen, die Apostel Petrus und Paulus. Petrus war einer der engsten Weggefährten von Jesus, aber er wird in der Bibel bei verschiedener Gelegenheit als schwächlich und feige beschrieben und als jemand, der überhaupt nicht versteht, um was es Jesus geht. Trotzdem vertraute Jesus gerade ihm die Aufgabe an, seine Anhänger zusammenzuhalten. Paulus dagegen stieß erst nach Pfingsten, also geraume Zeit nach Tod und Auferweckung von Jesus, zu dessen Anhängern. Er verbreitete das Christentum im ganzen Mittelmeerraum. Aber bevor er Christ wurde, hatte er die junge Christengemeinde bekämpft und sogar bei Steinigungen an Christen mitgewirkt. Später überlebte er selbst eine Steinigung, wurde mehrfach ausgepeitscht und verprügelt und erlitt dreimal Schiffbruch. Einen Tag und eine Nacht lang trieb er im offenen Meer. Zimperlich war er nicht, ein angenehmer Charakter oder ein sympathischer Zeitgenosse wohl auch nicht. Er war ein Haudegen und sicherlich keine zarte, engelsgleiche Heiligengestalt. Ähnlich gilt das für die allermeisten, die als Vorbilder im christlichen Glauben oder als Heilige gelten: Manche von ihnen waren mutig, andere tatkräftig, einige wohltätig, andere weitherzig. Es gibt große Beter unter ihnen und große Denker. Aber viele von ihnen waren auch schwierig, durchlebten dramatische Krisen und gingen anderen gehörig auf die Nerven. Ganz sicher war keiner von ihnen perfekt. Und keiner von ihnen war Gott lieber, weil er etwa „besser" gewesen wäre als andere Menschen.

Das Schöne ist, dass man dies auch andersherum lesen und auf uns alle beziehen kann: Keiner von uns ist Gott weniger lieb als andere, die in irgendeiner

Weise besser sind. Und niemand von uns muss perfekt sein, um dennoch – ja: um dennoch heilig zu sein! Heilig wird man nicht aus eigener Kraft. Heilig ist im strengen Sinne nur Gott allein. Menschen nennen wir heilig, wenn Gottes Liebe sie ganz durchdringt. Und weil Gottes Liebe uns allen in gleicher Weise gilt, sind wir alle heilig. Auch wenn man das, zugegebenermaßen, einigen weniger deutlich ansieht als anderen.
So lautet das dreifache Fazit dieses Abschnitts: Jede und jeder ist anders und glaubt auf ganz persönliche Weise. Wir sind alle heilig, aber niemand von uns ist perfekt. Es ist deshalb wenig sinnvoll, Christinnen und Christen in schlechtere oder bessere Gläubige einzuteilen. (Immer wenn wir oben von „besseren", „schlechteren" oder gar „perfekten" Christen gesprochen haben, haben wir diese Worte deshalb auch in Anführungszeichen geschrieben.) Insbesondere sollte niemand sich selbst für einen besseren Christen halten als andere – das wäre das sicherste Zeichen dafür, dass er vom christlichen Glauben noch herzlich wenig verstanden hat.

Von gläubigen Ungläubigen

Es gibt also keine 100-%-Gläubigen. Betrachten wir nun die andere Seite. Gibt es 0-%-Gläubige?

Überzeugte Atheisten
Zweifellos gibt es Leute, die fest davon überzeugt sind, dass die Glaubensinhalte des Christentums und auch jeder anderen Religion falsch sind. Sie nennen sich manchmal Atheisten (das heißt übersetzt: Gottlose) oder Humanisten (die Bezeichnung Humanist ist irreführend, denn das Wort Humanismus hat noch andere Bedeutungen, die ganz und gar nicht im Gegensatz zu religiösem Glauben stehen). Insbesondere zu der Zeit, als viele Länder des sogenannten Ostblocks kommunistisch waren, wollte man dort staatlich vorgeben, was die Leute zu glauben und zu denken hatten. Man versuchte deshalb, die Religionen abzuschaffen – oft durch brutale Unterdrückung von Gläubigen, aber auch, indem man Glaubensinhalte lächerlich machte oder indem man versuchte, sie mit pseudowissenschaftlichen Argumenten zu widerlegen. Der erste Staat, der sich offiziell atheistisch nannte, war Albanien. Nach dem Zusammenbruch des Kommunismus in den 1990er-Jahren gibt es allerdings kaum mehr staatlich verordneten Atheismus.

Menschen, die heute überzeugte Atheisten sind, begründen ihre Haltung aber oft immer noch damit, dass man nicht wissenschaftlich beweisen könne, dass es Gott überhaupt gebe. Dem liegt jedoch ein doppeltes Missverständnis zugrunde: zum einen kann Wissenschaft (wenn man vielleicht von der Mathematik absieht) im strengen Sinne überhaupt nie etwas beweisen, sondern beruht selbst auf Überzeugungen, die zwar vernünftig sind, aber letztlich nur geglaubt werden können. Zum anderen wäre ein Gott, den man beweisen oder auch nur definieren könnte, nicht das, was aus christlicher Sicht mit dem Wort Gott bezeichnet wird. Die Götter, an die Atheisten nicht glauben, sind deshalb in den meisten Fällen Götter, an die Christen auch nicht glauben.
Auf der anderen Seite liegt aber auf der Hand, dass überzeugte Atheisten nicht nichts glauben. Im Gegenteil: Sie sind ja überzeugt davon, dass es Gott nicht geben könne – also glauben sie etwas. Nicht selten werben sie auch aktiv für diesen ihren Glauben. Dagegen ist nichts einzuwenden. Allerdings ist auch klar, dass überzeugte Atheisten dann nicht in dieses Kapitel gehören. Denn hier soll es ja um Ungläubige gehen. Atheismus ist aber kein Unglaube, sondern, wenn er aus Überzeugung vertreten wird, ein Glaube, wenn auch ein Glaube mit umgekehrtem Vorzeichen. So gesehen kann man den überzeugten Atheismus sogar als eine besondere Form von Religion bezeichnen. Damit gilt aber für den Atheismus das Gleiche, was wir in Kapitel 13 geschrieben haben, in dem es um das Verhältnis des Christentums zu anderen Religionen ging: Christinnen und Christen werden Atheisten mit Respekt und Wertschätzung begegnen, auch wenn sie deren Überzeugung nicht teilen. Kritische Anfragen an ihren eigenen Glauben werden sie nicht abblocken, sondern im Gegenteil zum Anlass nehmen, diesen selbst besser zu durchdringen und weiter zu vertiefen.
Der zuletzt genannte Punkt ist dabei mit Blick auf den Atheismus besonders wichtig. Denn oft sind es Enttäuschungen über Christen oder Missverständnisse des christlichen Glaubens, die jemanden dazu bringen, sich zum Atheismus zu bekennen. Kritische Anfragen von atheistischer Seite sollten für Christen deshalb ein Ansporn sein, den eigenen Glauben zu vertiefen, um ihn selbst besser verstehen und dann auch erklären zu können. Vor allem aber soll es sie anspornen, in ihrem Leben klarer zu bezeugen, dass dieser Glaube eine befreiende, beglückende und froh machende Kraft hat.

Zweiflerinnen und Zweifler

Es gibt Atheisten, die ihren atheistischen Glauben überzeugt leben und betont selbstbewusst, nicht selten mit besonderem missionarischem Eifer, nach außen vertreten. Aber es gibt auch Menschen, die furchtbar darunter leiden, dass sie nicht an einen liebenden Gott glauben können, der die Welt zu einem guten Ende führen wird. Diese Menschen stehen sozusagen auf der anderen Seite desselben Abgrunds, vor dem auch die christlichen Zweiflerinnen und Zweifler stehen, die wir vor ein paar Seiten beschrieben haben. Während diese sich zum liebenden Gott bekennen und daran verzweifeln, dass diese Liebe in unserer Welt oft nicht durchzudringen scheint, geht es jenen umgekehrt: Sie können nicht an einen liebenden Gott glauben und verzweifeln daran, dass es dann nichts zu geben scheint, was dieser Welt Sinn und Halt geben könnte.

Einer der konsequentesten atheistischen Zweifler war Friedrich Nietzsche, der uns bereits im fünften Kapitel kurz begegnet war. Sein Ausspruch Gott ist tot wird oft zitiert, meistens mit triumphierendem Unterton oder einfach im Sinne einer überfälligen Feststellung nach dem Motto: Endlich haben wir uns von dieser Märchengestalt losgesagt. Dabei klingt das bei Nietzsche ganz anders. Es fängt damit an, dass Nietzsche hier einen tollen, das heißt einen verrückten, irre gewordenen Menschen sprechen lässt. Dieser tolle Mensch verzweifelt auf der Suche nach Gott.

Nietzsche schreibt: „Habt ihr nicht von jenem tollen Menschen gehört, der am hellen Vormittage eine Laterne anzündete, auf den Markt lief und unaufhörlich schrie: ‚Ich suche Gott! Ich suche Gott!'" Und als sich die Leute über ihn lustig machten, sprang der tolle Mensch „mitten unter sie und durchbohrte sie mit seinen Blicken. ‚Wohin ist Gott?', rief er, ‚ich will es euch sagen! Wir haben ihn getötet – ihr und ich! Wir alle sind seine Mörder! Aber wie haben wir dies gemacht? Wie vermochten wir das Meer auszutrinken? Wer gab uns den Schwamm, um den ganzen Horizont wegzuwischen? Was taten wir, als wir diese Erde von ihrer Sonne losketteten? Wohin bewegt sie sich nun? Wohin bewegen wir uns? Fort von allen Sonnen? Stürzen wir nicht fortwährend? Und rückwärts, seitwärts, vorwärts, nach allen Seiten? Gibt es noch ein Oben und ein Unten? Irren wir nicht wie durch ein unendliches Nichts? Haucht uns nicht der leere Raum an? Ist es nicht kälter geworden? Kommt nicht immerfort die Nacht und mehr Nacht? Müssen nicht Laternen am Vormittage angezündet werden? Hören wir noch nichts von dem Lärm der Totengräber, welche Gott begraben? Riechen wir noch nichts von der göttlichen Verwesung? – auch Götter verwesen! Gott ist tot! Gott bleibt tot!

Und wir haben ihn getötet! Wie trösten wir uns, die Mörder aller Mörder? Das Heiligste und Mächtigste, was die Welt bisher besaß, es ist unter unsern Messern verblutet – wer wischt dies Blut von uns ab? Mit welchem Wasser könnten wir uns reinigen?'"

Klingt das nach einem Triumph über Gott oder nach einer einfachen Feststellung? Nein, ganz und gar nicht, im Gegenteil! Der tolle Mensch wird irre daran, dass er den Glauben an Gott verloren hat und nirgends mehr Halt oder Orientierung findet. Alles entgleitet ihm in ein unendliches Nichts. Nietzsche beschreibt hier einen Atheismus, der an sich selbst irre wird und verzweifelt, sich aber auch nicht selbst entkommen kann.

Wir haben oben mit ehrfürchtiger Sympathie von den großen christlichen Zweiflerinnen und Zweiflern gesprochen. Denn je bedingungsloser diese auf die Logik der Liebe vertrauen, desto machtloser stehen sie dem Bösen gegenüber und desto gefährdeter sind sie, sich vor dem Abgrund des unendlichen, leeren Nichts wiederzufinden. Nietzsche kommt sozusagen von der anderen Seite her – von der Seite eines wirklich zu Ende gedachten und bis auf den Grund durchlittenen Atheismus – aber er beschreibt letztlich denselben Abgrund. Wir sind deshalb zuversichtlich, dass wir aus christlicher Sicht auch mit Blick auf die großen Zweiflerinnen und Zweifler unter den Atheisten darauf vertrauen dürfen, dass sie beim Sturz in den Abgrund geradewegs auf Jesus zustürzen werden, und dass sie mit ihm auferweckt werden zu der einzigen Wirklichkeit, die ohne Ende Bestand haben kann, und an die zu glauben sie zu Lebzeiten nicht imstande waren: zur Liebe.

Agnostiker, religiös Unmusikalische und sonstige Nichtgläubige

Die bekennenden Atheisten und erst recht die gottlosen (Ver-)Zweifler sind jedoch sicherlich eine Minderheit. Für die allermeisten Menschen, die sich zu keiner Religion bekennen, spielt die Frage nach Glauben und Gott dagegen schlicht und einfach keine wichtige Rolle.

Einige von ihnen bezeichnen sich als religiös unmusikalisch. Womöglich meinen sie damit, dass sie sich zwar für Religion interessieren, aber einfach kein Talent haben, sich auf religiöse Denkweisen und auf religiöses Verhalten einzulassen – so wie es ja Menschen gibt, die gerne Chormusik hören, aber selbst keinen geraden Ton singen können. Hier würden wir freilich zurückfragen, ob Musik für jemanden nicht auch dann eine wichtige Rolle spielen kann, wenn er nur zuhört ,ohne selber zu singen? Mit anderen Worten: Kann es nicht sein, dass jemand sich zwar in den üblichen Formen von Religionsausübung nicht wiederfindet, aber auf seine ganz persönliche Weise doch ein gläubiger Mensch ist? Nicht gläubig im christlichen Sinn, aber gläubig in dem Sinne, dass er sich Fragen nach dem Sinn der Welt und dem Ziel seines Lebens stellt und für sich auch Antworten findet, die ihn zumindest zeitweise und halbwegs tragen?

Ähnliches gilt vielleicht für Menschen, die sich Agnostiker nennen und damit meinen, dass die Frage nach Gott letztlich nicht entschieden werden könne. Natürlich ist eine solche Haltung zu respektieren. Aber womöglich haben solche Agnostiker eine arg theoretische Vorstellung davon, was es heißt, ein gläubiger Mensch zu sein? Dass die Existenz Gottes nicht im mathematischen Sinn bewiesen werden kann, wird man auch aus christlicher Sicht sofort zugeben. Aber wir haben es ja fast auf jeder zweiten Seite dieses Buches wiederholt: Beim Glauben steht nicht die theoretische Frage im Vordergrund, ob es irgendwo irgendetwas gibt, das wir Gott nennen können. Es geht beim Glauben um die Frage, ob ich die Welt als sinnvoll betrachten und mich selbst als gewollt und geliebt erfahren kann. Und in diesem Sinn ist vielleicht auch mancher Agnostiker gläubiger, als er selbst denkt.

Wenn ich unmusikalisch bin, kann das allerdings auch bedeuten, dass Musik wirklich in keiner Form in meinem Leben eine Rolle spielt. Religiös unmusikalisch wäre dann jemand, in dessen Leben Gott, Religion und die Frage nach dem Sinn des Lebens einfach nicht vorkommen, dem dabei auch nichts fehlt, und der nicht einmal darüber nachdenkt, dass ihm dabei etwas fehlen könnte. Dies ist nun sicher der interessanteste Fall, vor allem deshalb, weil er heute sehr weit verbreitet zu sein scheint. Ist es nicht so, dass die meisten unserer Mitmenschen das Thema Glaube abgehakt haben? Mehr noch: dass sie gar nicht einmal auf den Gedanken kommen, dass dieses Thema für sie überhaupt eine Rolle spielen könnte? Gott ist für sie bestenfalls eine Art Märchenfigur, von der man vom Hörensagen etwas mitbekommen hat, und Religion ein etwas sonderbares Überbleibsel aus dem Mittelalter, über das es sich nicht lohnt, ernsthaft nachzudenken. Offensichtlich brauchen diese Menschen Gott und Religion auch nicht, um trotzdem im Durchschnitt genauso glücklich und unglücklich zu sein wie religiöse Menschen und in etwa auch genauso moralisch oder unmoralisch wie diese. Wozu also dann überhaupt gläubig sein? Hat Religion irgendeinen Nutzen, wenn es doch ganz offensichtlich auch ohne geht? Diese Fragen sind gewichtig. Denn wenn es keinen Unterschied macht, ob ich Christ bin oder nicht, dann kann ich es in er Tat auch sein lassen. Wir kommen deshalb im nächsten Abschnitt auf das Thema zurück!

0-%-gläubig?

An dieser Stelle interessiert uns jedoch etwas anderes, nämlich ob so jemand dann wirklich „nichts glaubt". Sind nicht die vielen Menschen, deren Leben völlig ohne Gott und Religion funktioniert, genau solche 0-%-Gläubigen? Sie sind es sicherlich in dem Sinne, dass sie keiner Religionsgemeinschaft angehören und sich auch nicht bewusst zu irgendwelchen Glaubensinhalten bekennen. Aber das ist, um es nochmals zu wiederholen, nicht das, was den Kern des Glaubens ausmacht. Der Kern des Glaubens besteht darin, dass ich darauf vertraue, dass die Welt im Ganzen und mein persönliches Leben im Besonderen einen Sinn haben. Wirklich ungläubig wäre dann aber nur jemand, der in seinem Leben und in der Welt keinerlei Sinn mehr entdecken könnte und der vor allem auch danach handelte. So jemandem müsste dann sozusagen alles egal sein. Auch dass ihm alles egal ist, wäre ihm egal. Nicht mal verzweifelt wäre er, denn verzweifelt kann man ja nur sein, wenn einem nicht alles egal ist. Gibt es so jemanden? Wir können es uns eigentlich nicht vorstellen. Jeder, der auch nur einen Grund findet, morgens aufzustehen, jeder, der etwas plant oder überhaupt etwas tut, zeigt ja damit, dass er Ziele verfolgt und dass er es sinnvoll findet, diese Ziele anzustreben. Damit ist die Frage nach dem Sinn gestellt und sogar schon beantwortet – zumindest im Kleinen. Einen Sinn im Kleinen kann es aber nur geben, wenn auch das Große und Ganze dem nicht entgegensteht. In diesem, zugegeben sehr allgemeinen Sinn ist also (fast) jeder Mensch gläubig.

Man kann es auch aus einem etwas anderen Blickwinkel betrachten: Jeder Mensch, der nicht völlig gefühllos geworden ist, hat irgendetwas, worauf er sein Leben baut und woran er sein Herz hängt – oder zumindest die Sehnsucht daran, sein Herz auf etwas ausrichten und an etwas festmachen zu können. Genauso aber beschreibt Martin Luther den Glauben: „Das, woran jemand sein Herz hängt, das ist sein Gott." In diesem Sinne kann vieles zu meinem Gott werden: die berufliche Karriere zum Beispiel, Macht und Geld, ein geliebter Mensch, das Familienglück, soziale Projekte, der Umweltschutz und viele andere Dinge. Diese Dinge sind dann – würde Martin Luther sagen – die Götter, an die diese Menschen glauben. Offensichtlich sind diese Götter nicht gleichwertig. Denn es macht einen Unterschied, ob jemand sein Herz ans persönliche Reichwerden hängt oder an ein Projekt zur Rettung des Regenwaldes. Aber darum geht es uns an dieser Stelle nicht. Hier geht es darum zu zeigen: Kein Mensch ist ungläubig, denn jeder hat etwas, an das er sein Herz hängt, und etwas, auf das er sein Leben baut. Viele Menschen haben darüber noch nicht nachgedacht und könnten wahrscheinlich auch nicht

so klar benennen, was ihrem Leben Sinn gibt. Aber eine Antwort gibt man ja nicht nur mit Worten, sondern vor allem durch die Art, wie man lebt. Jemand, der Tag und Nacht im Büro verbringt, um auf eine bessere Position befördert zu werden, lebt ganz für seinen Beruf. Er vergöttert damit seine Karriere und ist karriere-gläubig, auch wenn er das vielleicht vor anderen (und auch vor sich selbst?) gar nicht zugeben würde – und es vielleicht auch nicht gut fände, wenn er einmal wirklich darüber nachdächte.
Der Unterschied zwischen Menschen, die sich bewusst zu einer Religion bekennen, und Menschen, für die religiöse Fragen keine Rolle spielen, liegt also nicht darin, dass die einen glauben und die anderen nicht glauben. Vielmehr gilt: Alle Menschen glauben etwas. Die Frage ist nur: was? Christinnen und Christen haben hier einen klaren Vorteil: Sie können relativ klar sagen, worin ihr Glaube besteht – also woran sie ihr Herz hängen und warum sie denken, dass die Welt und ihr Leben sinnvoll sind. Denn seit 2000 Jahren versuchen sie, ihren Glauben zu durchdenken und in Worte zu bringen und so zu begründen, dass er vor der Vernunft bestehen kann. Gleichzeitig ist ein solches klar formuliertes Bekenntnis zu einem bestimmten Glauben immer auch angreifbar. Wer sich auf der anderen Seite zu nichts bekennt, muss sich auch für nichts rechtfertigen. Allerdings kann er seine Haltung dann auch vor sich selbst nicht rechtfertigen. Dies muss auf Dauer unbefriedigend sein. Ein geistig wacher Mensch kann die Frage nach dem Sinn seines Lebens nicht gänzlich ausblenden. Irgendwann wird sich ihm die Frage aufdrängen, ob das, woran er sein Herz gehängt hat, wirklich dauerhaft Halt verspricht, und worauf er sein Herz ausrichten soll.

Noch ein Fazit

Im vorigen Abschnitt kamen wir zu dem Ergebnis, dass es wenig sinnvoll wäre, Christinnen und Christen in bessere und schlechtere Gläubige einzuteilen. Nun sind wir zu dem Schluss gekommen, dass der Unterschied zwischen Christen auf der einen und nichtreligiösen Menschen auf der anderen Seite vermutlich auch gar nicht so groß ist. So wie kein Christ 100-%-gläubig ist, gibt es auch unter den religiös Unmusikalischsten kaum einen 0-%-Gläubigen. Im Grunde ist es ohnehin Unsinn, den Glauben in Prozente, also in mehr und weniger einteilen zu wollen. Beim Glauben geht es nicht um mehr oder weniger. Christinnen und Christen sind deshalb auch nicht „mehr gläubig“ als Menschen, die sich nicht zum christlichen Glauben bekennen. Sie wissen allerdings besser, was sie glauben, und können dies auch formulieren. Sie können ihren Glauben deshalb auch vernünftiger begründen als jemand, der einfach behauptet, er würde nichts glauben – denn so jemand hat offenbar noch nicht einmal darüber nachgedacht, was seinem Leben letzten Halt gibt – woran er also glaubt.

Macht das Christsein einen Unterschied?

Ein überraschendes Ergebnis und eine weitreichende Frage
Unsere Überlegungen haben uns vor ein überraschendes Ergebnis geführt, das zugleich eine weitreichende Frage aufwirft: (Fast) alle Menschen glauben, dass ihr Leben und die Welt irgendeinen Sinn haben – zumindest machen sie Pläne und verfolgen Ziele, leben also so, wie wenn alles einen Sinn hätte. Damit sind sie aber bereits in einem allgemeinen Sinn gläubig, auch wenn sie christliche Glaubensinhalte ablehnen oder gar nicht kennen. Dazu kommt, dass Menschen, die sich nicht zum Christentum und auch nicht zu einer anderen Religion bekennen, im Schnitt ähnlich glücklich oder unzufrieden sind und ähnlich gut oder schlecht handeln wie Christinnen und Christen. Vor allem scheint diesen Menschen nichts abzugehen und nichts zu fehlen. Es macht also für das praktische Leben offenbar sehr oft keinen Unterschied, ob jemand sich zum christlichen Glauben bekennt oder nicht. Was bringt also dann der christliche Glaube? Wozu ist er nütze? Macht es überhaupt einen Unterschied, ob ich Christ bin oder nicht? Würde es einen Unterschied machen, wenn es den christlichen Glauben nicht gäbe oder wenn er in Zukunft verschwinden würde?
Man könnte an dieser Stelle versuchen, eine geschichtliche Bilanz aufzumachen. Also zu fragen, ob das Christentum nicht doch einiges in die Weltgeschichte eingebracht hat, was einen Unterschied gemacht hat. Sehr vieles ließe sich da anführen: Künstlerinnen und Künstler haben sich über Jahrhunderte hinweg und bis heute mit dem christlichen Glauben auseinandergesetzt und aus dieser Inspiration die großartigsten Kunstwerke geschaffen. Kirchen gehören zu den wichtigsten Architekturdenkmälern unserer Städte und sind oft deren Mittelpunkte. Klöster waren entscheidende Motoren für die wirtschaftliche und kulturelle Entwicklung in Europa und darüber hinaus; die ersten Hochschulen und Universitäten sind aus christlichen Kloster- und Domschulen hervorgegangen. Überhaupt waren es jahrhundertelang vor allem kirchliche Einrichtungen, die sich darum kümmerten, Bildung zu vermitteln. Vermutlich ist es auch kein Zufall, dass das

moderne wissenschaftliche Denken sich in einem christlich geprägten Kulturraum entwickelte. Auch unser Krankenhauswesen und die Idee eines Sozialstaats haben ihre Ursprünge in christlichen Einrichtungen und Vorstellungen. Auf einer sehr viel grundsätzlicheren Ebene prägen christliche Vorstellungen zum Beispiel die Art, wie wir Zeit wahrnehmen, nämlich nicht, wie oft in anderen Kulturen, als stete Wiederkehr desselben, sondern als nach vorne gerichtet und in eine Zukunft weisend, die wir selbst gestalten und zum Besseren wenden können. Diese Liste ließe sich bücherlang fortsetzen. Es ist unbestreitbar, dass das Christentum der Weltgeschichte ganz entscheidend seinen Stempel aufgedrückt hat. Allerdings haben solche Bilanzen die große Schwierigkeit, dass man nie recht sagen kann, wie die Geschichte verlaufen wäre, wenn es das Christentum nicht gegeben hätte, oder wenn es stattdessen etwas anderes gegeben hätte. Und natürlich lassen sich auch Gegenbilanzen aufmachen: Viel Unheil ist im Lauf der Geschichte durch Christinnen und Christen verübt worden, die Kirchen haben oft eine klägliche Rolle gespielt und ihre Macht missbraucht und nicht zuletzt sind christliche Ideen und Ideale oft so verdreht worden, dass sie zur Quelle von Leid und Unrecht wurden. Geschichtliche Bilanzen sind also zwar interessant, sie taugen aber nicht gut dazu, den Wert und den Nutzen des Christentums zu belegen, vor allem nicht für die Zukunft. Aber ist die Frage nach Wert und Nutzen des Christentums überhaupt die richtige Frage? Geht es darum, dass die Kirche beweisen muss, dass sie nützlich ist für die Gesellschaft – oder, wahlweise, für die Wirtschaft und die Herrschenden, oder für die Armen und die Unterdrückten? Ist es die Aufgabe des Glaubens, die Menschen dazu zu bringen, dass sie irgendwie „besser" werden – was immer man unter „besser" verstehen möchte? Geht es darum, dass es mir persönlich etwas bringt, mich zum christlichen Glauben zu bekennen?

Rien n'a changé, mais tout est différent

Nein, um all das geht es nicht beim Glauben. Der Glaube muss nichts nützen und muss nichts bringen, er muss mich nicht besser und noch nicht einmal glücklich machen. Alle solche Maßstäbe, die von außen an den Glauben gelegt werden, erfassen nicht das, was den Glauben ausmacht. Stellen wir uns für einen Moment vor, wir würden den Vater eines schwerbehinderten Kindes fragen, was es ihm bringt, sein Kind zu lieben? Nüchtern gesehen wohl herzlich wenig – aber eine solche Antwort würde er gewiss empört zurückweisen. Bereits die Frage ist absurd. Oder denken wir an eine Frau, die ihren dementen Ehemann aus Liebe pflegt und sich dabei selbst regelrecht aufopfert – was nützt ihr ihre Liebe? Von außen betrachtet gar nichts. Aber wir merken sofort, dass eine solche Betrachtung pervers ist. Kosten-Nutzen-Abwägungen werden der Liebe nicht gerecht. Die Liebe muss nichts nützen und muss nichts bringen, sie muss nicht besser und noch nicht einmal vordergründig glücklich machen.

Wenn ich liebe, ändert das nichts an meinen Zahnschmerzen, es verhilft mir nicht zu besseren Noten in der Schule und es nimmt mir anstehende Entscheidungen nicht ab. Und doch macht es einen großen, einen ganz fundamentalen Unterschied, ob ich liebe oder nicht. Denn mein ganzes Leben wird dadurch in ein anderes Licht getaucht, es bekommt eine ungeahnte Tiefe und einen überraschenden Horizont. In seinem Lied Comme une Evidence beschreibt der französische Sänger und Poetry-Slam-Künstler Grand Corps Malade diese Erfahrung mit einem wunderbaren Satz: „Seit sie da ist, hat sich nichts verändert – und doch ist alles anders geworden.“ (Auf Französisch ist es noch schöner, weil es dort zwei verschiedene Worte für verändert und anders gibt: „Depuis qu'elle est là, rien n'a changé, mais tout est différent.“)

Für den christlichen Glauben gilt genau das Gleiche. Christlich zu glauben, löst nicht meine Probleme, es macht mein Leben nicht einfacher und es macht mich auch nicht automatisch zu einem besseren Menschen. Aber es taucht mein Leben in ein anderes Licht. Wenn ich glaube, weiß ich, dass es einen festen Boden gibt, auch wenn ich ihn gerade nicht unter den Füßen habe. Ich weiß, dass ich nicht verloren gehen kann, weil mein Leben unter einem Horizont steht, der auch die dunkelsten Abgründe überstrahlt. Ich weiß, dass die ganze Welt, auch wenn sie aus den Fugen geraten erscheint, einen Sinn hat, weil sie in Liebe gründet und in der Liebe ihr Ziel hat. All das nützt erst einmal nichts und ändert erst einmal nichts, was greifbar wäre. Aber es macht einen gewaltigen Unterschied. Alles ist anders für jemanden, der glaubt.

Wenn ich nun wirklich in christlichem Sinne glaube und mich von meinem Glauben wirklich ergreifen lasse, dann wird das allerdings auch Auswirkungen auf mein Leben haben. Wenn ich mein Herz ganz an Gott hänge, von dem die ganze Welt abhängt und der die Welt ganz übersteigt, dann werde ich anders leben als jemand, der sein Herz vor allem an seinem Familienglück festmacht oder der sich gar nur auf seine Macht verlässt oder an seinen Besitz klammert. Wie – anders? Das lässt sich nicht allgemein sagen. Der Glaube ändert ja nicht meine persönlichen Begabungen und meinen Charakter. Deshalb wird der Glaubensweg für jeden Menschen anders aussehen. Keiner kann meinen Glaubensweg für mich gehen. Keiner weiß im Vorhinein, wie sein Glaubensweg aussehen wird. „Nur wenige Menschen ahnen, was Gott aus ihnen machen wird, wenn sie sich seiner Liebe ganz überlassen", soll Ignatius von Loyola einmal geschrieben haben.

Zurück zur Frage ...

Allerdings erhebt sich die Frage dann doch aufs Neue, warum man so vielen Christen nicht ansieht, dass ihr Leben in ein anderes Licht getaucht ist?

Eine Antwort hierauf fällt uns schwer. Ja, es stimmt: Eigentlich müssten Christen ganz anders leben, als sie das meistens tun; eigentlich müsste man ihnen in finsterer Nacht, bei Regen und zehn Meter gegen den Wind anmerken, dass sie von ihrem Glauben gehalten, von einer tiefen Hoffnung beseelt und von einer alles ergreifenden Liebe befeuert sind. Warum spürt man es ihnen so selten an?

Aber vielleicht sollten wir die Frage anders stellen – zumindest wir, die wir uns selbst als Christin und als Christ bezeichnen. Wir sollten die Frage wohl vor allem auf uns persönlich beziehen, denn der Glaube ist ja etwas Persönliches. Dann sieht die Frage so aus: Warum ist es mir so selten anzuspüren, dass ich mich mit grenzenloser Liebe geliebt und auf Ewigkeit geborgen weiß? Eine Antwort zu geben, liegt nun bei jeder und jedem Einzelnen – bei mir ganz persönlich.

Das soll natürlich – um Gottes willen – niemandem ein schlechtes Gewissen machen. Es geht nicht darum, dass ich irgendwie oder irgendwem oder auch nur mir selbst beweisen müsste, dass ich Christ bin. Und schon gar nicht geht es darum, dass ich mich so oder so verhalten müsste, damit ich einmal in den Himmel komme.

Wenn der Glaube in meinem Leben keinen Unterschied macht – dann geht es wohl darum, zu verstehen, dass ich offenbar noch ganz am Anfang meines Glaubensweges stehe. Das ist nicht schlimm. Es geht mir dann so wie schätzungsweise 98 % aller Christinnen und Christen. Die gute Nachricht ist: Ich darf den Weg weitergehen. Er ist manchmal steinig, manchmal steil – aber er lohnt sich.

Zusammenfassung des IV. Teils

Unsere Gesellschaft ist geprägt vom Neben- und Miteinander verschiedener Religionen und Weltanschauungen. Bereits innerhalb der christlichen Glaubensgemeinschaft gibt es verschiedene Gruppen. Diese haben sich teils schon vor Jahrhunderten im Streit voneinander getrennt. Die vier wichtigsten christlichen Traditionslinien sind die altorientalische, die orthodoxe, die evangelisch-protestantische und die katholische. Erst seit etwa 100 Jahren versuchen diese, wieder aufeinander zuzugehen. Auf diesem Weg wurden bereits erhebliche Fortschritte gemacht – am Ziel ist man aber noch lange nicht. Eine Hauptschwierigkeit besteht derzeit darin, sich darüber zu verständigen, wie dieses Ziel überhaupt aussehen kann.

Unter den anderen Religionen nimmt der jüdische Glaube aus christlicher Sicht eine Sonderstellung ein. Im Grunde kann er gar nicht als „andere" Religion beschrieben werden, weil er im christlichen Glauben enthalten ist. Aus jüdischer Sicht mag das allerdings anders aussehen. Größer scheinen die Unterschiede zu den Lehren anderer Religionen. Das Welt- und Gottesverständnis des Christentums und des Islams weisen noch einige Parallelen auf. Hinduismus und Buddhismus vertreten dagegen Ideen, die christlichen Vorstellungen auf den ersten Blick oft fremd gegenüberstehen. Dennoch (oder gerade deswegen) besteht kein Zweifel, dass Christinnen und Christen auch von diesen Religionen vieles lernen können. Auf jeden Fall ist ein Dialog zwischen den Religionen zu begrüßen. Er dient nicht nur dem Frieden und dem gegenseitigen Verständnis, sondern hilft auch, den eigenen Glauben besser zu verstehen und tiefer zu durchdringen.

Viele Menschen haben den Bezug zu jeder organisierten Religion oder Weltanschauung verloren. Allerdings ist die Grenze zwischen „gläubigen" und „nichtgläubigen" Menschen nicht klar zu ziehen. (Fast) alle Menschen glauben irgendetwas. Oft ist das, was sie glauben, nicht weit entfernt von dem, was überzeugte Christinnen und Christen glauben. Diese formulieren allerdings klarer, worin ihr Glaube besteht: Dass nämlich das Leben einen Sinn hat und sie mit unendlicher Liebe geliebt werden. Bedauerlich ist, dass man es vielen Christen kaum anmerkt, dass dieser Glaube ihr Leben trägt und beflügelt.

Zugabe:

Sich auf den Weg zum Glauben machen?!

Der christliche Glaube ist etwas Einfaches, sagten wir zu Beginn dieses Buches. In Kapitel vier haben wir den Glauben dann auch auf eine knappe Formel gebracht: In christlichem Sinne zu glauben bedeutet, darauf zu vertrauen, dass die Welt und mein persönliches Leben einen Sinn haben, und dass ich ein für allemal liebgehabt bin.

Ein solches Vertrauen ist auch einem kleinen Kind möglich. In einem gewissen Sinn ist es vielleicht sogar das Selbstverständlichste auf der Welt, dass wir davon ausgehen, dass die Welt um uns herum sinnvoll geordnet ist und dass wir selbst wertvoll und wichtig sind. Der christliche Glaube ist also wirklich etwas sehr Einfaches.

Wenn wir freilich beginnen, über diesen einfachen Glauben nachzudenken, kommen wir so schnell an kein Ende. Ganze Bibliotheken lassen sich dann füllen mit Kommentaren, Erklärungen und Folgerungen! Auch die Klügsten unter uns (vielleicht gerade sie?) werden ihr Leben lang nicht aus dem Staunen und dem Nachdenken über dieses Vertrauen herauskommen. Über den Glauben nachzudenken ist wichtig, ja sogar unerlässlich. Mehrfach haben wir aber auch betont, dass das reine Nachdenken nicht das ist, worauf es letztlich ankommen kann. Denn so wie der christliche Glaube aus einer lebendigen Erfahrung kommt, so zielt er auf das Leben. Glauben will nicht nur bedacht, Glauben will vor allem erfahren und gelebt werden.

Deshalb soll am Ende dieses Buches ein praktisches Kapitel stehen. Wir wollen versuchen, einige Hinweise zu geben, wie es gelingen kann, in den christlichen Glauben einzusteigen oder ihn zu vertiefen.

Sich entschließen!

Es wird persönlich ...

Bisher haben wir versucht, zu erklären, was es bedeutet, christlich zu glauben. Das konnte man zur Kenntnis nehmen und gut oder schlecht finden, aber man konnte doch neutral bleiben. Es ging um Sachen und Sätze, nicht unbedingt um mich. Das ändert sich nun. Dieses Kapitel hat einen anderen Charakter. Es will nicht mehr über den christlichen Glauben informieren, sondern es will dazu einladen, sich auf diesen Glauben einzulassen. Mit anderen Worten: Jetzt wird es persönlich. Es geht jetzt um dich oder um Sie, liebe Leserin oder lieber Leser!

Wir nehmen uns deshalb nun auch die Freiheit, Sie direkt anzusprechen. Weil wir selbst es nicht mögen, wenn wir in der Werbung ständig geduzt werden, sprechen wir Sie mit Sie an. Wir hoffen, dass Sie das nicht als kühl oder distanziert empfinden. Wir wollen damit zum Ausdruck bringen, dass wir Ihnen nicht kumpelhaft etwas aufschwatzen möchten, sondern dass wir Sie und Ihre Freiheit respektieren. Es Ihre ganz eigene Entscheidung, ob Sie sich – ganz neu oder wieder von Neuem oder mehr als bisher schon – auf den christlichen Glauben einlassen möchten. Um dies zu signalisieren, bleiben wir beim Sie – wenn auch bei einem sehr herzlichen Sie.

Wenn Ihnen das Ganze trotzdem zu persönlich wird, haben Sie natürlich die Freiheit, das Buch zuzuklappen. In diesem Fall freuen wir uns, dass Sie bis hierhin gelesen haben und verabschieden uns von Ihnen. Wir hoffen, dass Sie einen kleinen Einblick bekommen haben, was Christen meinen, wenn Sie sagen, sie glauben. Falls Sie noch mehr erfahren möchten, finden Sie am Ende des Buches weiterführende Hinweise. In jedem Fall empfehlen wir Ihnen, noch die drei Nachbemerkungen zu lesen, weil diese uns wichtig sind und sie dieses Buch abrunden.

Wenn Sie aber weiterlesen, stimmen Sie dann zu, dass es jetzt um Sie persönlich geht? Vielleicht folgen Sie aber auch nur Ihrer Neugier oder dem Ehrgeiz, ein einmal angefangenes Buch ordentlich zu Ende zu bringen? Vielleicht ist es eine Mischung von verschiedenen Gedanken und Gefühlen? Wie dem auch sei: Wenn Sie weiterlesen, gehen wir davon aus, dass Sie es zumindest für möglich halten, dass der christliche Glaube auch in Ihrem ganz persönlichen Leben eine größere Rolle spielen könnte als bisher.

… dann machen Sie ernst!

Nun, dann werden wir jetzt persönlich (wir haben Sie vorgewarnt).

Ich halte es für möglich, dass der christliche Glaube eine Rolle in meinem Leben spielen könnte. Diese Formulierung haben wir Ihnen gerade in den Mund gelegt. Aber diese Formulierung reicht noch nicht. Sie ist unverbindlich. Wenn Sie den Glauben kennenlernen (oder tiefer kennenlernen) wollen, müssen Sie sich verbindlich auf ihn einlassen. Mit Flirten und Für-möglich-halten kommen Sie nicht weiter. Der erste Schritt besteht deshalb darin, dass Sie sich ernsthaft entschließen, sich auf den Glauben einzulassen. Keine Sorge, es geht noch nicht darum, ob Sie den Rest Ihres Lebens im Kloster verbringen möchten. Aber um eine erste Entscheidung geht es durchaus. Die genaue Formulierung dieser Entscheidung können Sie nur selbst finden. Sie könnten zum Beispiel formulieren: Ich möchte an Gott glauben. Oder: Ich möchte bewusster als bisher als Christ leben. Oder vorsichtiger: Ich möchte (stärker als bisher?) glauben können. Oder: Ich würde gerne glauben. Oder, wenn Sie noch nicht auf das Ziel, sondern auf den Weg blicken wollen: Ich mache mich auf den Weg zum christlichen Glauben.

Probieren Sie verschiedene Formulierungen aus und entscheiden Sie sich für eine. Zeigen Sie sich selbst, dass Sie es ernst meinen. Schreiben Sie Ihren Entschluss zum Beispiel in Ihr Tagebuch. Oder auf einen Zettel, den Sie an den Kühlschrank hängen. Oder schreiben Sie sich selbst einen Brief, in dem Sie sich Ihren Entschluss erklären. Oder machen Sie heute Abend einen Spaziergang in einen Park, suchen Sie sich eine schöne Ecke und sagen Sie Ihren Entschluss laut heraus; und auf dem Heimweg kaufen Sie sich zur Feier des Tages ein Eis. Oder zünden Sie in einer Kirche oder bei sich zu Hause eine Kerze an und verkünden sich selbst feierlich Ihren Entschluss. Machen Sie ruhig eine kleine Zeremonie daraus. Es geht um mehr als nur darum, einen Satz zu sagen. Es geht darum, einen Entschluss zu fassen, der Ihrem Leben eine neue Richtung geben könnte. Das darf man ruhig deutlich markieren und für sich selbst ein bisschen feiern. Vielleicht haben Sie einen Partner oder eine gute Freundin, mit der Sie ohnehin ihre Gedanken teilen? Dann könnten Sie auch dieser Person Ihren Entschluss mitteilen. Oder Sie entschließen sich vielleicht sogar gemeinsam, dass Sie sich beide auf einen solchen Glaubensweg begeben wollen?

Machen Sie sich aber in jedem Fall klar, dass dieser Entschluss Sie in die Pflicht nimmt und Folgen hat. Es gibt das Vorurteil, dass Menschen sich in den Glauben flüchten, um sich das Leben leichter zu machen. Das kann nicht funktionieren. Das Gegenteil wird geschehen. Wenn Sie sich entschließen zu glauben, verschwindet dadurch keine der Schwierigkeiten, vor denen Sie stehen. Und Sie werden auch nicht automatisch glücklicher. Der Weg des Glaubens kann sogar ausgesprochen steinig und mühsam werden. Auf jeden Fall sollten Sie damit rechnen, dass Tage kommen werden, an denen Sie an Ihrem Entschluss zweifeln werden, oder an denen es Ihnen schwerfallen wird, ihn durchzuhalten. Das muss Sie nicht schrecken. Aber es ist besser, wenn Sie von Anfang an nüchtern mit dieser Möglichkeit rechnen. Auf der anderen Seite müssen Sie aber nicht alle möglichen Folgen Ihres Entschlusses von Anfang an bedenken. Ohne Vorschussvertrauen geht es nicht. Nehmen Sie also Ihr Herz aus der Hosentasche, werfen Sie es mutig über die Mauer und dann machen Sie sich daran, ihm nachzuklettern! Wichtig ist, dass Sie sich entschließen, vom Studieren des christlichen Glaubens zum Probieren überzugehen. Und dass Sie ehrlich vor sich selbst sind, wenn Sie sich dazu entschließen.

Handeln Sie mit kühlem Kopf, aber vor allem so, wie Ihr Herz es Ihnen eingibt. Schieben Sie den Entschluss nicht zu lange auf. Verkünden Sie sich (oder Ihrem Tagebuch oder einem nahestehenden Menschen) Ihren Entschluss heute Abend, oder am kommenden Sonntag. Oder wenn Sie das Buch zu Ende gelesen haben. Also – gilt es? Wollen Sie sich auf den Weg machen zum christlichen Glauben?

Anfangen zu glauben

Wer den christlichen Glauben von innen kennenlernen möchte, der muss mit dem Glauben anfangen! Das ist wie beim Schwimmen-Lernen. Klar braucht es Vorbereitung: man muss sich einen Badeanzug besorgen und sich informieren, wann das Schwimmbad geöffnet hat. Aber dann muss man vor allem ins Wasser steigen! Beim Glauben ist es genauso. Wenn Sie dieses Buch gelesen haben, sind Sie gut vorbereitet. Also steigen Sie nun auch ins Wasser, das heißt: Beginnen Sie mit dem Glauben! Beziehungsweise, falls der Glaube bereits irgendwie, aber doch nicht so ernsthaft zu Ihrem Leben gehört: Machen Sie ernst mit Ihrem Glauben!

Wie geht das? Nun, wer glaubt, der weiß, dass er von Gott geliebt ist. Wer glaubt, lebt also in einer Beziehung mit Gott. Mit dem Glauben ernst zu machen, bedeutet deshalb, mit Gott in Beziehung zu treten und der Liebe Gottes zu mir nachzuspüren – man könnte auch sagen: Wer mit dem Glauben beginnen möchte, muss anfangen zu beten. Womöglich sagen Sie: Ich bin mir ja noch nicht einmal sicher, ob es Gott gibt, wie soll ich da zu ihm beten?! Die Antwort ist: Versuchen Sie es! Große Christen berichten, sie hätten am Anfang ihres Glaubensweges gebetet:

„Gott, falls es Dich gibt, dann rette meine Seele, falls ich eine habe!" Zumindest auf diese Weise können Sie es sicher auch formulieren. Um mit dem Beten anzufangen, gibt es verschiedene Möglichkeiten. Wir schlagen einen Weg vor, den wir für gut halten. Wenn er Ihnen auch gut erscheint, lassen Sie sich darauf ein. Fühlen Sie sich aber bitte frei, unsere Vorschläge abzuändern, sodass sich alles für Sie richtig anfühlt.

Zwei Gebetszeiten

Unser Vorschlag umfasst zwei Gebetszeiten:

Erste Gebetszeit:

Stellen Sie Ihren Wecker zwei Minuten früher und planen Sie von nun ab jeden Tag fest ein kurzes Morgengebet ein – vor dem Frühstück, nach dem Zähneputzen oder bevor Sie aus dem Haus gehen. Legen Sie dafür alles aus der Hand, schließen Sie die Augen und warten Sie, bis Sie fünf Mal ruhig ein- und ausgeatmet haben. Sagen Sie dann, laut oder leise oder in Gedanken, aber ganz bewusst: „Danke für diesen Tag. Danke, dass ich da bin. Ich möchte diesen Tag als Geschenk empfangen." Ändern Sie diese Formulierung ruhig ab, sodass sie sich für Sie richtig anfühlt. Gut wäre es, wenn Sie sich bereits direkt an Gott wenden könnten, also etwa: „Danke, mein Gott, für diesen Tag. Ich möchte ihn mit Dir leben. Danke, dass Du bei mir bist. Danke, dass Du mich liebevoll betrachtest und mir den ganzen Tag lang zur Seite stehst." Warten Sie dann wieder fünf Atemzüge lang. Das war's. Starten Sie in Ihren Tag.

Zweite Gebetszeit:

Nehmen Sie sich außerdem jeden Tag abends vor dem Zubettgehen zehn Minuten Zeit. Stellen Sie sich dafür einen Wecker oder machen Sie eine ruhige Musik an, die so lange dauert. Finden Sie eine entspannte, aber aufmerksame Haltung – wenn Sie sitzen, wäre ein Stuhl, auf dem Sie aufrecht sitzen, besser geeignet als ein Sofa. Sie können sich aber auch hinknien oder sich einen Meditationshocker oder einen Sitzball besorgen. Auch einfach dazustehen ist möglich, oder ein ruhiges Auf- und Abgehen. Im Zweifelsfall probieren Sie es aus, in welcher Haltung Sie sich zehn Minuten lang am besten sammeln und ungestört ganz bei sich sein können. Nicht nur die Haltung, auch die Umgebung ist wichtig. Idealerweise suchen Sie sich ein Eckchen, das Sie für Ihr neues Abendritual reservieren, und das Sie mit einfachen Mitteln herrichten – mit einer Kerze, einer Blume, einem Bild, oder auch, indem

Sie dort alles wegräumen. Die Umgebung soll Ihnen signalisieren: Jetzt hat alles andere Pause, die nächsten zehn Minuten gehören mir ganz allein für mich. Ihr Smartphone schalten Sie am besten nicht nur aus, sondern lassen es vor der Tür.
Dann setzen (oder knien oder stellen) Sie sich hin und achten auf das Kommen und Gehen Ihres Atems. Probieren Sie, ob Sie die Augen lieber schließen oder offen lassen. Versuchen Sie, sich zu entspannen und Ihre Muskeln (vor allem Schultern und Nacken) locker zu lassen. Wenn das schwierig ist, achten Sie ruhig weiter in aller Ruhe auf Ihren Atem – ohne etwas erzwingen zu wollen. Staunen Sie vielmehr darüber, wie Ihr Atem ganz von alleine kommt und geht; wie er Sie belebt, wie er Ihnen ständig Luft von außen zuführt und wieder Luft nach außen abgibt. Wenn Sie die ganzen zehn Minuten nur mit Atmen zubringen, ist das auch in Ordnung.
Wenn Sie aber ruhig geworden sind und dafür bereit sind, dann begrüßen Sie Gott bei sich. Das klingt vielleicht ungewöhnlich. Aber es geht nicht darum, dass Sie sich nur in sich selbst versenken. Es geht darum, mit Gott in Beziehung zu treten – wir könnten auch sagen: es geht darum, der Liebe nachzuspüren, die in Ihnen ist, die Sie umgibt und die Sie auffängt. Sagen Sie beispielsweise (in Gedanken oder auch laut): Danke, Gott, dass Du hier bei mir bist. Oder: Jesus, hier sitze ich, schau mich an. Oder: Heiliger Geist Gottes, komm und erfülle mich. Oder vorsichtiger: Lieber Gott, wenn es Dich gibt, dann zeig mir meinen Weg. Finden Sie Ihre eigenen Worte – wichtig ist nur: Sie selbst sollen in der Begrüßung vorkommen und Gott soll darin vorkommen (wobei es Ihnen überlassen ist, mit welchem Namen Sie Gott ansprechen). Sprechen Sie dann kurz aus, wie es Ihnen jetzt geht – zum Beispiel: Ich fühle mich gerade ganz wohlig warm. Oder: Ich bin gerade ziemlich gestresst. Ohne nachzudenken, frisch von der Leber weg, wie es Ihnen gerade in den Sinn kommt. Jetzt sind Sie bei sich und da. Und Gott ist auch da und bei Ihnen – selbst wenn Ihnen dieser Gedanke vielleicht anfangs eigenartig vorkommt.
Der Hauptteil des Gebets besteht nun darin, dem vergangenen Tag nachzuspüren. Am einfachsten ist es, sich zu überlegen, was heute gut oder schön war und Danke dafür zu sagen. Also zum Beispiel: Danke, dass ich heute früh gut gelaunt aufgewacht bin. Oder: Die Kaffeepause mit der Freundin tat mir gut. Danke. Und so weiter. Wenn Sie etwas mehr Übung haben, oder merken, dass es dran ist, können Sie auch negative Erfahrungen des Tages in den Blick nehmen. Formulieren Sie, was Sie verletzt, gestört oder frustriert hat oder wo Sie das Gefühl hatten, versagt zu haben. Versuchen Sie dann, sich selbst in dieser Situation von außen

zu betrachten – so wie ein liebender Vater sein Kind betrachten würde. Malen Sie sich aus, wie eine liebende Mutter Sie nun in den Arm nehmen oder mit warmen Augen ansehen würde, oder auch, welche tröstenden Worte sie finden würde. Wenn Sie auf diese Weise den Tag noch einmal in den Blick genommen haben, versuchen Sie, ihn so gut es geht in Frieden abzuschließen.
Bevor Sie zum Ende kommen, formulieren Sie noch einen Wunsch für den kommenden Abend oder den kommenden Tag – keinen Vorsatz, der Sie unter Druck setzt, sondern einen Wunsch, der Ihnen gerade durch den Kopf geht. Beispielsweise: Hoffentlich geht das Treffen mit der Kollegin morgen gut. Wenn Sie möchten, können Sie den Wunsch auch direkt als Bitte an Gott formulieren: Schenk mir morgen mehr Gelassenheit, wenn es wieder zum Streit mit meiner Tochter kommt. Danach bleibt nur noch, einen klaren Schlusspunkt zu setzen. Sie können Amen sprechen, sich verneigen, die Kerze ausblasen oder noch mit einem vorformulierten Gebet (zum Beispiel dem Vaterunser) schließen.

Drei Hinweise

Das Ganze klingt nicht allzu schwierig, oder? Drei Hinweise scheinen uns aber wichtig:
1. Überfordern Sie sich nicht! In der Früh zwei Minuten und am Abend zehn – das scheint keine große Herausforderung. Aber wenn man das jeden Tag machen soll, sodass es zu einer Gewohnheit wird, kann es schnell viel werden. Fangen Sie deshalb lieber klein an. Aus den kleinsten Samen können die größten Bäume wachsen ...
2. Halten Sie sich an die klare Struktur, die Sie sich vorgegeben haben! Wenn Sie sich in der Früh ein kurzes Innehalten und am Abend zehn Minuten vorgenommen haben, dann bleiben Sie dabei. Wenn die zehn Minuten lang werden, halten Sie trotzdem durch. Und wenn nach zehn Minuten das Herz überfließt, hören Sie trotzdem auf (Sie können Ihre Gedanken ja dann mit in den weiteren Abend nehmen). Das klingt arg formalistisch, als wolle man eine Beziehung nach Stundenplan führen. Natürlich können Sie auch tagsüber immer wieder für ein Erlebnis ein Danke zu Gott schicken oder daran denken, dass Sie liebevoll gehalten sind. Es wäre sogar schön, wenn Ihnen das tagsüber immer öfter spontan in den Sinn kommt. Aber die Gebetszeiten am Morgen und am Abend sind die Eckpfeiler. Die müssen feststehen und klar sein, ohne dass man an ihnen dauernd etwas ändert.
3. Bleiben Sie dran und halten Sie durch! Ganz gewiss werden Tage kommen, an denen es schwerfällt, abends zehn Minuten Zeit zu finden. Dann nehmen Sie sich

diese zehn Minuten trotzdem – Sie haben es sich vorgenommen! Tun Sie es auch dann, wenn Sie keine Lust haben und es Sie Überwindung kostet. Wenn Sie die Gebetszeit einmal vergessen haben, machen Sie sich keinen Vorwurf, aber geben Sie nicht auf, sondern fangen am nächsten Tag wieder neu an.
Bleibt noch die Frage: Wie lange soll ich das nun so machen? Wir würden vorschlagen: Probieren Sie zunächst drei Tage lang aus, welches Format (Ort, Haltung, Uhrzeit, Dauer, Formulierungen) sich für Sie gut anfühlt. Dann entscheiden Sie sich für eines und bleiben vier Wochen konsequent dabei. Danach nehmen Sie sich an einem Abend etwas länger Zeit und nehmen statt des vergangenen Tages Ihre Gebetszeiten der vergangenen vier Wochen in den Blick. Und dann überlegen Sie sich – im Rahmen des Gebetes –, wie Sie es die kommenden vier Wochen halten wollen. Vielleicht merken Sie, dass zehn Minuten zu kurz sind, oder dass Sie Ihre Hauptgebetszeit lieber am Morgen durchführen? Oder dass Sie mittags einen zusätzlichen kurzen Gebetsstopp einlegen möchten? Alles ist möglich – bleiben Sie aber realistisch und nehmen Sie sich nur vor, was Sie auch gut durchhalten können. Oder waren die zwei Minuten in der Früh und die zehn Minuten am Abend zu viel? Vielleicht geben Sie dem Ganzen dann trotzdem nochmals eine Chance für weitere vier Wochen? Oder Sie überlegen, wie Sie das Format für sich noch einfacher machen können – zwei Mal am Tag zwei Minuten?
Möglich ist auch, dass Sie merken, dass Sie mit dieser Form des Gebetes gar nicht warm werden. Das muss nicht das Ende Ihres Weges zum Christ-Sein bedeuten. Vielleicht versuchen Sie es in einem halben Jahr nochmals? Oder Sie suchen einen anderen Weg, sich dem Glauben zu nähern – vielleicht besteht für Sie der erste Schritt am besten darin, sich eine Gemeinschaft zu suchen, der Sie sich anschließen können? Das wäre ohnehin der zweite Schritt, den wir Ihnen ans Herz legen möchten:

Gemeinschaft suchen

Niemand kann für sich alleine glauben. Glauben geht nur in Gemeinschaft. Auf Dauer reicht es deshalb nicht, nur für sich allein zu beten. Zusätzlich zum persönlichen Gebet brauchen Sie den Anschluss an andere. Wie Sie den am besten finden? Eine allgemeine Antwort ist da schwierig.

- Ideal wäre es, wenn Sie jemanden kennen, den Sie schätzen und von dem Sie wissen, dass er in einen christlichen Kreis oder in eine christliche Gemeinde eingebunden ist. Sprechen Sie diesen Menschen an und fragen, ob Sie ihn einmal begleiten könnten.

- Vielleicht haben Sie schon Anschluss an eine Kirchengemeinde vor Ort, oder Sie haben zumindest schon einen gewissen Eindruck von dieser Gemeinde? Dann wäre das doch vielleicht ein guter Anlaufpunkt? Vielleicht gibt es dort offene Abende mit Vorträgen, oder aber Sie gehen am Sonntag mal in den Gemeindegottesdienst in der Kirche? Oder Sie setzen sich mit dem Büro der Gemeinde in Verbindung und fragen, ob es einen Glaubensgesprächskreis oder etwas Ähnliches gibt oder auch nur jemand, mit dem Sie sich mal unterhalten könnten.
- Auch wenn Sie die Kirchengemeinde bei sich vor Ort nicht kennen, könnten Sie versuchen, mit ihr in Kontakt zu treten. Es gibt bei uns immer noch ein fast flächendeckendes Netz von Gemeinden. Wenn man eine halbe Stunde Anfahrt in Kauf nimmt, findet man jedenfalls fast überall eine Möglichkeit, sich an eine christliche Runde anzuschließen und/oder am Sonntag einen Gottesdienst zu besuchen.
- Wenn die Gemeinde vor Ort nicht zu Ihnen passt, könnten Sie auch nach offenen Kirchen oder Stellen der Glaubensinformation suchen – zumindest in größeren Städten gibt es hier meistens gute Anlaufstellen, gerade für Menschen, die neu oder nach einer längeren Pause wieder den Kontakt zum Glauben suchen. Hier wird man Sie sicher gerne begrüßen und kann Ihnen Hinweise für den weiteren Weg geben.
- Eine weitere Möglichkeit bieten geistliche Zentren, Klöster, Exerzitienhäuser oder ähnliche Einrichtungen (Exerzitien sind mehrtägige Kurse, in denen man versucht, dem eigenen Glauben besser auf die Spur zu kommen). Solche Zentren bieten Veranstaltungen an, die meist der Vertiefung des eigenen Glaubens dienen. Aber natürlich kommt man dabei auch mit anderen Menschen in Kontakt, die ebenfalls dem christlichen Glauben nachspüren. Wenn Sie ein solches Zentrum bei sich in der Nähe haben – umso besser. Falls nicht, könnten Sie ja für einen Wochenendkurs auch mal eine längere Anfahrt auf sich nehmen. Und wenn Sie dann mal dort sind, finden Sie sicherlich auch jemanden, der Ihnen Tipps geben kann, wo Sie bei sich vor Ort Anschluss an andere Christinnen und Christen finden können.
- Schließlich gibt es noch das Internet. Informationen finden Sie da zuhauf und auch Foren, Chats und so weiter, wo Sie mit Christen in Kontakt treten können. Das kann ein hervorragender Einstieg sein und auch eine gute Möglichkeit,

miteinander in Kontakt zu bleiben oder sich auszutauschen. Auf Dauer halten wir es aber trotzdem für unerlässlich, auch in echt mit anderen Christinnen und Christen in Kontakt zu sein. Glauben ist nicht nur Diskussion und gegenseitiger Austausch, Glauben muss vor allem auch gemeinsam gefeiert werden. Und das geht nach wie vor deutlich besser, wenn man sich gemeinsam versammelt und nicht nur jeder vor seinem Display sitzt.

Eine wichtige Frage haben wir noch außen vor gelassen: Falls Sie nicht schon bereits Anschluss an eine Gemeinde oder eine christliche Gruppe haben, beziehungsweise noch nicht sicher sind, an wen Sie sich wenden möchten: Zu welcher Gemeinde, Gemeinschaft, Gebets- oder Gesprächsrunde sollen Sie denn nun Kontakt suchen? Oft gibt es vor Ort beispielsweise eine katholische und eine evangelische Gemeinde. Oder Sie haben in der Nähe zwei katholische Gemeinden, die aber völlig unterschiedlich sind – zum Beispiel die eine eher konservativ, die andere eher progressiv (wobei solche Etiketten meist wenig hilfreich sind). Und neben Gemeinden und Gruppen aus den großen Kirchen gibt es noch eine ganze Reihe kleiner oder freier christlicher Gruppierungen. Das Spektrum ist jedenfalls groß, und natürlich gibt es auch Gemeinden oder Gruppen, die in seltsame Richtungen abdriften. Besonders im Internet gilt es, vorsichtig zu sein – da finden sich unter christlichem Label oft der größte Unsinn und absolut abwegige Positionen. Sich hier zu orientieren, ist nicht einfach, gerade wenn man noch nicht viel Erfahrung hat und schwer einordnen kann, ob eine Gruppe vernünftig ist.

Unser Rat wäre an dieser Stelle: Fragen Sie Personen, von denen Sie wissen, dass Sie christlich glauben, und denen Sie vertrauen. Wenn Sie so jemanden nicht kennen, dann halten Sie sich an Stellen oder Angebote der großen Kirchen – also der katholischen oder der evangelischen (lutherisch oder reformiert). Auch innerhalb dieser Kirchen gibt es große Unterschiede und eigenartige Gruppierungen. Aber Sie haben hier doch eine gewisse Sicherheit, dass Sie nicht an eine völlig schräge Adresse geraten.

Wichtig ist auf jeden Fall, dass Sie sich in der Gruppe oder Gemeinde, für die Sie sich entschieden haben, am richtigen Platz fühlen. Damit meinen wir nicht unbedingt, dass Sie sich dauernd rundum wohlfühlen müssen. Mit einiger Sicherheit werden Sie sogar bald merken, dass es auch in der scheinbar harmonischsten Gruppe Meinungsverschiedenheiten und Konflikte gibt, dass nicht alles rundläuft und dass Ihnen auch nicht alle Mitglieder einer Gemeinde in gleicher Weise sympathisch sind. Das ist normal, und es ist sogar ein gutes Zeichen, wenn in einer Gemeinschaft verschiedene Standpunkte sichtbar werden und unterschiedliche

Meinungen offen diskutiert werden. So wie es beim persönlichen Beten Durststrecken gibt, so gibt es auch in jeder christlichen Gemeinschaft schwierige Situationen, die man gemeinsam durchstehen muss. Sich in solchen Zeiten von seiner Gemeinde abzuwenden, wäre nicht redlich. Christsein ist kein Wellnessurlaub und erst recht kein Egotrip. Christinnen und Christen tragen immer auch Verantwortung für die anderen. Es gehört deshalb dazu, sich in eine Gemeinschaft einzufügen, auch wenn mich meine Mitchristen manchmal nerven. Man sollte versuchen, es miteinander auszuhalten, auch wenn es gerade kein Vergnügen macht. Konflikte und schwierige Zeiten gilt es, gemeinsam durchzustehen und daran zu wachsen.

Allerdings gibt es auch Grenzen. Wenn Sie sich in einer Gruppe dauerhaft bevormundet fühlen und Ihre persönliche Freiheit nicht geachtet wird, dann sollten Sie sich eine andere Umgebung suchen. Gleiches gilt, wenn eine Gemeinde Ihnen keinerlei Impulse für Ihren Glauben mehr gibt. Leider ist das gar nicht so selten: Es gibt Gemeinden, die zwar äußerlich gesehen funktionieren und ein Programm an Gottesdiensten oder anderen Veranstaltungen anbieten, dabei aber eigentlich völlig erstarrt sind. Gerade wenn Sie neu nach einem Umfeld suchen, in dem Sie Ihren Glauben vertiefen können, dürfen Sie sich deshalb ruhig mehrere Gemeinden ansehen. Es ist auch möglich, sich gleichzeitig mehreren Gruppen oder Gemeinden anzuschließen, zum Beispiel im Internet regelmäßig an einem Gesprächskreis über die Bibel mitzumachen, sonntags ab und an in der Kirche ums Eck den Gottesdienst mitzufeiern und hin und wieder zu Besinnungstagen in ein Kloster zu fahren.

Nur eines geht nicht: Als Christin oder Christ ganz alleine zu bleiben. Deshalb: Suchen Sie sich Weggefährten. Schauen Sie sich verschiedene Gruppen und Gemeinden an, bevor Sie sich entscheiden. Aber nach einer gewissen Zeit sollten Sie eine Entscheidung treffen – mit kühlem Kopf, aber vor allem so, wie Ihr Herz es Ihnen eingibt. Und dann gilt wieder, wie beim persönlichen Beten: Dranbleiben. Geben Sie sich die Chance, den christlichen Glauben gemeinsam mit anderen weiter zu entdecken. Bleiben Sie dran, auch wenn es nicht immer Honigschlecken ist.

Und weiter?

Nehmen wir an, Sie haben die Gebetszeiten in Ihren Tagesablauf eingebaut und Sie haben eine christliche Gruppierung getroffen, mit der Sie regelmäßig Gottesdienst feiern oder sich über Glaubensfragen austauschen. Vielleicht haben Sie auch ein oder zwei Mal Besinnungstage oder ähnliche Kurse besucht. Wie geht es jetzt weiter?

Wir könnten sagen: Das hängt ganz von Ihnen ab. Und auf der einen Seite stimmt das auch. Wie weit Sie sich auf den christlichen Glauben einlassen, ihn vertiefen und zur Grundlage Ihres ganzen Lebens machen, das liegt an Ihnen – an Ihrem Willen, an Ihrer Konsequenz, an Ihrer Disziplin. Mit der Beziehung zu Gott ist es da wie mit der Beziehung zu einem anderen Menschen: Es wird Höhen geben, die beflügeln, aber auch Phasen der Gewöhnung und der langweilig gewordenen Routine, der Entfremdung und des Einander-nicht-mehr-Verstehens. Solche Krisen sind normal und können zur Chance werden, den Glauben noch tiefer zu durchdringen. Wichtig ist, dass man auch in solchen schwierigen Zeiten die Sehnsucht wach und den Kontakt aufrechterhält. Hierzu braucht es Durchhaltevermögen. Ungemein hilfreich ist es dabei, wenn man sich regelmäßige Gebetszeiten und den regelmäßigen Besuch von gemeinschaftlichen Gottesdiensten zur festen Gewohnheit gemacht hat. Feste Rituale und klare Strukturen geben bei Durststrecken und in Krisenzeiten Halt, genauso wie die Einbindung in eine Gemeinschaft.

Gott sucht Sie mehr, als Sie Gott suchen!

Auf der anderen Seite haben wir mehrfach schon gesagt: Glaube lässt sich nicht erzwingen. Glaube ist kein Leistungssport. Glaube bleibt letztlich ein Geschenk. Und deshalb dürfen Sie vor allem sehr gelassen bleiben. Es hängt eben nicht nur und auch nicht in erster Linie alles von Ihnen ab. Es hängt vor allem von Gott ab. Viel intensiver als Sie nach Gott suchen, sucht Gott nach Ihnen und sehnt sich nach Ihnen. Denn Gott liebt Sie mit einer Liebe, die an keiner menschlichen Liebe ihr Maß hat. Darauf dürfen Sie vertrauen, darauf dürfen Sie sich verlassen. Es ist die Grundlage Ihres Glaubens. Lassen Sie also Gott in aller Ruhe in der Tiefe Ihrer Seele wirken und werden Sie nicht ungeduldig, wenn sich an der Oberfläche noch keine große Entwicklung zeigt. Gott meint es gut mit Ihnen und ist verlässlich – und wird Sie einen Weg führen, der letztlich ans Ziel führt, auch wenn er Ihnen nicht immer geradlinig erscheint.

Damit sind wir bei einem eigenartigen Wechselspiel von eigenem Zutun und geduldigem Zulassen: Einerseits sind Sie ganz persönlich gefragt und gefordert, Ihren Glauben immer weiter zu vertiefen – andererseits dürfen Sie sich ganz gelassen in Gottes Hand begeben und sich seiner Führung überlassen. Hier besteht eine Spannung, die sich nicht einfach auflösen lässt. Aber so ist es eben. Eine echte Liebesbeziehung ist nicht machbar oder kalkulierbar. Sie wächst im Spiel von Tun und Lassen, sie fordert den Einsatz von allem, was ich bin und habe, und sie ist doch reines Geschenk und immer neue Überraschung. Beim Glauben ist es auch so. Sie können nicht ausrechnen oder vorhersagen, wohin es Sie führt, wenn Sie sich auf den christlichen Glauben einlassen. Gott hat etwas vor mit Ihnen, das ist gewiss. Aber es ist vermutlich etwas anderes, Herausfordernderes, Größeres und Schöneres (wenn es auch durchaus einmal schwer werden kann), als Sie es sich ausmalen können.

Je weiter Sie auf Ihrem Glaubensweg voranschreiten, desto mehr wird Ihr Glaube jedenfalls Ihr ganzes Leben durchdringen und erfüllen. Feste Gebetszeiten, gemeinschaftliche Gottesdienste und der Austausch über Glaubensfragen bleiben wichtig. Aber Ihr Christsein beschränkt sich nicht auf einige Minuten beten am Tag. Sie haben als Christin oder als Christ keine moralischen Zusatzpflichten zu erfüllen – das haben wir gesagt und dabei bleiben wir. Aber als Christ stellen Sie selbst Ihr Leben unter einen hohen Anspruch. Sie wissen sich selbst und auch jeden anderen Menschen vorbehaltlos und mit grenzenloser Liebe geliebt, ja, Sie wissen auch die ganze Schöpfung von dieser Liebe umfangen. Das ist eine ungeheuer befreiende und froh machende Botschaft!

Wie übersetzen Sie diese christliche Grunderfahrung in Ihr persönliches Leben? Die Antwort auf diese Frage kann Ihnen niemand abnehmen – Sie müssen Sie ganz persönlich suchen und geben. Verzweifeln Sie nicht, wenn das schwierig ist. Im besten Fall gelingt es hin und wieder für kurze Augenblicke, aber in solchen Momenten werden Sie spüren, dass Sie auf dem richtigen Weg sind. Man wird es Ihnen auch anspüren. Eigentlich sind Sie in solchen Momenten schon am Ziel – nur dass sich das Ziel nicht festhalten lässt, sondern jeder neue Moment die Frage wieder erneuert, solange Ihr Lebensweg dauert.

Suchen, um zu finden. Finden, um zu suchen

Wenn Sie sich neu auf den Weg des christlichen Glaubens machen, wird sich Ihnen irgendwann die Frage stellen, ob Sie nicht auch offiziell bekunden wollen, dass Sie Ihr Leben aus dem Glauben heraus gestalten möchten – aus dem Glauben an Gott, der sich uns in Jesus Christus gezeigt hat, und mit dem wir im Heiligen Geist verbunden sind. Mit anderen Worten: Es wird sich die Frage stellen, ob

Sie sich taufen lassen und damit offiziell Mitglied der christlichen Kirche werden möchten.
Wir würden uns sehr freuen, wenn Ihr Weg Sie zur Entscheidung führt, sich taufen zu lassen! Nehmen Sie sich für diesen Entschluss Zeit, aber schieben Sie ihn auch nicht auf. Entscheiden Sie sich in aller Freiheit, behalten Sie dabei einen kühlen Kopf, aber hören Sie auf Ihr Herz. Vor allem: Suchen Sie sich eine Begleitung! Spätestens wenn es auf die Taufe zugeht, brauchen Sie nicht nur den Rückhalt einer christlichen Gemeinschaft, sondern auch ein oder zwei Personen, mit denen Sie sich konkret vorbereiten können.
Vielleicht sind Sie aber auch schon längst getauft, hatten aber zwischenzeitlich den Kontakt zum Glauben verloren? Dann könnte die Entscheidung, den zwischenzeitlich verschütteten Glauben neu anzunehmen, damit verbunden sein, sich nun firmen (wenn Sie katholisch sind) oder konfirmieren (wenn Sie evangelisch sind) zu lassen. Das wäre ein starkes Zeichen für einen Neubeginn, nicht nur für sich selbst, sondern auch für die anderen Mitglieder Ihrer Gemeinde.
Womöglich sind Sie vor einigen – oder vor vielen – Jahren auch schon gefirmt oder konfirmiert worden? Auch dann könnten Sie Ihre Wiederannäherung an den Glauben besonders markieren. Vielleicht indem Sie ein Gespräch mit einer Seelsorgerin oder einem Seelsorger suchen – vielleicht sogar (wenn Sie katholisch sind) ein Beichtgespräch? Beichte heißt ja, dass man einen neuen Anfang setzen möchte und sich deshalb Gottes Liebe und Versöhnung feierlich neu zusprechen lässt. Ein (Beicht-)Gespräch, ein Glaubenskurs oder ein geistliches Wochenende können sehr sinnvoll sein, weil sie einen Neuaufbruch auch sichtbar markieren. Natürlich können Sie aber auch zunächst nur für sich einen neuen Anfang setzen, beispielsweise indem Sie ganz bewusst an einem Gottesdienst teilnehmen und dort die Kommunion oder das Abendmahl empfangen.
Egal ob Ihr Weg Sie nun zu Taufe, Firmung, Konfirmation, zur Beichte oder zur Rückkehr an den Altar oder den Abendmahlstisch führt: Wir freuen uns mit Ihnen, wenn Sie an diesem Punkt angelangt sind! Vor allem dürfen Sie selbst sich dann aus vollem Herzen freuen und das sollten Sie auch gebührend feiern.
Aber Ihr Glaube ist an diesem Punkt nicht fertig. Das Leben wird neue Fragen an Sie und Ihren Glauben stellen. Man könnte auch sagen: In allem, was Sie erleben, wird Gott Ihnen neue Fragen stellen, wird sich Ihnen von einer neuen Seite zeigen und will Ihnen immer aufs Neue begegnen. Deshalb gilt es immer, Tag für Tag, neu anzufangen. Das kann einem mühsam erscheinen. Vor allem aber ist es eine große Chance und ein großes Glück.

Wir wünschen Ihnen auf Ihrem Glaubensweg weiterhin alles Gute. Gott geht Ihren Weg mit. Gott lebt Ihr Leben gemeinsam mit Ihnen. Auch wenn alle anderen Sicherheiten abhandenkommen sollten – das ist gewiss: Gottes Segen ruht auf Ihnen! Sie dürfen dem Leben trauen.

O Gott!
Wie schön, dass ich mich von Dir stets überraschen lassen kann.
Wie schön, dass Du nicht kleinzukriegen und nicht einzusperren bist.
Wie schön, dass Du Dich immer wieder neu suchen und in jeder Situation neu finden lässt.
Wie schön, dass ich Dich immer hinter mir weiß und neben mir.
Wie schön, dass Du mich immer wieder nach vorne lockst, der Welt und den anderen Menschen entgegen.
Wie schön, dass ich am Grund dieser Welt Deine Liebe entdecken darf und darauf bauen kann, dass die Welt auch ihrer Vollendung in Deiner Liebe zustrebt.
Wie schön, dass ich dem Leben trauen darf, weil ich es nicht allein zu leben habe, sondern weil Du es mit mir lebst.
Danke!
Amen.

Anhang

Drei Bemerkungen zum Schluss ...

Erstens: Es gibt viele Wege zum Glauben

Wir haben in diesem Buch den christlichen Glauben auf systematische Weise dargestellt. Vielleicht hat der eine oder die andere dies als allzu schematisch empfunden? Vielleicht drängte sich manchmal der Eindruck auf, das wäre alles zu glatt? Jedenfalls wird die Art, wie wir in diesem Buch den Glauben dargestellt haben, nicht alle angesprochen haben. Jeder Mensch ist anders. Deshalb muss jeder Mensch seinen eigenen, persönlichen Zugang zum Glauben finden.

Unsere bescheidene Hoffnung ist, dass der eine Weg, den wir hier vorgestellt haben, dazu anregen kann, selbst über den Glauben nachzudenken. Damit wäre das Ziel dieses Buches erreicht. Wenn Sie, liebe Leserin, lieber Leser, dabei sogar einen anderen, nämlich Ihren eigenen Zugang zum Glauben finden oder vertiefen, würden wir uns besonders freuen.

Zweitens: Auch das Unwichtige ist wichtig!

Wir haben in diesem Buch vieles weggelassen, was manchen Christen wichtig ist. Von der Bibel oder von der Gottesmutter Maria war kaum die Rede, von vielem anderen auch nicht. Aber wir hatten es schon eingangs gesagt: Nur ganz weniges macht den inneren Kern des christlichen Glaubens aus.

Aber so einfach ist es dann doch wieder nicht. Denn von einem Kern kann nur die Rede sein, wenn es auch etwas drumherum gibt. Und umgekehrt: Das Innere des Glaubens muss ausstrahlen und sich in vielen Schichten und Facetten entfalten. Die Grunderfahrung des christlichen Glaubens ist immer ins Leben eingebettet. Und sie wird ins Leben ausstrahlen und alle Bereiche des Lebens durchdringen. Je tiefer ich die liebende Gegenwart Gottes erfahre, desto mehr wird mich deshalb jede Kleinigkeit auf Gott verweisen und werde ich in jedem Detail meines Lebens meinen Glauben zum Ausdruck bringen wollen. Abgeleitete Glaubenssätze, Riten, Traditionen und Ausdrucksformen des Glaubens sind dann keinesfalls nebensächlich. Alle Worte, Gesten, Zeichen, Riten, in denen christlicher Glaube sich ausdrückt, stehen miteinander in einem inneren Zusammenhang; wer ein Detail mutwillig herausreißt, zerstört unweigerlich das

Ganze. Nichts darf geringgeschätzt werden. Jede Kleinigkeit ist unendlich wichtig.

Es gibt also beim Glauben nur ganz weniges, was wirklich wichtig ist, und gleichzeitig ist jedes Detail unendlich wichtig. Wie geht das zusammen?

Nun, auf Spannungen ähnlicher Art sind wir ja schon öfters gestoßen. Wir haben den christlichen Glauben (insbesondere in seiner römisch-katholischen Ausdrucksform) ja geradezu charakterisiert als einen Raum, der von Gegensätzen aufgespannt wird. Man könnte solche Spannungen auflösen, indem man entweder einen der beiden gegensätzlichen Pole außen vor lässt oder indem man einen Mittelweg sucht, der beide Pole entschärft. Aber dann bricht die Spannung zusammen. Aus ihr kann dann nichts mehr entstehen, sie kann nicht mehr fruchtbar werden. Jeder Pol stützt und braucht den anderen, um selbst zur Geltung zu kommen. Beide wollen in den Blick genommen und voll in ihr Recht gesetzt werden.

Wir haben den Eindruck, dass kirchliche Streitereien und theologische Diskussionen heute die Frage nach dem eigentlichen Glauben meist überdecken – zumindest in der öffentlichen Wahrnehmung. Dadurch ist die grundlegende Einfachheit des christlichen Glaubens aus dem Blick geraten. Deshalb war es uns wichtig, diesen Pol in den Vordergrund zu rücken: Der ganze christliche Glaube lässt sich im Grunde auf die einfache Erfahrung herunterbrechen, dass ich grenzenlos geliebt bin. Wer das verinnerlicht hat, hat den christlichen Glauben bereits vollkommen erfasst – das ist wahr und dabei bleiben wir!

Aber wer diese Erfahrung gemacht hat, wird weiterfragen. Und dann wird er spüren, dass auch der andere Pol in den Blick gerät, nämlich der unerschöpfliche Reichtum und die unauslotbare Tiefe des christlichen Glaubens: Mein Leben lang werde ich mit diesem Glauben nicht zurande kommen. Ich werde ihn immer zu erkunden haben. Jede Faser, jeder Gedanke, jede Rührung von mir möchte dann von diesem Glauben ergriffen und durchdrungen werden. Jedes Detail wird dann wichtig und entscheidend. Auch das ist wahr!

Beide Pole, die Einfachheit und der Reichtum des Glaubens, brauchen einander und stützen einander. Nur wenn wir sie beide ernst nehmen und voll durchkosten, spannt sich uns der Horizont auf, der uns eine Ahnung von Gottes Herrlichkeit vermittelt. Diesen Horizont zu vermessen, ihm entgegenzuschreiten und den ganzen Raum bis dorthin mit unserem Dank, Jubel und auch mit unserem Leid und Schmerz zu füllen, das ist die Aufgabe unseres Lebens. Erst am Ende, jenseits des Horizonts, bei Gott selbst wird dieser und werden alle weiteren Gegensätze aufgehoben und in eine größere Herrlichkeit hinein aufgelöst sein.

Drittens: Wer sind wir überhaupt?

Gewiss wird es Menschen geben, die nicht damit einverstanden sind, wie wir hier den Glauben beschrieben haben. Manche Christen verstehen ihren Glauben vielleicht ganz anders oder setzen deutlich andere Akzente. Aber auch Nichtchristen könnten sich fragen, ob dieses Buch den christlichen Glauben korrekt darstellt? Und ob die beiden, die dieses Buch geschrieben haben, überhaupt befugt sind, den christlichen Glauben zu erklären? Wer sind die denn überhaupt?

Klar ist: Was den christlichen Glauben ausmacht, kann niemand nach eigenem Gutdünken festlegen. Es ist vorgegeben. Auch die Kirche kann das nicht ändern. Aufgabe der Kirche ist es aber, den Glauben in verbindlicher Form auszusagen. Diese Form kann und muss sich im Laufe der Zeit ändern, denn jede Form ist äußeren Umständen unterworfen und von ihnen abhängig. Auch verbindliche Glaubensaussagen der Kirche sind deshalb ihrer Form nach immer zeitgebunden und nicht zeitlos gültig. Was sie besagen, muss immer wieder auch neu in Form gebracht und neu formuliert werden. Zum einen deshalb, weil sich erweisen könnte, dass neue Formen den Glauben besser – im Sinne von: richtiger – aussagen, als alte das konnten, zum anderen deshalb, weil neue Formen möglicherweise besser geeignet sind, den Glauben so auszusagen, dass er heutigen Menschen verständlich ist.

In diesem Sinne haben wir versucht, den Glauben der Kirche – unseren Glauben – so auszusagen, dass er für Menschen, die mit ihm noch nicht umfänglich in Berührung gekommen sind, verständlich und fassbar werden kann. Hierzu fühlen wir uns nicht nur berechtigt, sondern sogar berufen und verpflichtet. Denn der Aufruf des Apostels Petrus, Rechenschaft von ihrer Hoffnung abzulegen, geht an jede einzelne Christin und an jeden einzelnen Christen.

Naturgemäß können wir nur von unserer eigenen Hoffnung Rechenschaft ablegen und haben demnach beschrieben, was wir selbst unter dem christlichen Glauben verstehen. Dieser unser Glaube verdankt sich aber dem und entspricht dem, was uns im Rahmen der Kirche als christlicher Glaube übermittelt und vorgelebt worden ist. Wir sind deshalb überzeugt davon, dass in diesem Buch der christliche Glaube richtig dargestellt ist – nämlich so, wie er in der Kirche geglaubt wird und lebendig ist. Um genau zu sein, sollten wir hier vor allem von der katholischen Kirche sprechen. Wir haben uns aber bemüht, in diesem Buch so zu formulieren, dass das meiste auch aus evangelischer Sicht nachvollziehbar sein sollte.

Dass jede Darstellung des Glaubens verkürzt ist und ihrem Gegenstand nur höchst unvollkommen gerecht werden kann, liegt in der Natur der Dinge. Falls wir aber – womit wir nicht rechnen und was unserer Absicht zuwiderliefe – wesentliche Aspekte des Glaubens missverständlich dargestellt hätten oder gar so, dass sie im Widerspruch zur kirchlichen Überlieferung stünden, dann bedauern wir dies aufrichtig.

Quellen und weiterführende Hinweise

Inhalt und Aufbau dieses Buches sind nicht originell. Den christlichen Glauben haben wir uns nicht selbst ausgedacht. Wir verdanken ihn unseren Familien, Freundinnen und vielen Wegbegleitern, also der Kirche.
Trotzdem gibt es Personen, die mit ihren Büchern besonderen Einfluss auf die Darstellung in diesem Buch gehabt haben. Dies sind vor allem Albert Keller SJ, Peter Knauer SJ und Walter Kardinal Kasper. Auch wenn wir sie (abgesehen von einigen markanten Ausdrücken) nicht direkt zitieren, ist dieses Buch in vielerlei Hinsicht eine Zusammenfassung dessen, was sie in den unten angegebenen Werken ausführlicher und fundierter geschrieben haben.
Wer sich weiter mit dem christlichen Glauben befassen möchte, dem legen wir folgende Bücher ans Herz. Die Liste ist bewusst überschaubar gehalten. Wer Interesse hat, wird selbst eine Reihe weiterer Bücher und Informationsquellen finden.

Für den (weiteren) Einstieg empfehlen wir diese Bücher:

- *Gott braucht dich nicht. Eine Bekehrung* von Esther Maria Magnis (Rowohlt Taschenbuch Verlag, Hamburg, 2014) – Der Titel ist dumm, aber das Buch hat uns völlig umgehauen! Es reißt mit, ist poetisch und kann niemanden kalt lassen. Thema ist der Lebens- und Glaubensweg der Autorin, deren Vater an Krebs gestorben ist, als sie 17 Jahre alt war. Der bekannte Philosoph Robert Spaemann schrieb zu diesem Buch: „Seit Nietzsche kenne ich niemanden, der so erschütternd zeigt, welche Katastrophe es bedeutet, nicht an Gott zu glauben." Ein grandioses Buch, absolut empfehlenswert!
- *Wie Jesus Kirche macht. Ein Pfingstbuch für Kleinbauern und solche, die es werden wollen* von Reinhard Körner (St. Benno Verlag, Leipzig, 2021) – Pater Körner ist Mönch in einem Karmelitenkloster bei Berlin und erklärt die Kirche in wunderbar liebevoller Sprache.
- *Der christliche Glaube erklärt in 50 Briefen* von Gerhard Lohfink (Herder-Verlag, Freiburg, 2018) – Ein gut verständliches Buch, das die wichtigsten Themen des christlichen Glaubens aufgreift und jeweils in einem kurzen Brief darstellt. Der Autor ist ein bekannter katholischer Theologieprofessor, der sich vor allem mit der Bibel beschäftigt hat.
- *Kurze Einführung: Christlicher Glaube* von Peter Knauer SJ (Books-on-demand, 2020 – oder als pdf-Datei kostenlos im Internet: http://www.peter-knauer.de/

KECG.pdf) – Obwohl es kurz und klar geschrieben ist, ist das schon ein philosophisch anspruchsvolles Büchlein.

Für geübtere Leserinnen und Leser empfehlen wir zunächst zwei große Klassiker:

- Einführung in das Christentum von Joseph Ratzinger/Papst Benedikt XVI (Herder-Verlag, Freiburg, 2014; Erstausgabe: 1968) – Das Buch zählt nach wie vor zu den bekanntesten Büchern des ehemaligen Papstes.
- Der Gott Jesu Christi von Walter Kasper (Herder-Verlag, Freiburg, 2008; Erstausgabe: 1982) – Der Autor ist Bischof und Kardinal und war lange „Ökumeneminister" der katholischen Kirche.

Beide Autoren waren Theologieprofessoren und wurden später Bischöfe in der katholischen Kirche. Beide Bücher sind in einem (wie wir finden) wunderbaren Stil geschrieben und gut lesbar. Trotzdem sind es Bücher, für die etwas Vorwissen gut ist. Zumindest muss man sich Zeit und Muße nehmen – aber versuchen Sie es, es lohnt sich!

Ebenfalls für geübtere Leserinnen und Leser empfehlen wir die beiden folgenden Bücher, aus denen wir selbst viel gelernt haben:

- Grundkurs des christlichen Glaubens. Alte Lehren neu betrachtet von Albert Keller SJ (Herder-Verlag, Freiburg, 2011 – leider ist das Buch nicht mehr neu erhältlich; im Internet kann man aber gebrauchte Exemplare finden). Ein sehr systematisch aufgebautes Buch. Der Autor war Angehöriger des Jesuitenordens und Philosophieprofessor.
- Der Glaube kommt vom Hören. Ökumenische Fundamentaltheologie von Peter Knauer SJ (Books-on-demand, 2015[7] – Die 6. Auflage des Buches lässt sich auch kostenlos aus dem Internet herunterladen: http://peter-knauer.de/20.html)

Beide Bücher sind nicht ganz einfach zu lesen. Aber was drin steht, ist gut und lohnt die Mühe!

Grundlegende christliche Gebete

Kreuzzeichen

Im Namen des Vaters und des Sohnes und des Heiligen Geistes. Amen.

In der katholischen, aber auch in der orthodoxen Tradition beginnen die meisten Gottesdienste und Gebete mit dem Kreuzzeichen. Während man spricht, bezeichnet man mit der rechten Hand zunächst (beim Wort Vater) seine Stirn, dann (beim Wort Sohn) seine Brust und schließlich (beim Wort Heiliger Geist) zunächst die linke, dann die rechte Schulter.
Mit diesem Gebet stellt man sich bewusst in die Gegenwart Gottes. Indem man den eigenen Körper mit einem Kreuz bezeichnet, macht man deutlich, dass man sich selbst von dieser Gegenwart Gottes in Anspruch nehmen lässt.
Das Wort Amen bedeutet so viel wie: So soll es sein! Oder: Da stehe ich dahinter! Es schließt sehr häufig christliche Gebete ab.

Ehre sei dem Vater

Ehre sei dem Vater und dem Sohn und dem Heiligen Geist,
wie im Anfang, so auch jetzt und alle Zeit und in Ewigkeit. Amen.

Dieses Gebet wird gerne als Abschluss einer Gebetszeit genutzt. Wenn man in klösterlicher Tradition gemeinsam Psalmen betet, schließt das „Ehre sei dem Vater ..." jeden Psalm ab. Wenn man gemeinsam betet, kann auch einer die erste Zeile sprechen, der andere (oder der Rest der Gruppe) die zweite Zeile.

Vaterunser

Vater unser im Himmel,
geheiligt werde dein Name.
Dein Reich komme.
Dein Wille geschehe, wie im Himmel so auf Erden.
Unser tägliches Brot gib uns heute.
Und vergib uns unsere Schuld, wie auch wir vergeben unsern Schuldigern.
Und führe uns nicht in Versuchung,
sondern erlöse uns von dem Bösen.

Denn Dein ist das Reich und die Kraft und die Herrlichkeit
in Ewigkeit. Amen

Zwei Evangelien berichten davon, dass Jesus selbst mit diesen Worten gebetet hat. Das Vaterunser wird deshalb in allen christlichen Traditionen besonders geschätzt und ist Bestandteil fast jeden Gottesdienstes.

Das Apostolische Glaubensbekenntnis

Ich glaube an Gott,
den Vater, den Allmächtigen,
den Schöpfer des Himmels und der Erde,
und an Jesus Christus,
seinen eingeborenen Sohn, unsern Herrn;
empfangen durch den Heiligen Geist,
geboren von der Jungfrau Maria,
gelitten unter Pontius Pilatus,
gekreuzigt, gestorben und begraben,
hinabgestiegen in das Reich des Todes,
am dritten Tage auferstanden von den Toten,
aufgefahren in den Himmel;
er sitzt zur Rechten Gottes, des allmächtigen Vaters;
von dort wird er kommen, zu richten die Lebenden und die Toten.
Ich glaube an den Heiligen Geist,
die heilige katholische* Kirche,
Gemeinschaft der Heiligen,
Vergebung der Sünden,
Auferstehung der Toten
und das ewige Leben.
Amen.

Das Apostolische Glaubensbekenntnis fasst den Inhalt des christlichen Glaubens prägnant und knapp zusammen. Wichtig ist die Gliederung in drei Teile, die dem Glauben an den Drei-Einen Gott entspricht.

*Das Wort katholisch bedeutet hier, ganz wörtlich aus dem Griechischen übersetzt, allumfassend. Gemeint ist also mit katholischer Kirche hier die Gemeinschaft aller christlich Gläubigen und nicht die katholische, im Gegensatz zur evangelischen Kirche! In evangelischen Gottesdiensten ist das Wort katholische Kirche hier trotzdem oft durch christliche Kirche oder allgemeine Kirche ersetzt.

Das Große Glaubenbekenntnis

Ich glaube an den einen Gott,
den Vater, den Allmächtigen,
der alles geschaffen hat, Himmel und Erde,
die sichtbare und die unsichtbare Welt.

Und (ich glaube) an den einen Herrn Jesus Christus,
Gottes eingeborenen Sohn,
aus dem Vater geboren vor aller Zeit:
Gott von Gott, Licht von Licht,
wahrer Gott vom wahren Gott,
gezeugt, nicht geschaffen,
eines Wesens mit dem Vater;
durch ihn ist alles geschaffen.
Für uns Menschen und zu unserem Heil
ist er vom Himmel gekommen,
hat Fleisch angenommen
durch den Heiligen Geist von der Jungfrau Maria
und ist Mensch geworden.
Er wurde für uns gekreuzigt unter Pontius Pilatus,
hat gelitten und ist begraben worden,
ist am dritten Tag auferstanden
nach der Schrift
und aufgefahren in den Himmel.
Er sitzt zur Rechten des Vaters
und wird wiederkommen in Herrlichkeit,
zu richten die Lebenden und die Toten;
seiner Herrschaft wird kein Ende sein.

Und (ich glaube) an den Heiligen Geist,
der Herr ist und lebendig macht,
der aus dem Vater und dem Sohn* hervorgeht,
der mit dem Vater und dem Sohn angebetet und verherrlicht wird,

der gesprochen hat durch die Propheten.
Und** die eine, heilige, katholische und apostolische Kirche.
Ich bekenne eine Taufe zur Vergebung der Sünden.
Ich erwarte die Auferstehung der Toten
und das Ende der kommenden Welt. Amen.

Das große oder Nicäno-Konstantinopolische Glaubensbekenntnis ist ebenfalls eine sehr alte Kurzfassung des Inhalts des christlichen Glaubens. Die Kürze der Sätze darf nicht darüber hinwegtäuschen, dass hier sehr gewichtige Aussagen getroffen werden, die nicht immer leicht zu verstehen sind.
*Die orthodoxen Kirchen bekennen nur, dass der Heilige Geist aus dem Vater hervorgeht, und lassen die Worte „und dem Sohn" weg.
**Wichtig ist an dieser Stelle, dass das kleine Wörtchen „an" hier NICHT im Text steht. Christinnen und Christen glauben nur an den drei-einen Gott: an den Vater, an Jesus und an den Heiligen Geist. Entsprechend ist das Glaubensbekenntnis in drei Teile gegliedert. Die Kirche verdankt sich dem Heiligen Geist. Sie ist wichtig und wird geglaubt – aber es wird nicht an sie geglaubt. Sprachlich ist das nicht sehr schön ausgedrückt, aber der Unterschied ist wichtig. Leider sind manche Übersetzungen hier schlampig.

Das „Gegrüßet seist du, Maria" (Ave Maria)

Gegrüßet seist du, Maria, voll der Gnade, der Herr ist mit dir.
Du bist gebenedeit unter den Frauen, und gebenedeit ist die Frucht deines Leibes, Jesus.
Heilige Maria, Mutter Gottes, bitte für uns Sünder jetzt und in der Stunde unseres Todes. Amen.

Maria war die Mutter von Jesus. Das Ave Maria wird in der katholischen Tradition gerne gebetet. Ein eigentliches Gebet kann sich nur an Gott richten. Aber wenn man weiß, dass verstorbene Menschen nach wie vor in Gottes Liebe geborgen sind, und auch wir selbst immer nur von und aus Gottes Liebe leben, dann dürfen wir uns mit allen Verstorbenen nach wie vor verbunden wissen. Und dann ist es nur natürlich, wenn wir verstorbene Freunde oder Verwandte nicht nur im Gedächtnis bewahren, sondern auch ansprechen. Auch wenn im Ave Maria zunächst die Mutter von Jesus angesprochen wird, umkreist der Text des Ave Maria letztlich doch Jesus und ist in diesem Sinne ein echtes Gebet.

Das Ave Maria wird oft mehrere Male wiederholt und ist dann zum Beispiel Bestandteil des Rosenkranzes. Dies ist eine sehr meditative Gebetsform, bei der nicht die einzelne Aussage, sondern der Rhythmus der Wiederholung im Vordergrund steht. Dabei können sich Geist und Seele auf Gottes Gegenwart einschwingen.

Aaronitischer Segen

Der Herr segne dich und behüte dich;
Der Herr lasse sein Angesicht über dich leuchten und sei dir gnädig;
Der Herr wende sein Angesicht dir zu und schenke dir Frieden.

Der Aaronitische Segen stammt aus der Tora, also aus der Heiligen Schrift des Judentums, die aber auch in die christliche Bibel übernommen ist. Er wird in jüdischen, aber auch in christlichen Gottesdiensten gesprochen.
Einen Segensspruch kann aber auch jeder Mensch einem anderen Menschen jederzeit zusprechen. Jemanden segnen heißt: Ihm von Gott her Gutes wünschen oder zusagen. Man kann dabei auf alte Formulierungen zurückgreifen oder selbst spontan formulieren.

Worterklärungen

In jedem Lebensbereich gibt es spezielle Wörter und Ausdrücke. Wer noch nie Fußball gespielt hat, weiß nicht, was ein Elfmeter oder was Abseits ist, und wer kein Fahrradexperte ist, kann mit den Begriffen Federgabel oder Schnellspannnabe wenig anfangen. Auch in der Kirche werden spezielle Begriffe verwendet. Einige davon werden hier kurz erklärt.

Abendmahl – Am Abend vor seiner Festnahme und Kreuzigung hat Jesus mit seinen Freunden zusammen Abendmahl gehalten, → zusammen gegessen. In der evangelischen Kirche heißt das gemeinsame Brotbrechen im Gottesdienst heute Abendmahlsfeier; in der katholischen Kirche spricht man von → Eucharistiefeier.

Adventszeit – Die vier Wochen vor → Weihnachten heißen Advent. Sie dienen der Vorbereitung auf den Geburtstag von Jesus, an dem Gott in Jesus zur Welt gekommen ist. Das lateinische Wort adventus heißt Ankunft.

Altes Testament → s. Bibel.

Apostel – Das griechische Wort apostolos heißt übersetzt der Gesandte. Als Apostel (oder auch → Jünger) bezeichnet man vor allem die 12 Männer, die die engsten Gefährten von Jesus waren. Manchmal werden aber auch andere Menschen Apostel genannt. So gilt Bonifatius als „Apostel der Deutschen", weil er das Christentum nach Deutschland brachte.

Atheismus – Das ursprünglich griechische Wort heiß übersetzt Gottlosigkeit. Als Atheist wird jemand bezeichnet, der glaubt, dass es keinen Gott gibt (s. Kapitel 14).

Beichte → s. Sakrament der Versöhnung.

Beten – Oft versteht man unter Beten das Aufsagen von Sätzen, die sich an Gott richten. Eigentlich meint Beten aber viel mehr. Wir haben es oben als „Beziehungspflege mit Gott" beschrieben (s. Kapitel 11).

Bibel – Die Bibel ist das „Heilige Buch" der Christen. Sie ist eigentlich eine ganze Bibliothek und umfasst viele Kapitel, die auch für sich genommen Bücher genannt werden. Diese sind verschieden in Inhalt und Stil und sind auch zu verschiedener Zeit und von verschiedenen Personen geschrieben worden. Die Bibel hat zwei Teile: Das Alte Testament, das auch das heilige Buch der Juden ist, und das Neue Testament. Das Neue Testament besteht vor allem aus vier Evangelien, die jeweils vom

Leben von Jesus berichten, der Apostelgeschichte, die von den ersten Christen berichtet, und aus mehrere Briefen, die die ersten Christen einander geschrieben haben.

Bischof – Ein Bischof ist jemand, der eine besondere Führungsrolle innerhalb der Kirche hat. Die meisten katholischen Bischöfe leiten eine → Diözese, also eine größere kirchliche Gemeinschaft, die mehrere Gemeinden umfasst. Bischöfe werden auch als Nachfolger der Apostel bezeichnet. Je nach Funktion und Bedeutung unterscheidet man in der katholischen Kirche zwischen Weihbischöfen, Diözesanbischöfen und Erzbischöfen. In den protestantischen Kirchen heißen die Leiterinnen oder Leiter von größeren Regionen Bischöfe oder Landesbischöfe, manchmal aber auch Superintendenten oder Präsidenten, in der orthodoxen Kirche dagegen oft auch Patriarchen oder Metropoliten.

Bistum → s. Diözese.

Buddhismus – Der Buddhismus ist eine große Weltreligion (s. Kapitel 13).

Bußsakrament → Sakrament der Versöhnung.

Christus – Christos ist die griechische Übersetzung des hebräischen Messias und bedeutet wörtlich der Gesalbte. Jesus wird oft im gleichen Atemzug auch Christus genannt. Gemeint ist damit, dass er von Gott gesandt ist und mehr noch: dass in ihm Gott wirklich selbst greifbar wird (s. Kapitel 5).

Christi Himmelfahrt – Nach seiner Kreuzigung und seiner Auferweckung aus dem Tod begegnete Jesus seinen Freunden über mehrere Wochen immer wieder. Nach 40 Tagen endeten diese Begegnungen. Jesus wurde den Blicken seiner Freunde entzogen und – so wird das beschrieben – „emporgehoben und von einer Wolke verhüllt". Dies wird als Christi Himmelfahrt bezeichnet. Die Kirche feiert dieses Ereignis jedes Jahr 40 Tage nach → Ostern.

Diakon – Das griechische Wort diakonos bedeutet Helfer. Diakone sind Personen, die bestimmte Aufgaben und Dienste in einer christlichen Gemeinde erfüllen. Sie kümmern sich besonders um Bedürftige und haben oft auch bestimmte Funktionen in Gottesdiensten.

Diözese – Eine Diözese ist eine Art kirchlicher Verwaltungsbezirk, der meist ein größeres Gebiet und viele einzelne Gemeinden umfasst. Diözesen werden von → Bischöfen geleitet. In Deutschland gibt es 27, in Österreich neun und in der Schweiz sechs römisch-katholische Diözesen.

Ihre Bischöfe arbeiten im Rahmen von Bischofskonferenzen jeweils eng zusammen. In der evangelischen Kirche ist der Begriff Diözese nur vereinzelt gebräuchlich.

Dreieinigkeit oder Dreifaltigkeit – Christen bekennen sich zu einem einzigen Gott, der uns aber in dreifacher Gestalt entgegentritt: Als Vater (Schöpfer der Welt), Sohn (Jesus Christus) und Heiliger Geist. Man sagt dazu: Gott ist dreieinig oder dreifaltig einer. Das lateinische Wort für Dreieinigkeit ist Trinität (s. Kapitel 6).

Ehe – Im katholischen und im orthodoxen Verständnis ist die Ehe zwischen Mann und Frau eines der sieben →Sakramente. Oft wird der Bund fürs Leben, den eine Frau und ein Mann bei der Ehe miteinander schließen, als ein Abbild des Bundes betrachtet, den Gott den Menschen anbietet und mit ihnen schließen möchte. In katholischem Verständnis kann eine Ehe deshalb nicht geschieden werden. Die orthodoxe Kirche hält eine Ehescheidung in Ausnahmefällen und unter strengen Auflagen für möglich. Für die protestantischen Kirchen ist die Ehe kein Sakrament, hat also nicht eine solch herausgehobene religiöse Bedeutung.

Eucharistie – Das griechische Wort Eucharistie bedeutet übersetzt Danksagung. Im Rahmen einer katholischen → Heiligen Messe ist die Eucharistiefeier der Teil, wo das letzte Abendmahl, das Jesus mit seinen Anhängern gefeiert hat, „wiederholt" wird. Dabei geht es nicht nur darum, sich an dieses Mahl zu erinnern, sondern darum, auch ganz leibhaftig die Gegenwart von Jesus zu erleben und zu feiern. In der orthodoxen Kirche spricht man in diesem Zusammenhang meist nicht von Eucharistie, sondern von heiliger oder göttlicher Liturgie. Für beide Kirchen ist die Eucharistie eines der wichtigsten → Sakramente, an dem alle Gläubigen regelmäßig teilnehmen sollen. Aber auch die meisten protestantischen Kirchen erkennen die Eucharistie als Sakrament an, wobei sie deren Bedeutung im Einzelnen etwas anders verstehen. Sie reden auch nicht von Eucharistie, sondern verwenden meist den Begriff → *Abendmahl* oder *Abendmahlsfeier*.

Evangelikal – Der Begriff evangelikal bezeichnet nicht so sehr eine bestimmte Kirche oder Organisation, sondern eher eine bestimmte Art, den christlichen Glauben zu verstehen und zu leben. Evangelikal geprägte Christen verstehen sich meist als besonders bibeltreu und konservativ, sie betonen den direkten Einfluss ihrer Beziehung zu Christus auf ihr Leben und sind bestrebt, ihren Glauben missionarisch zu verbreiten. Evangelikale Christen gibt es vor allem in protestantischen Kirchen, allerdings gibt es auch Verbindungen in die katholische Kirche.

Evangelische Kirche → Protestantische Kirchen.

Evangelium – Das griechische Wort Evangelium heißt übersetzt gute Nachricht oder frohe Botschaft. Zur Zeit von Jesus war es für Verkündungen des römischen Kaisers reserviert. Es war also dem Kaiser gegenüber frech, als der erste Bericht über das Leben von Jesus unter dem Titel „Evangelium von Jesus Christus" erschien. In die → Bibel wurden vier Berichte über das Leben von Jesus aufgenommen, die dann alle Evangelium genannt wurden: Das Evangelium von Matthäus, das von Markus, das von Lukas und das von Johannes. Alle Evangelien sind etwa zwischen dem Jahr 60 und dem Jahr 100 n. Chr. aufgeschrieben worden – also zu einer Zeit, als viele noch lebten, die Jesus persönlich gekannt hatten. Jedes hat seinen eigenen Stil und ist für verschiedene Adressaten gedacht: Markus und Lukas schrieben eher für griechisch geprägte Gemeinden, Matthäus eher für Personen mit jüdischem Hintergrund. Dennoch sind diese drei Evangelien sehr vergleichbar und werden deshalb die drei synoptischen Evangelien genannt (Synopse bedeutet Zusammenschau; diese drei können gut nebeneinandergehalten und gemeinsam gelesen werden). Das Johannes-Evangelium hat einen eigenen Charakter. Es weicht in einigen Punkten von den anderen drei Evangelien ab und enthält mehrere philosophisch sehr anspruchsvolle Abschnitte.

Exegese – Das griechische Wort Exegese bedeutet übersetzt Erklärung. Im engeren Sinne wird damit die Auslegung der → Bibel bezeichnet.

Fastenzeit – Die 40-tägige Zeit der Vorbereitung auf → Ostern heißt Fastenzeit. Während dieser Zeit sollen Fasten und der Verzicht auf bestimmte Dinge und Gewohnheiten dazu dienen, sich auf Gott und das Wesentliche im Leben zu besinnen.

Firmung – firm heißt stark oder fit. Firmung bedeutet demnach Stärkung. Die Firmung ist in der katholischen und der orthodoxen Kirche eines der sieben → Sakramente. Bei der Firmung spricht (meistens) ein Bischof einem Menschen den Beistand des Heiligen Geistes zu. Gemeinsam mit der → Taufe markiert die Firmung die Aufnahme in die Gemeinschaft der Gläubigen. In der katholischen Kirche empfängt man die Firmung typischerweise im Jugendalter, weshalb sie auch den Übergang ins Erwachsenenleben markiert. In der orthodoxen Kirche wird die Firmung dagegen meistens direkt zusammen mit der Taufe gespendet, also oft schon im Kindesalter. In der evangelischen Kirche spricht man anstelle von Firmung von Konfirmation. Diese empfängt man meist im Jugendalter, sie gilt aber nicht als Sakrament.

Freikirchen – Freikirchen sind protestantische Kirchen, die besonderen Wert auf ihre Unabhängigkeit gegenüber staatlichen Strukturen oder anderen Kirchen legen. Manche von ihnen sind in Bünden zusammengeschlossen, andere sind als unabhängige Gemeinden völlig eigenständig organisiert. Oft sind sie → evangelikal oder → pfingstkirchlich geprägt.

Glaubensbekenntnis – Glaubensbekenntnisse sind Kurzformeln, die in wenigen Sätzen den Inhalt des christlichen Glaubens zusammenfassen. Das Apostolische und das Große (oder: Nicäno-Konstantinopolische) Glaubensbekenntnis haben eine besondere Bedeutung, weil sie die ältesten Glaubensbekenntnisse sind und weil sich bis heute alle großen Kirchen im Wesentlichen zu diesen Kurzzusammenfassungen ihres Glaubens bekennen.

Gott – Natürlich dreht sich beim christlichen Glauben alles um Gott. Nur leider wird das Wort Gott in den allermeisten Fällen viel zu gedankenlos verwendet. Siehe hierzu ausführlich Kapitel 4.

Gottesdienst – Wenn Christen sich versammeln, um gemeinsam zu beten und/oder ihren Glauben zu feiern, nennt man dies Gottesdienst. Dafür gibt es verschiedene Formen. In der Regel werden dabei Abschnitte aus der Bibel vorgelesen und ausgelegt, außerdem wird gemeinsam gebetet. Zu katholischen Gottesdiensten gehört oft auch eine → Eucharistiefeier. Am Ende eines Gottesdienstes steht meist ein → Segen.

Glaube – Vom christlichen Glauben handelt dieses ganze Buch. In Kapitel 7 wird erläutert, was das Wort glauben überhaupt bedeuten kann.

Heilig/Heilige – Heilig bedeutet: in besonderer Weise zu Gott gehörig. Da Gott kein Teil dieser Welt ist und deshalb nichts in der Welt vergöttert werden sollte, kann streng genommen nur Gott allein wirklich heilig genannt werden. Wenn trotzdem von heiligen Büchern, heiligen Worten, heiligen Orten oder heiligen Dingen die Rede ist, soll damit ausgedrückt werden, dass diese in enger Beziehung zu Gott und zum Glauben an Gott stehen. In der katholischen und in der orthodoxen Kirche spricht man auch von heiligen Menschen. Damit soll ausgedrückt werden, dass diese Menschen besonders vorbildliche Christen waren. Meist sind katholische Kirchengebäude auch dem Andenken an einen solchen heiligen Menschen gewidmet. Die evangelische Kirche lehnt es in der Regel ab, von heiligen Menschen zu sprechen, kennt aber natürlich auch Menschen, die als Vorbilder im Glauben angesehen und besonders in Ehren gehalten werden.

Heiliger Geist – Der Heilige Geist ist Gott selbst, so wie auch Jesus Gott selbst ist. Obwohl Gott ein einziger ist, ist es sinnvoll und angemessen, von ihm in dreifacher Weise zu reden: Von Gott Vater, Gott Sohn und Gott Heiliger Geist. Siehe hierzu ausführlich Kapitel 6.

Hinduismus – Der Hinduismus ist eine große Weltreligion (s. Kapitel 13).

Ikone – Ikonen sind Bilder von Jesus, von Heiligen oder von Szenen aus der Bibel, die in einem besonderen Stil und auf besondere Art und Weise gemalt (man sagt: geschrieben) werden. Sie sind vor allem in der orthodoxen Kirche verbreitet. Sie werden dort weniger als Abbilder der Wirklichkeit verstanden, sondern gelten eher als Fenster, die einen Blick in die Realität des Reiches Gottes ermöglichen.

Islam – Der Islam ist eine große Weltreligion (s. Kapitel 13).

Israel – Israel ist heute ein moderner Staat am östlichen Ende des Mittelmeers. Der Name geht zurück auf Jakob, der vor knapp 4000 Jahren gelebt haben dürfte. Die Bibel berichtet, dass er den Beinamen Israel bekommen hat. Er gilt als Stammvater des Volkes Israel, das auch als jüdisches oder hebräisches Volk bezeichnet wird. Auch Jesus gilt als direkter Nachkomme des Jakob/Israel. Jesus gehört also zum Volk Israel und ist Jude.

Jesus – Jesus ist nicht nur der Gründer des Christentums, sondern wird im Christentum als Sohn Gottes bezeichnet, das heißt als (normaler) Mensch, in dem Gott aber selbst greifbar geworden ist (s. Kapitel 3).

Jünger – Unter den Anhängern von Jesus wurden von Anfang an zwölf besonders hervorgehoben. Diese werden die Jünger von Jesus oder auch die zwölf Apostel genannt. Ihre Namen sind: Petrus, Andreas, Jakobus (der Ältere), Johannes, Bartholomäus, Thomas, Matthäus, Jakobus (der Jüngere), Judas Thaddäus, Simon – und Judas Iskariot, der Jesus an die Römer ausgeliefert und sich danach selbst umgebracht hat. An seiner Stelle wählten die anderen Jünger dann Matthias als Nachfolger, damit der Zwölferkreis wieder komplett war. Die Zahl zwölf hatte eine besondere symbolische Bedeutung, weil das Volk → Israel aus zwölf Stämmen bestand.

Judentum – Das Judentum ist die Weltreligion, aus der das Christentum hervorgegangen ist. Trotzdem haben die Christen sich viele Jahrhunderte lang scharf vom Judentum abgegrenzt. Dies war einer der Gründe, warum Juden weltweit, besonders aber in Europa in furchtbarster Weise verfolgt worden sind (und manchmal immer noch diskriminiert werden). Heute haben die allermeisten christlichen Kirchen verstanden, dass das Christentum sich nicht gegen das Judentum stellen kann, ohne sich seinen eigenen Lebensnerv abzuschneiden und Jesus selbst zu verraten (s. Kapitel 13).

Kardinal – Ein Kardinal ist eine Person, die in der katholischen Kirche eine besonders herausgehobene Position innehat. Kardinäle werden vom → Papst ernannt. Ihre wichtigste (eigentlich auch ihre einzige) Funktion besteht darin, dass sie es sind, die einen neuen Papst zu wählen haben. Oft haben Kardinäle wichtige Führungspositionen in der katholischen Kirche inne. Allerdings wird der Titel Kardinal manchmal auch als eine Art Ehrentitel verliehen, wenn Bischöfe und Priester sich in besonderer Weise um die Kirche verdient gemacht haben.

Katholische Kirche – Die weltweit größte christliche Kirche ist die römisch-katholische Kirche. Sie ist in → Diözesen gegliedert, der jeweils ein → Bischof vorsteht. Der Bischof der Diözese Rom wird auch → Papst genannt. Er hat innerhalb der römisch-katholischen Kirche weitreichende Vollmacht und Entscheidungsbefugnisse (s. Kapitel 12).

Kloster – Ein Kloster ist ein Gebäude, in dem eine Gemeinschaft von Mönchen oder → Nonnen zusammenleben.

Konzil – Das lateinische Wort concilium bedeutet Zusammenkunft. Ein Konzil ist eine besonders wichtige Zusammenkunft von kirchlichen Führungspersonen. Besonders wichtig sind die ersten drei Konzilien, die in den Jahren 325 in Nicäa, 381 in Konstantinopel und 431 in Ephesus stattfanden. Dort wurden die grundsätzlichen Inhalte des christlichen Glaubens formuliert, so wie sie heute von allen Kirchen anerkannt werden. Auch die Beschlüsse der folgenden vier Konzilen werden noch von den allermeisten Kirchen anerkannt. Diese sieben heißen deshalb auch ökumenische Konzilien. Das vorläufig letzte Konzil in der römisch-katholischen Kirche war das 2. Vatikanische Konzil, das von 1962 bis 1965 in Rom stattfand und wichtige Erneuerungen in der katholischen Kirche anstieß. Im Jahr 2016 fand nach jahrzehntelanger Vorbereitung auf Kreta ein Konzil der orthodoxen Kirche statt, das aber von Streitigkeiten vor allem zwischen der russisch-orthodoxen und den anderen orthodoxen Kirchen beeinträchtigt war.

Kreuzzeichen – Das Kreuzzeichen ist in der katholischen und der orthodoxen Tradition ein wichtiges Gebet beziehungsweise die Eröffnung eines Gebets.

Kirche – Kirche bedeutet zunächst die Gemeinschaft aller christlich Gläubigen. In einer zweiten Bedeutung bezeichnet das Wort Gebäude, die für den christlichen Gottesdienst reserviert sind. Drittens kann das Wort Kirche einzelne Gemeinschaften von Gläubigen bezeichnen – in diesem letzten Sinn kann man dann von einer evangelischen, einer katholischen oder einer orthodoxen Kirche reden (s. Kapitel 8, 9, 10, 12).

Klerus/Kleriker – Als Kleriker bezeichnet man einen Menschen, der durch eine → Weihe ein Dienstamt als Diakon, Priester oder Bischof übertragen bekommen hat. Der Klerus ist die Gruppe all dieser Geweihten.

Konfirmation → Firmung.

Krankensalbung – Die Krankensalbung ist in der katholischen und der orthodoxen Kirche eines der sieben → Sakramente. Es wird gefeiert, um jemandem bei schwerer Krankheit oder angesichts des bevorstehenden Todes Gottes Beistand zuzusprechen und ihn aufzurichten.

Landeskirche – Evangelische Landeskirchen sind Zusammenschlüsse von mehreren evangelischen Gemeinden im gleichen Gebiet, die eine gemeinsame Verwaltungsstruktur und eine gemeinsame Leitung besitzen. In Deutschland gibt es 20 evangelische Landeskirchen. Diese arbeiten eng zusammen und sind auch unter dem Namen „Evangelische Kirche in Deutschland" zusammengeschlossen. Sie sind aber dennoch weitgehend unabhängig voneinander und jede von ihnen versteht sich als eigene Kirche. Die Entstehung der Landeskirchen ist geschichtlich zu erklären und geht auf die Zeit nach der → Reformation zurück. In der Schweiz gibt es neben protestantischen auch „katholische Landeskirchen", allerdings ist dieser Begriff nur den dortigen staatlichen Vorgaben geschuldet; die katholische Kirche kennt keine unabhängigen Landeskirchen, und ihre → Diözesen sind keine eigenen Kirchen.

Laie – Das Wort Laie bezeichnet im Allgemeinen eine Person, die in einem bestimmten Bereich kein Fachmann ist. Im kirchlichen Bereich ist das

Wort vor allem in der katholischen Tradition gebräuchlich. Es bezeichnet dort jemanden, der kein Diakon, Priester oder Bischof, also kein → Kleriker, ist.

Liturgie – Das griechische Wort Liturgie bedeutet übersetzt öffentlicher Dienst. Es bezeichnet den Ablauf von Gottesdiensten und die verschiedenen Gebräuche, die dabei zur Anwendung kommen.

Maria – Die Mutter von Jesus hieß Maria. In der Bibel wird sie nur wenige Male erwähnt. Dennoch wird sie von vielen Christen schon seit frühester Zeit sehr verehrt. Dies gilt bis heute in allen christlichen Traditionen bis auf die protestantische – dort ist man immer skeptisch, wenn Menschen als heilig bezeichnet werden, und dies betrifft auch Maria. Einer von Marias Ehrentitel lautet Gottesmutter oder Mutter Gottes.

Messe/Heilige Messe – Als Heilige Messe wird in der katholischen Kirche ein → Gottesdienst bezeichnet, in dem auch eine → Eucharistiefeier stattfindet. Oft sprechen Katholiken aber auch nur von Gottesdienst, wenn sie eigentlich eine Heilige Messe meinen.

Mönch → Nonne.

Neues Testament → s. Bibel.

Nonne – Eine Nonne ist eine Frau, die in einer Gemeinschaft in einem Kloster lebt. Männer, die in einem Kloster leben, heißen Mönche. In der orthodoxen Kirche bezeichnen sich Nonnen manchmal auch als Mönchinnen. Es gibt Frauen- und Männerklöster. Das Leben im Kloster ist geprägt von Arbeit und regelmäßigen Gebetszeiten, zu denen die Klostergemeinschaft mehrmals am Tag zusammenkommt. In der westlichen Kirche gehören Klöster meist einem bestimmten → Orden an. In der östlichen (orthodoxen) Kirche ist die Unterscheidung zwischen einzelnen Orden nicht üblich, aber auch dort haben verschiedene Klöster ihren eigenen Charakter.

Ökumene – Das griechische Wort Ökumene bezeichnet ursprünglich den ganzen Erdkreis. Die im 20. Jahrhundert entstandene ökumenische Bewegung bemüht sich um die Verständigung der verschiedenen christlichen Kirchen, die teilweise seit Jahrhunderten getrennt sind und sich in vielen Traditionen, aber auch beim Verständnis einiger wichtiger Glaubensinhalte unterscheiden.

Orden – Ein religiöser Orden ist eine Gemeinschaft von (meist katholischen) Frauen oder von Männern, die ihr Leben nach einer bestimmten Ordensregel ausrichten. Ordensleute geloben Armut, Keuschheit und Gehorsam. Dies bedeutet, dass sie keinen persönlichen Besitz haben, dass sie nicht heiraten und dass sie sich ihrer Gemeinschaft ganz zur Verfügung stellen. Darüber hinaus hat jeder Orden seine eigenen Schwerpunkte. Bei manchen steht das Gebet, bei anderen die Krankenpflege im Vordergrund, manche legen besonderen Wert auf ein sehr einfaches Leben, andere binden sich besonders an einen bestimmten Ort. Manche Ordensgemeinschaften leben in Klöstern dauerhaft zusammen; dies gilt aber nicht für alle Orden. Zu den bekanntesten Orden gehören der Benediktiner-, der Zisterzienser-, der Dominikaner-, der Franziskaner-, der Jesuiten- oder der Salesianerorden, aber es gibt viele weitere. Bei den meisten Orden gibt es einen weiblichen und einen männlichen Zweig.

Orthodoxe Kirche – Im elften Jahrhundert spaltete sich die Kirche in einen westlichen Teil (der sich 500 Jahre später nochmals in katholisch und evangelisch spaltete) und einen östlichen Teil. Dieser östliche Teil wird heute als orthodoxe Kirche bezeichnet. Die orthodoxe Kirche besteht aus mehreren Teilkirchen, die sich oft direkt auf bestimmte Länder und Nationen beziehen. Diese Teilkirchen sind weitgehend unabhängig voneinander, fühlen sich aber doch alle derselben übergeordneten Kirche zugehörig. Die größte dieser Teilkirchen ist heute die russisch-orthodoxe Kirche. Historisch gesehen am wichtigsten ist allerdings die griechisch-orthodoxe Kirche. Deren Oberhaupt, der Patriarch von Konstantinopel, ist gleichzeitig das Ehrenoberhaupt der ganzen orthodoxen Kirche (s. Kapitel 12).

Ostern – Das jährliche Osterfest ist das wichtigste christliche Fest. Es erinnert an das Leiden von Jesus, an seinen Tod und an seine Auferweckung aus dem Tod. Nach der vierzigtägigen → Fastenzeit beginnt das Osterfest am Gründonnerstag, an dem das letzte Abendmahl von Jesus mit seinen Anhängern im Mittelpunkt steht. Der Karfreitag steht dann ganz im Zeichen der Kreuzigung von Jesus. Am Karsamstag verharrt die Kirche in Trauer über den Tod von Jesus, bevor sie am Ostersonntag seine Auferweckung aus dem Tod feiert.

Papst – Das Wort Papst ist mit dem Wort Papa verwandt, das auch im Deutschen eine liebevolle Anrede für einen Vater ist. Der → Bischof von Rom führt den Titel Papst. Er ist das Oberhaupt der → römisch-katholischen Kirche. Auch das Oberhaupt der altorientalischen koptischen Kirche in Ägypten wird als Papst bezeichnet.

Pastor – Das lateinische Wort pastor heißt übersetzt Hirte. Als Pastoren werden die Leiter von evangelischen Gemeinden bezeichnet – in manchen Regionen wird es auch für katholische Gemeindeleiter verwendet. Es bedeutet im Grunde dasselbe wie → Pfarrer.

Patriarch – Besonders herausgehobene → Bischöfe der altorientalischen und orthodoxen (seltener auch der katholischen) Kirche werden als Patriarchen bezeichnet. Das Wort bedeutet ursprünglich Stammvater oder väterlicher Herrscher.

Pfarrer – Der Leiter einer Gemeinde wird meist als Pfarrer bezeichnet. Das Wort ist sowohl in der evangelischen wie in der katholischen Kirche gebräuchlich. Ein katholischer Pfarrer ist immer ein → Priester, aber nicht jeder Priester ist auch ein Pfarrer.

Pfingsten – In dem Wort Pfingsten steckt das griechische Wort pentekoste, das fünfzig bedeutet. Pfingsten ist eines der wichtigsten christlichen Feste im Jahreslauf. Es wird 50 Tage nach → Ostern und zehn Tage nach → Christi Himmelfahrt gefeiert. Es erinnert an das Herabkommen des → Heiligen Geistes über die Anhänger von Jesus, nachdem der aus dem Tod auferweckte Jesus aufgehört hatte, seinen Anhängern zu erscheinen. Das Pfingstereignis markiert deshalb in gewisser Weise die Geburtsstunde der Kirche

Pfingstkirchen – Die Pfingstkirchen gehören zur großen Familie der → protestantischen Kirchen. Sie sind Anfang des 20 Jahrhunderts in Nordamerika entstanden, mittlerweile aber auch in Südamerika und in Afrika sehr verbreitet, und stellen derzeit wohl die am schnellsten wachsende Gruppe von Christen dar. Es gibt zahlreiche Pfingstkirchen, die miteinander meist nur lose verbunden sind. Gemeinsam ist ihnen, dass sie besonders auf das Wirken des → Heiligen Geistes vertrauen und dieses meist als ein direktes Eingreifen in ihr Leben verstehen.

Priester – Priester sind Männer, die in der katholischen, orthodoxen oder einer altorientalischen Kirche mit einem besonderen Amt betraut sind. Dieses Amt wird ihnen in einer → Weihe feierlich übertragen. Bestimmte Handlungen in Gottesdiensten, vor allem bei der Feier von → Sakramenten, sind Priestern vorbehalten. Die protestantischen Kirchen kennen meist kein Priestertum, das durch eine besondere Weihe verliehen würde.

Protestantische Kirchen – Die sehr zahlreichen aus der → Reformation hervorgegangenen Kirchen heißen protestantische Kirchen. Im Deutschen werden sie meist evangelische Kirchen genannt. Zu den protestantischen Kirchen gehören die lutherischen und die reformierten Kirchen, aber auch die Freikirchen und die Pfingstkirchen. Einige dieser Kirchen sind durch Unionen miteinander verbunden, im Prinzip sind sie aber weitgehend unabhängig voneinander. Die Evangelische Kirche in Deutschland (EKD) besteht aus 20 lutherischen, reformierten und unierten Landeskirchen.

Reformation – Die Reformation war im 16. Jahrhundert eine Erneuerungsbewegung innerhalb der westlichen Kirche. Die bekanntesten (aber keinesfalls die einzigen!) Reformatoren waren Martin Luther, Johannes Calvin und Ulrich Zwingli. Die Reformation führte zur Spaltung der westlichen Kirche. Es entstanden zahlreiche → protestantische Kirchen, die sich von der → römisch-katholischen Kirche abwandten.

Sakrament – Ein Sakrament ist ein lebendiges Zeichen für eine verborgene Wirklichkeit. Es weist auf Gottes liebende Gegenwart hin, macht sie greifbar und lässt sie wirkmächtig werden. Die katholische, die orthodoxe und die altorientalische Kirche kennen sieben Sakramente, wobei die orthodoxe Tradition dafür eher das Wort Mysterien verwendet: die Taufe, die Firmung und die Eucharistie, die Ehe und die Weihe sowie das Sakrament der Versöhnung und die Krankensalbung. Alle Sakramente sind durch die Gemeinschaft der Kirche vermittelt und haben ihre Wurzel letztlich in Jesus Christus, in dem Gott ganz gegenwärtig ist. Sakramente werden meist im Rahmen eines großen Gottesdienstes gefeiert und sind immer mit einer konkreten körperlichen Zuwendung (Handauflegung, Salbung, Segnung, gemeinsames Mahl) und bestimmten Gebeten verbunden. In der evangelischen Tradition gelten meistens nur Taufe und Abendmahl (Eucharistie) als Sakramente.

Sakrament der Versöhnung – Das Sakrament der Versöhnung (auch Bußsakrament oder Beichte) ist in der katholischen und der orthodoxen Kirche eines der sieben → Sakramente. Dabei wird einem Menschen zugesprochen, dass Gott ihm treu bleibt, auch wenn er sich von Gott abgewandt hat und dem Anspruch der Liebe in seinem Leben nicht gerecht geworden ist. Wenn er in einer solchen Situation ehrlich einen neuen Anfang setzen möchte, wird ihm dieser im Sakrament der Versöhnung ermöglicht. In der Regel geschieht dies, indem ein Priester ihn nach einem vertraulichen Gespräch von seinen → Sünden losspricht und ihm verbindlich zusagt, dass Gottes Liebe ihn von allem befreien möchte, was ihn daran hindert, sein Leben nach dieser Liebe auszurichten.

Segnen – Einen Menschen segnen bedeutet, ihm von Gott her Gutes zuzusagen. Damit wird dieser Mensch unter den Schutz und unter den Anspruch Gottes gestellt. Gottesdienste werden meist mit einem feierlichen Segen abgeschlossen. Es ist aber auch jederzeit möglich, andere Menschen zu segnen. In einem etwas abgeschwächten Sinn kann man auch Dinge segnen. Diese werden damit sozusagen für einen segensreichen Gebrauch bestimmt und reserviert.

Sünde – Sünde bezeichnet einen Zustand der Gottesferne. In Sünde zu leben bedeutet, am Sinn seines Lebens vorbeizuleben. Sünde ist damit das Gegenteil von Glauben, denn im Glauben weiß ich um den Sinn meines Lebens. Im Glauben weiß ich mich in endgültiger Weise in Liebe geborgen und bin deshalb völlig frei gegenüber allem, was mich innerlich verkrümmen, versklaven oder unfrei machen will. In sündigem Zustand bin ich dagegen auf mich selbst fixiert und verkrümmt. In einem abgeleiteten Sinn bezeichnet Sünde dann auch einzelne „schlechte Taten“, die auf solch einen sündigen Zustand zurückzuführen sind. Kein Mensch ist innerlich ganz frei, jeder ist – zumindest etwas – auf sich selbst fixiert, also sündig. Auch so bleiben wir aber – das ist die Zusage von Jesus – in Gottes Liebe geborgen, dürfen uns dieser Liebe öffnen und uns aus unserer Selbstverkrümmung heraus aufrichten. Gott verspricht also Erlösung aus unserem sündhaften Zustand. Oft wird der Kern der christlichen Botschaft deshalb auch so formuliert: Gott erlöst uns von unseren Sünden. In diesem Buch war dennoch nirgends von Sünde die Rede. Es schien uns sinnvoller, vom Glauben selbst auszugehen und positiv zu beschreiben, was es bedeutet, christlich zu glauben – statt vom Gegenteil des Glaubens auszugehen und erst über den Umweg über die Sünde auf den Glauben zu sprechen zu kommen.

Taufe – Die Taufe markiert die Aufnahme eines Menschen in die Kirche. Bei der Taufe wird dem Täufling (also dem Menschen, der getauft werden soll) Wasser über den Kopf gegossen, oder dieser wird ganz in Wasser untergetaucht, beziehungsweise durchschreitet ein Wasserbecken. In fast allen Kirchen gilt die Taufe als Sakrament und die meisten Kirchen erkennen auch die von anderen Kirchen gefeierten Taufen an. Wer also beispielsweise in der evangelischen Kirche getauft wurde, aber später in die katholische Kirche wechseln möchte (oder umgekehrt), wird nicht nochmals getauft – er gehört ja schon zur Gemeinschaft der Gläubigen, die größer ist als jede einzelne Kirche. Eine Taufe kann auch nicht rückgängig gemacht werden: Wer einmal in die Kirche aufgenommen ist, kann nicht wieder ausgeschlossen werden. (Auch wenn man „aus der Kirche austritt", bleibt man aus christlicher Sicht getauft und gehört damit bleibend zur kirchlichen Gemeinschaft. Andererseits bleibt auch jemand, den die Kirche selbst vom Gemeindeleben ausgeschlossen, also „exkommuniziert" hat, durch seine Taufe unauslöschlich Mitglied der Kirche).

Vaterunser – Das Vaterunser ist eines der grundlegenden Gebete, dessen Wortlaut auf Jesus selbst zurückgeht. Es wird in allen christlichen Kirchen sehr geschätzt.

Weihe – Die Weihe gilt in der altorientalischen, orthodoxen und katholischen Kirche als → Sakrament. Die Weihe beauftragt und bevollmächtigt dazu, für die Kirche und im Namen von Jesus zu handeln, insbesondere bei der Feier der → Sakramente.

Weihnachten – Weihnachten ist eines der wichtigsten christlichen Feste im Jahreslauf. Gefeiert wird die Geburt von Jesus, also die Menschwerdung Gottes. Auf diese Feier bereitet sich die Kirche während der vierwöchigen → Adventszeit vor. Die Art und Weise, wie Weihnachten heute in der Gesellschaft begangen wird, hat wenig mit dem christlichen Sinn des Festes zu tun.